学前儿童社会教育

XUEQIAN ERTONG SHEHUI JIAOYU

朱晓红◎主　编
策力格尔　朱　蓉　塔　娜　院慧敏　吴卓娜◎副主编

东北师范大学出版社
NORTHEAST NORMAL UNIVERSITY PRESS
长　春

图书在版编目(CIP)数据

学前儿童社会教育/朱晓红主编. —长春：东北师范大学出版社，2023.8
ISBN 978 - 7 - 5771 - 0458 - 4

Ⅰ. ①学… Ⅱ. ①朱… Ⅲ. ①学前儿童—社会教育—幼儿师范学校—教材 Ⅳ. ①G611

中国国家版本馆 CIP 数据核字(2023)第150097号

□责任编辑：肖　丹　□封面设计：迟兴成
□责任校对：徐小红　□责任印制：许　冰

东北师范大学出版社出版发行
长春净月经济开发区金宝街 118 号(邮政编码：130117)
电话：0431－84568023
网址：http://www.nenup.com
东北师范大学音像出版社制版
长春方圆印业有限公司印装
长春市绿园区迎宾路 2066 号(邮政编码：130062)
2023 年 8 月第 1 版　2023 年 8 月第 1 次印刷
幅面尺寸：185 mm×260 mm　印张：11.75　字数：259 千

定价：36.00 元

前　言

《学前儿童社会教育》是高师学前教育专业本科学生必修的一门专业课程，具有潜在性、渗透性、生活性和实践性等特点，强调理论与实践、自主与研究、合作与个性化的多元化学习方式，旨在养成学生良好的专业信念与师德，使学生掌握丰富的开展幼儿社会教育的专业知识，具备较强的开展幼儿社会教育的技能与能力。本教材是内蒙古师范大学教育学院学前教育专业国家级一流本科建设、内蒙古自治区一流本科课程“幼儿园社会教育活动设计”、内蒙古自治区教育厅本科教学研究课题“高校五育并举卓越幼儿园教师培养机制建构研究”教学团队编写的系列教材之一。本系列教材是在长期本科教学实践和研究的基础上编写的，立足师范院校学前儿童社会教育的教学实际，力图较好地体现《幼儿园教育指导纲要（试行）》的基本精神，参考了《幼儿园教师专业标准（试行）》《3—6岁儿童学习与发展指南》等文件精神，吸收了国内外学前教育领域的先进理念和最新的研究成果，将国内外一些新教法、新概念、新思想引入教材当中。

编者在编写过程中以学前教育理论为依据，以学前教育教学改革成果为基础，以学前教育实际工作要求为目标，注重人才培养和学前教育专业特点的有机结合，立德树人，培养学生的学会教学、学会育人、学会发展的能力，使学生能够适应幼儿园保教工作岗位的要求，以增强学生的就业能力和职业适应能力。本书共分为八章，内容分别为学前儿童社会教育概述，学前儿童社会性发展及其影响因素，学前儿童社会教育的目标与内容，学前儿童社会学习特点与教育的原则、方法，一日生活中的学前儿童社会教育，社会领域教学活动设计与实施，游戏与区域活动中的社会学习与指导，家园社区互动中的社会学习与指导。

本书在内容和体例的编排上力求有一定的变革和创新，既有理论阐述，又有实例列举，既保证了知识学习的系统性，又有利于技能训练的操作性。每章内容均设有“学习目标”“内容导航”“案例导入”“拓展阅读”等几部分，从多侧面、多角度呈现教学内容，方便教师操作和使用。本书可供高等师范学院学前教育专业学生选用，亦可作为幼儿园教师继续教育及幼儿园教师进修的参考教材，也可供广大学前教育工作者和学前教育研究人员学习使用。

本书在编写过程中参考了国内幼教同人关于学前儿童社会教育的思想与观点，在此一并表示感谢！由于编写时间较短，加之水平有限，其中的缺点甚至错误在所难免，诚恳地希望得到同行的批评和指正，以便使之日臻完善。

编　者

2023年6月

前言

目　录

第一章　学前儿童社会教育概述

> 集体生活是儿童之自我向社会化道路发展的重要推动力，为儿童心理正常发展的必需。一个不能获得这种正常发展的儿童，可能终其身只是一个悲剧。
>
> ——陶行知

学习目标

1. 明确学前儿童社会教育的科学内涵。
2. 理解学前儿童社会教育的课程地位。
3. 明确学前儿童社会教育的功能。
4. 能正确认识学前儿童社会教育的意义，为进一步学习做好专业准备。

内容导航

- 学前儿童社会教育概述
  - 学前儿童社会教育的内涵与发展
    - 学前儿童社会教育的内涵与特点
    - 学前儿童社会教育的课程地位
  - 学前儿童社会教育的功能
    - 培养儿童的社会能力，促进儿童的社会化
    - 培养儿童的健全人格，促进儿童完整发展
    - 培养儿童的公民意识，促进文化认同
  - 学前儿童社会教育对教师素养的要求
    - 努力提升自身的品行修养
    - 训练自身的社会能力
    - 掌握相关的专业知识与教育技能

案例导入

小娜，女孩，小班上完后直接跳入大班，在班里年龄较小。其父母均是教师，她与祖父母、父母住在一起，家庭教育很民主。她知识面广，语言表达能力很强，喜欢和父母一起阅读文学作品，她在家里活泼、善言，但有同龄陌生幼儿来访时，则像变了一个人，不说话，不和同伴玩。在幼儿园里，她不多言，乖巧，仅和个别幼儿玩；不敢与老师的目光对视，若老师多看她几眼，她会局促不安，很少与老师交谈，多用点头、摇头表达意愿。她的动手能力较同龄孩子差一些，对绘画、手工活动有恐惧心理，每当有此类活动，她会找出种种借口不上幼儿园，后来发展到她真会出现肚子痛等身体不适情况。

年幼的儿童刚刚进入一个陌生的环境中，新的生活环境、生活规则、同伴和教师需

要他们去熟悉和了解，这是儿童社会适应的第一步。人总是生活在一定的社会群体中的，学习如何在群体中与他人和谐相处，并能积极参与群体生活，这是儿童社会学习的主要内容。儿童的社会学习是复杂的，它既依赖成人的无意示范，又依赖成人的有意指导。学前儿童社会教育就是专门指导儿童进行社会学习的课程。本章主要讨论学前儿童社会教育的内涵与特点、课程地位与功能以及学前儿童社会教育对教师素养的要求。

第一节　学前儿童社会教育的内涵与发展

一、学前儿童社会教育的内涵与特点

“学前儿童社会教育”是一个有着复杂指称的词，我们只有在对它的词义与概念进行辨析与界定的基础上，才能把握它的特点。

（一）学前儿童社会教育的内涵

1.“学前儿童社会教育”的词义辨析

学前儿童指的是0—6岁的学龄前儿童。而“社会教育”一词，可以有三种含义：第一种含义是由社会进行的教育。该含义将社会视为实施教育的主体，如人们常常将除家庭和学校以外的其他社会机构对学前儿童实施的教育称为学前儿童社会教育。第二种含义是在社会中进行的教育。该含义泛指社会对儿童发展过程产生的教育影响，如人们常常说，现在儿童的社会教育环境很差。第三种含义是为了社会的教育。该含义是指为了社会的发展需要对儿童实施有目的、有计划的影响活动。

本教材主要采用了第三种含义，即“为了社会的教育”。这一含义上的社会教育，因其具体语境的不同，内涵也有所差异。例如，在讨论幼儿园教育领域的教学法课程时，学前儿童社会教育是指相对于健康、科学、语言、艺术领域，讨论学前儿童社会领域教与学的原理和方法的学科。而在讨论幼儿园领域的活动时，学前儿童社会教育是指相对于健康、科学、语言、艺术领域，以促进学前儿童社会能力发展为主要目标的教育活动。有时人们也用“幼儿社会教育”“幼儿社会性发展与教育”指称这一领域的活动。

2. 学前儿童社会教育的概念界定

学前儿童社会教育是指以儿童的社会生活事务及其相关的人文社会知识为基本内容，以社会及人类文明的积极价值为引导，在尊重儿童生活，遵循儿童社会性及品格发展规律与特点的基础上，教师、家长及相关教育人员通过多种途径，创设有教育意义的环境和活动，陶冶儿童性情，培养儿童初步的社会生活能力与良好品格、习性，促进儿童健康、完整发展的教育。

3. 学前儿童社会教育的学科性质

学前儿童社会教育课程是一门主要研究学前儿童社会性发展的现象、规律及其教育原理、方法与途径的学科。它是一门兼有理论性、应用性与实践性的复杂学科。其主要的研究任务体现在：

(1) 总结历史发展中学前儿童社会教育的思想及实践经验，为当今学前儿童社会教育的研究与实践提供思想资源。

(2) 研究学前儿童社会教育的基本问题，揭示学前儿童社会教育的基本原理与规律。这是学前儿童社会教育研究的核心任务。

(3) 指导学前儿童社会教育实践，提高幼儿教师从事学前儿童社会教育的水平。这是学前儿童社会教育研究的最终任务。

(二) 学前儿童社会教育的特点

从对学前儿童社会教育的内涵分析中，我们可以发现，学前儿童社会教育主要有以下特点：

1. 教育价值的人文性与超越性

人文是学前儿童社会教育的一个重要基础内涵，人文知识是社会教育内容的一个重要方面，因此，人文性应当是学前儿童社会教育的重要特性之一。人文性所要解决的问题是“应该是什么”“应该如何做”，它首先是寻求人性。学前儿童社会教育的核心与本质就是“成人”的教育，即让儿童成为真正善良与智慧的人的教育，它应当通过人文知识的传授、人文精神的陶冶来实现对人性的拓展，让儿童成为真善美皆备的完整的、健康的人。人文教育侧重精神层面的陶冶，相对于人文教育，社会教育有更多的内涵与内容。

超越性是指教育应当是引导社会发展的活动，它应当倡导积极的文化价值，自觉引导儿童批判与反思消极的社会文化价值，而不是被动地接受社会文化控制。基于这一点，我们要从促进社会积极发展的角度来考虑学前儿童社会教育的目标与内容选择。

2. 教育目标与内容的整合性

社会教育的目标涉及儿童多方面的发展，既要陶冶儿童性情，培养儿童初步的社会生活能力与良好品格习性，又要促进儿童健康、完整发展。这一表述将陶冶性情放在首位。性情即性格与情感，这是儿童一生幸福的重要基础，它的培养需要环境潜移默化地影响，而不是有意识地说教。我们强调将社会教育定位为完整教育的一部分，而不只是单纯促进儿童社会性发展的教育，社会教育的根本是教儿童做一个人格完整、智慧而善良的人。教师进行社会教育时，不要只关注社会生活知识与生活技能的教育，而更要关注儿童良好的心灵习性、品格与态度。教师必须确立一种整体教育意识。

社会教育的内容是儿童的社会生活事务和人文知识，它是诸多生活与学科内容的整合，教师在设计社会教育内容时，也要有一种多元整合观。教师要有一种宽广的教育视野，不能持“非此即彼”的狭隘教育观，非得为“社会教育”划一个学科的界限。教师要将所有能促进学前儿童社会性发展的资源与内容整合到教育中，将教育的目的设定为儿童健康、完整地发展。

3. 教育主体与教育途径的多元性与协同性

影响儿童社会学习、促进实施社会教育的主体是多元的，主要有教师、家长与相关教育人员；实施社会教育的途径与方式也是多种多样的。这些不同的主体与途径需要协同整合才能很好地发挥教育作用。

教育合力的构成需要幼儿园教师、家长与社区相关人员共同合作来建构对儿童社会性发展有益的环境，以使儿童的社会性发展获得积极的环境支持。教师在诸种力量中扮演着协调者与引领者的角色。

教育实施途径的多元性提示我们在进行社会教育时，要注意有的内容可以进行专门性的教育活动，如社会认知方面的内容；而有的内容却不适合进行专门性的教育活动，如社会情感方面的内容。教师要认识到社会教育渗透性的特点，注意养成敏锐的社会教育意识，以让自己在所有的活动中去引导儿童社会性的发展。社会教育的金字塔模型正是教育主体与教育途径的多元性与协同性的体现。

（三）学前儿童社会教育的变革与发展

纵观我国学前儿童教育近现代发展历史，我们可以发现，学前儿童社会教育从最初只有片段的、缺乏系统的思想，发展到逐步形成完整的、较为系统的观念，并出现在幼儿园课程之中，经历了漫长而又曲折的过程。

1. 学前儿童社会教育的发展主要有以下三个阶段

（1）第一阶段：20世纪初至20世纪中叶

1904年1月，清朝政府出台了我国第一个幼儿教育法规——《奏定蒙养院章程及家庭教育法章程》（以下简称《章程》）。

其中，第一章第一节“保育教导要旨”中有四条要求，第一、第三条提出了培养幼儿身心健康、个性良好、行为端正的目标和要求，第二、第四条则提出了量力适宜、正面教育、运用榜样和环境的原则和方法。这一保育教导要旨凸显了蒙养院应实施做人教育的目标和任务。

第一章第二节则规定应设置幼儿易懂的、有趣的、与小学迥然有别的条目，如游戏、歌谣、谈话、手技等，这些活动均应围绕学前儿童爱众乐群、涵养德性的宗旨进行，尤应以游戏和谈话为主。由此足见《章程》对学前儿童社会教育的重视程度。之后创办的蒙养院和幼稚园基本上遵循《章程》的要求，在幼儿园设置的有关科目中，直接呈现或间接地蕴含《章程》的目标、内容与方法等。但是，当时的这些幼教法规、章程基本上是照搬照抄日本的，受日本幼教的影响非常大。

“五四”时期的思想解放运动带动了教育战线的改革，涌现出一批学前教育革新家，其主要代表人物是陈鹤琴、张宗麟等人。他们开辟了学前教育中国化、科学化的道路，并开始创建我国学前儿童社会教育。陈鹤琴先生非常关注学前儿童的社会教育，他把“社会”和“生活”作为组织幼儿园课程的两大中心。

他提出著名的“五指活动”课程，即儿童健康、儿童社会、儿童科学、儿童艺术、儿童语文五个方面，其中儿童社会包括朝夕会、周会、纪念日集会、每天的谈话、记忆政治常识等。在他的活教育理论体系中，更是把“做人”作为三大纲领之一，即做人，做中国人，做现代中国人。

他认为做一个真正的人，必须热爱人类，热爱真理，以“世界一家”的思想为人类最终目标；做一个中国人必须热爱自己的国家，热爱自己的同胞，为自己国家的兴旺发达而努力；做一个现代中国人，必须考虑中国现代社会对人的要求，勤奋学习，掌握知

识，为祖国的繁荣富强而努力。

张宗麟先生在20世纪30年代初出版了《幼稚园的社会》一书，这是我国幼教史上最早全面、深入地论述学前儿童社会教育课程及其实施的著作。该书详细论述了幼儿社会生活的思想，十分强调幼儿生活的社会倾向。总之，这一阶段，社会教育、社会课程作为幼儿园教育、幼儿园课程的有机组成部分逐渐得到确立，社会课程的结构、体系以及实践都得到较大的发展。

(2) 第二阶段：20世纪中叶至20世纪90年代中期

1996年，国家教育委员会正式颁布《幼儿园工作规程》(以下简称《规程》)，这是学前儿童社会教育发展第二阶段的主要标志。在新中国成立以后的很长时间内，幼儿园课程结构中取消了社会领域课程，而以"常识"或"思想品德"课程来代替。

实际上，"常识"包括"社会常识"和"自然常识"两部分。其中"社会常识"更多地体现了社会内容中的知识层面，局限在社会环境中的社会机构、社会成员等方面的认知，不可能做到全面促进学前儿童的社会认知及其社会性发展。因此，以"常识"课程代替"社会"教育课程是不科学的。

同样，学前儿童社会教育也不等同于"品德教育"。品德作为个体依据一定的社会道德行为规则行动时所表现出来的某些稳定的特征，只是社会教育发展目标中的一部分，是社会道德在人身上的具体化。因此，作为个人社会品质的灵魂，品德不可能泛指或涉及所有个人生活的社会属性，它只能包含在社会性之中。这样，品德教育也只能包含在社会性教育之中了。

社会教育是以情感——社会性发展为目标的。社会性是指人在形成自我意识、进行社会交往、内化社会规范、进行自我控制以及进行其他社会活动时所表现出来的心理特征。

由此可见，品德不是社会性发展的全部，而是社会性中与社会道德有关的部分，社会性比品德的内涵更为宽泛。在学前儿童社会教育中，有很多不涉及品德但与学前儿童社会性发展密切相关的内容。如果我们将二者割裂开来，在实践中就会使两者都得不到应有的发展。

《规程》中提出幼儿园保育和教育的四大目标，其中之一是学前儿童社会领域教育，如"萌发幼儿爱家乡、爱祖国、爱集体、爱劳动、爱科学的情感，培养诚实、自信、好问、友爱、勇敢、爱护公物、克服困难、讲礼貌、守纪律等良好的品德行为与习惯，以及活泼开朗的性格"。

《规程》还对幼儿园的品德教育进行了正确的定位，指出"幼儿园的品德教育应以情感教育和培养良好行为习惯为主，注重潜移默化的影响，并贯穿于幼儿生活以及各项活动之中"。

《规程》的颁布，对建立与完善幼儿园社会领域课程提供了法规、政策及理论上的支持。

(3) 第三阶段：20世纪90年代中期至现今

2001年7月，教育部颁发《幼儿园教育指导纲要(试行)》(以下简称《纲要》)，这是学前儿童教育发展第三阶段的主要标志。《纲要》是对幼儿园课程具有直接指导意义的纲领性文件。

《纲要》将幼儿园课程相对划分为健康、语言、社会、科学、艺术五大领域，其中的社会领域部分将社会教育的目标、内容和要求、方法和途径等进一步具体化，使幼儿园学前儿童社会教育课程的设计和实施有了明确的原则和方向。从此，学前教育学界开展了大量的理论和实践研究，许多学前教育工作者创造性地设计和实施了一系列社会教育活动，有效地促进了我国学前儿童社会教育活动教学和科研的开展。

2012 年 5 月，教育部颁发《3—6 岁儿童学习与发展指南（征求意见稿）》（以下简称《指南》），在《纲要》基础上，细化各领域的具体教育目标与教育指导建议。

《指南》明确指出，幼儿社会领域的学习与发展过程是幼儿社会性不断完善并奠定健全人格基础的过程，主要包括人际交往与社会适应。幼儿阶段是社会性发展的关键时期，良好的人际关系和社会适应能力对幼儿身心健康发展以及知识、能力和智慧作用的发挥具有重要影响。幼儿在与成人和同伴交往的过程中，不仅学习如何与人友好相处，也在学习如何看待自己、对待他人，不断发展适应社会生活的能力。

家庭、幼儿园和社会应共同努力，为幼儿创设温暖关爱的家庭和集体生活氛围，建立良好的亲子关系和师生关系，让幼儿在积极健康的人际关系中建立安全感和信任感，发展自信和自尊，在良好的社会环境及文化的熏陶中学会遵守规则，建立基本的认同感和归属感。

幼儿社会性是在日常生活和游戏中通过观察和模仿学习发展起来的，成人应注重自己的言行对幼儿的影响。

二、学前儿童社会教育的课程地位

明确学前儿童社会教育在幼儿园课程中处于什么地位，它与相关领域课程有什么样的联系，如何处理好它们之间的相互关系，是我们领会学前儿童社会教育实质，并进行有效教育实践的重要基础。

（一）学前儿童整体发展的课程架构

陈鹤琴先生将幼儿园课程的五大内容比喻为人的五指，要求幼儿园的课程内容与幼儿的实际生活相结合，以“五指活动”来规定课程的内容，并指出“五指活动”的“五指”是活的，可以伸缩，要符合儿童身心发展的特征。

“五指活动”在儿童生活中结成一张教育的网，它们有组织、有系统、合理地编织在儿童的生活中。相对于陈鹤琴先生提出的五指课程的比喻，我们更主张用身处无意识的环境影响的完整的人来表达五大领域的关系（图 1 - 1），因为学前教育的最终目标是培养完整的儿童，为儿童一生的完整发展奠基，儿童的完整发展既受到有意识的教育的影响，又受到无意识的环境的影响。

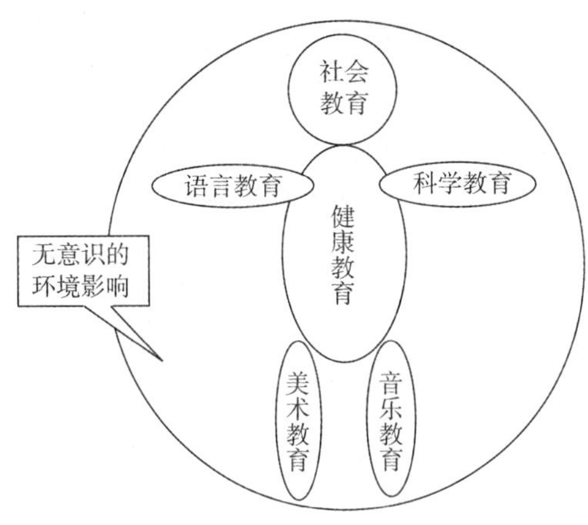

图 1 - 1　五大领域关系图[①]

在图 1 - 1 中，人体与圆圈间的空白代表着影响儿童发展的无意识环境，它渗透在儿童所处的所有环境中。整个人体部分代表有意识的五大领域的教育，其中“头部”代表的是社会教育，它为学前教育提供价值的指引。没有价值指引的学前教育是盲目的，无助于人类进步的教育价值指引则是无益的，因此，学前教育的第一步是根据儿童的身心发展规律以及社会健康发展的需要，思考我们要培养什么样的儿童。“身体躯干”是健康教育，它是学前教育的主体，学前阶段所有的教育都需要考量它是否有益于儿童的整体健康，违背儿童整体健康发展的知识与能力都是不具有教育性的。右臂是语言教育，左臂是科学教育，它们是帮助儿童认识与表达对世界的理解与体验的两种途径。右腿是美术教育，左腿是音乐教育，它们属于艺术领域，是帮助儿童体验世界之美的两种途径。这几个部分对于儿童的完整发展来说都是不可或缺的。

（二）学前儿童社会教育与相关领域课程的关系

相对于“学科”强调知识的系统性与完整性，“领域”强调学习者的学习行动，领域课程就是以学习者的学习内容与行动来规划的课程。作为领域课程之一的学前儿童社会教育，是在变革与综合以前的幼儿园社会常识教育与幼儿德育内容的基础上出现的一种新课程。它指涉的不是一个具体的学科，而是一个学习领域，在这一领域中儿童主要学习的是如何协调自我、人与人、人与环境之间的互动关系，习得与人和环境互动所需的知识、能力、态度与行为技能。这一课程主要关注儿童的社会性发展，这种发展主要表现为社会认知、社会情感、社会行为技能以及道德品质的发展。这四个方面发展的重点是帮助儿童学会建立一种参与社会生活的基本能力与善待世界的基本态度。

《幼儿园教育指导纲要（试行）》（以下必要时简称《纲要》）指出，幼儿园的教育内容是全面的、启蒙性的，可以相对划分为健康、语言、社会、科学、艺术五个领域。社会领域和其他领域有着非常密切的联系。各领域的内容相互渗透，从不同的角度促进儿童情感、态度、能力、知识、技能等方面的发展。同样，各领域都从不同的角度促进

① 甘剑梅. 学前儿童社会教育：第 2 版［M］. 北京：高等教育出版社，2021.

儿童的社会学习。

1. 社会教育与健康教育的关系

健康是幼儿园所有领域课程都需要关注的问题，健康是指人在身体、心理和社会适应方面的良好状态。在《3—6岁儿童学习与发展指南》（以下必要时简称《指南》）中，健康的学习与发展目标包括身心状况、动作发展、生活习惯与生活能力三个维度。在这三个维度中，儿童情绪、个性及道德发展是社会领域也关注的问题，当儿童与教师、同伴关系良好时，就能获得安定与愉快的情绪，并形成安全感与信赖感，这是良好社会情感形成的基础。同时，体育活动也是培养儿童坚强、勇敢、不怕困难的意志品质和主动、乐观、合作态度的一个重要途径。可见，社会教育与健康教育是相互渗透、相互促进的。

但是，社会教育在关注儿童的心理健康时，更注重它的社会发展性。如对环境的良好适应是心理健康的一个重要标准，从社会教育的角度来看，对社会的适应并不仅仅是表现出对社会环境的无批判顺应，如果社会环境是不好的，就要用积极的、正确的价值观引导儿童。社会教育的责任是倡导先进的文化价值观与态度行为，这是一种社会意义上的健康。

2. 社会教育与语言教育的关系

语言是儿童进行社会化的重要工具，也是儿童社会化的重要内容之一，通过语言，儿童才能与人沟通。因此，语言教育是社会教育的重要基础。

当儿童接触优秀的儿童文学作品时，他们感受到的不只是语言的丰富和优美，还有作品中人物的丰富心灵，儿童从作品中体会到善与恶的斗争、美与丑的较量。社会教育无法离开文学故事，文学故事是进行社会教育非常重要的资源与途径，儿童对故事的钟爱，显然使故事成了一种非常有力的心灵滋养方式。语言教育没有了美与善的灵魂，也就成了抽象的、没有生命的符号教育。语言的内容以及运用语言的方式都在塑造着儿童的品格。

3. 社会教育与科学教育的关系

引导儿童科学地探索与认识世界是科学教育的重要任务，探索与认识世界的目的，并不仅仅是更好地利用世界，还包括更好地保护世界。要让儿童意识到人类与世界的关系，引导儿童学会认识与探索世界，其最终目的是让儿童养成对待世界的仁慈之心，让他们在亲近大自然的同时，学会爱护动植物，关心周围环境，珍惜自然资源，形成初步的环保意识。如对水的学习，不只是将它作为一种物质来认识，更要认识和感受到水的社会意义、文化意义和水对生命的意义；不仅要从自然科学的角度让儿童获得对水的物理性质和化学性质的抽象认识，还要让儿童认识现实生活中的水如何与自己的生活密不可分，了解水的缺乏或泛滥或污染对生活的影响以及引起的灾难等，这些都与社会和道德有关。

4. 社会教育与艺术教育的关系

孔子认为人的学习与完善必须要“兴于诗，立于礼，成于乐”，这里“礼”是社会教育的内容，而“乐”是艺术教育的内容，可见，在人的发展中社会教育与艺术教育是相辅相成的。艺术对心灵的陶冶具有特别的作用，艺术教育的价值也正在于它能展示生命

的美，弘扬生命的价值，维护生命的尊严和张扬生命的个性。它的目的在于培养能够运用艺术的语言表达丰富美好的情感和进行心灵交流的健康个体。当儿童学会用画笔或音乐表达自己内心美好的体会和感动时，艺术就产生了。同样，当感受到美与善时，儿童就已经接受了社会教育。由此，教育要尽可能用艺术化的方式让儿童体会到各种美与善，这些美与善会随着儿童年龄的增长而不断成为丰富儿童内心世界的养料，这正是艺术教育对于儿童社会性发展的重要意义所在。学前儿童社会教育需要艺术的教育，更需要艺术化的教育。

（三）学前儿童社会教育在幼儿园课程中的导向性地位

虽然健康、语言、社会、科学、艺术五个领域的教育共同作用于儿童的整体发展，但在五大领域中，学前儿童社会教育起着导向性作用，为其他领域教育提供方向与价值的指引。一切教育的最终目的都是帮助儿童建立与世界的恰当关系，学会做一个人格健全并有益于人类的人。例如，在科学教育中，我们不仅让儿童学会科学地认识与探究客观的世界，还要认识到人类与客观世界的关系以及人类对客观世界所承载的责任；语言教育也不仅仅是教会儿童正确与流利地表达，还要教儿童学会表达真诚与善意；艺术教育不仅仅让儿童学习欣赏与创造美，还让儿童体验与领会人性之美。这些关系的层面、人性的层面就是社会教育的内容，它存在于所有领域课程之中，规定着所有领域课程的价值方向，即培养有益于促进人类社会健康发展的人。

学前儿童社会教育作为一个独立的领域课程提出，既具有研究上的意义，又具有实践上的意义。从研究上看，它有助于研究者厘清社会教育的特点与规律，辅助教育者形成更科学与恰当的教育意识；从实践上看，领域课程的相对区分有助于教育者根据不同发展领域的特点对儿童进行针对性教育，帮助教育者更好地关照儿童的发展细节。但这种区分不是孤立的，而是与其他细节有整体联系的，因此，在课程实施中，也需要建立一种整体教育的观念。

第二节　学前儿童社会教育的功能

教育功能是指教育活动对个体产生的作用与影响。在明确了学前儿童社会教育的基本内涵后，我们需要进一步了解学前儿童社会教育对于儿童、社会有着什么样的作用与影响。

儿童作为发展中的人，虽然还没有能力承担起社会的生活责任，但是他必须以一个合格的社会成员的样式受到培养，否则，儿童就面临无法适应社会的危险，更谈不上去改变社会了。儿童需要通过教育成为一个完整发展的、社会化的人，同时也需要适应社会，并变成社会的优秀公民，这就是学前儿童社会教育的重要功能。学前儿童社会教育的功能主要体现在以下几个方面。

一、培养儿童的社会能力，促进儿童的社会化

社会能力是指在社会情境中，与人有效交往，认识、理解社会价值观及采取适当反应的能力。儿童需要运用社会能力来处理其一生中所要面对的众多选择、挑战和机遇。社会能力的获得是儿童社会化的重要内容。

（一）培养儿童的社会能力是学前儿童社会教育的基本任务之一

《指南》指出，“幼儿社会领域的学习与发展过程是其社会性不断完善并奠定健全人格基础的过程。人际交往和社会适应是幼儿社会学习的主要内容，也是其社会性发展的基本途径。幼儿在与成人和同伴交往的过程中，不仅学习如何与人友好相处，也在学习如何看待自己、对待他人，不断发展适应社会生活的能力”。良好的社会性发展对幼儿身心健康和其他各方面的发展都具有重要影响。

社会能力是儿童认识并处理人际与社会关系，进而适应并超越社会生活与环境挑战的能力。这些能力主要包括：良好的自我意识与自我管理；建立积极的人际关系，能建设性地处理冲突及挑战性状况；能尊重、关爱他人与环境，能遵守规则，适应变化，做出道德的选择与行动。

1. 社会能力的重要性

（1）良好的社会能力是儿童一生幸福的基础

1938 年，哈佛大学开展了一项成人发展研究，研究持续了 76 年，是对成人发展研究时间最长的一个项目。在此期间，他们跟踪记录了 724 位男性，从少年到老年，年复一年地询问和记载他们的工作、生活和健康状况等。

这一研究发现，影响人的健康与幸福最关键的因素不是财富与名声，而是健康的社会关系。无论是受过高等教育的精英也好，还是从贫民窟走出来的人也罢，不管是光芒万丈，还是碌碌无为，最终决定内心是否有充足幸福感的，是我们与周围人之间的关系。尤其是儿童期的社会关系会极大地影响儿童的发展。良好关系的建构是以社会能力的发展为基础的。①

（2）社会能力是 21 世纪人才核心素养的重要构成部分

北京师范大学中国教育创新研究院与美国 21 世纪学习联盟对 21 世纪人才的核心素养进行合作研究，经过深入研讨和综合论证，他们提出了“21 世纪核心素养 5C 模型”，具体内容见图 1-2。

① 资料整理自网易公开课《幸福是什么》。

图 1-2　21 世纪核心素养 5C 模型

“文化理解与传承”素养是核心，它包括文化理解、文化认同与文化践行三个要素，该素养所包含的价值取向对所有行为都具有导向作用。“审辨思维”素养包括质疑批判、分析论证、综合生成、反思评估四个要素，强调理性、有条理、符合逻辑。“创新”素养包括创新人格、创新思维、创新实践，强调突破边界、打破常规。“沟通”素养包括同理心、深度理解、有效表达，强调尊重、理解、共情。“合作”素养包括愿景认同、责任分担、协商共进，强调在实现共同目标的前提下做出必要的坚持与妥协。

社会能力是核心素养的重要组成部分，它贯穿于每一个素养之中，文化认同与理解、质疑与反思、创新人格、沟通合作都是社会能力的构成内容。学前阶段是培育儿童社会能力的关键期。[①]

2. 学前儿童社会教育对儿童社会能力的培养目标

《指南》对儿童的社会能力发展目标从“人际交往”与“社会适应”两个维度提出了以下要求。

人际交往：

（1）愿意与人交往。

（2）能与同伴友好相处。

（3）具有自尊、自信、自主的表现。

（4）关心尊重他人。

社会适应：

（1）喜欢并适应群体生活。

（2）遵守基本的行为规范。

（3）具有初步的归属感。

这些能力包括处理与调节个体与自我、与他人、与群体、与规则的关系的能力，反

① 魏锐，刘坚，白新文，等. “21 世纪核心素养 5C 模型”研究设计［J］. 华东师范大学学报（教育科学版），2020，38（2）：20-28.

映了儿童的能力发展特点与要求。

（二）促进儿童的社会化

社会化是指个体在与社会互动的过程中，学习社会中长期积累起来的知识、技能、观念和规范，并内化为个人的品格与行为，在社会生活中加以再创造，逐渐养成独特的个性和人格，从生物人转变为社会人的过程。从个人与社会的关系看，人的社会化是个体减少自己与生俱来的生物性，学习群体和社会文化，发展自己的社会性，把自己整合到群体中去的过程。人的社会化不是削弱人的生物机能，而是使人的行动少受生物本能的影响，而更多地受社会文化、社会规范的影响。人在参与群体生活、社会生活时用群体规范指导自己的行动，以实现与他人的合作。

1. 社会化是儿童由生物人转变为社会人的必经历程

社会学习是个体为满足社会需要而掌握社会知识、经验和行为规范以及技能的过程。儿童出生时，只具备一定的生理条件，只是一个自然实体，还没有成为一个社会实体。他要成为一个适应社会生活的成员，就需要在与他人的互动中学习相应的社会经验，如果这种学习权利被剥夺了，儿童将无法成长为一个有社会经验的社会人，会永远停留在自然人或是生物人的水平上。

13 岁的女孩吉尼被人发现时，住在一间几乎全黑的屋子里，所有的百叶窗拉得严严实实的，她的卧室里仅有一个金属笼、一个儿童坐便椅，没有任何玩具。白天吉尼被捆在坐便椅上，而晚上则被锁在金属笼中的床上。这个家庭中，任何人都被禁止和她说话，她的食物被迅速扔给她，过程中没有任何语言交流，如果她的父亲听到她发出声音，就会敲打她，呵斥她，让她安静。直到同样受到虐待双目几近失明的母亲带着她逃出来，吉尼才被当局发现。通过一些治疗和训练，她学会了一些单词，也学会了微笑，行为举止发生了一些改变，但是她没有办法掌握语法，没有办法控制自己突然爆发的情绪，也缺乏独立生活的能力。①

为了能够与他人交往，为了能够被自身所处的社会所接受，儿童必须要学习并接受这个社会特有的价值规范、风俗习惯和行为标准。儿童掌握参加社会生活所必须具备的道德品质、价值观念、行为规范以及形成积极的生活态度、掌握有效的交往技能的过程就是社会化的过程。

2. 儿童社会化需要教育的积极引导

对于儿童来说，他们对环境影响的接受大多处于不自觉的被动状态，此时环境的品质对儿童社会化的影响是巨大的，当环境影响积极的时候，儿童可能实现的就是积极的社会化。如在和睦的家庭中，互敬互爱的父母可能让孩子学会的就是和睦相处之道，他也会学会尊敬与关爱他人的社会品质。相反，当环境影响消极的时候，儿童获得的可能就是消极的社会化。如生活在现代资讯媒体中的儿童因为过早接触成人世界的资讯，正

---

① 罗斯·D. 帕克，阿莉森·克拉克·斯图尔特. 社会性发展［M］. 俞国良，郑璞，译. 北京：中国人民大学出版社，2014.

面临童年消逝的危险。[①] 儿童过早地老于世故，学会像成人一样察言观色，使得他们呈现一种“过度社会化”[②] 状态。相反，不少儿童处于亲人的过度保护与溺爱之中，他们没有机会来发展自己的社会生活能力，这又使得儿童出现“社会化不足”[③] 的问题。

凡此种种，都需要我们从儿童健康发展的角度去思考真正适合儿童的环境是什么，教育应当如何来积极营造这样的环境，如何消解环境中的消极因素，将其不利影响降到最低，以尽可能为儿童提供健康的、有品质的环境。教育的职责就是引导，学前儿童社会教育承担的一个重要责任就是按照社会生活的积极价值取向，为儿童营造有教育意义的环境，有意识地引导儿童实现积极的社会化，让儿童形成正面的价值观与良好的行为习惯。

3. 儿童社会化的主要内容

学前儿童社会教育的社会化功能是通过完成各项社会化内容而达成的。关于儿童社会化的内容，不同的学者从不同的角度提出了不同的看法。有学者从社会化发生的领域角度把社会化内容概括为政治社会化、道德社会化、性别角色社会化等。[④] 有学者从社会化基本活动的角度，将社会化内容概括为生活技能社会化、行为规范社会化、个体角色社会化。[⑤] 也有学者从儿童身心发展水平和社会化要求不同的角度，将社会化的主要内容概括为情感社会化、道德社会化、角色社会化。[⑥] 根据学前儿童的发展特点及《纲要》的社会教育内容要求，我们将儿童社会化的主要内容概括为以下几个方面。

（1）生活技能社会化

人要在社会中生活，就必须学习、掌握社会生活的基本技能，主要包括生活能力和职业能力两个方面。对学前儿童来说，主要是生活技能的培养，包括使儿童掌握吃饭、穿衣、语言表达等人类最初的行为方式。这种技能无法自动获得，需要成人进行有意识的培养。现在中国的父母往往对孩子的生活包办代替过多，这会影响孩子生活能力的养成，进而影响其将来的社会适应力。

儿童生活能力的培养概括起来主要有良好的生活习惯、基本的生活自理能力、基本的安全知识和自我保护能力的培养。这几项都是社会教育的重要内容，社会化不足指个体社会化程度较低，没有达到适应社会生活的基本水平。

社会教育需要提供各种机会与创设各种环境让儿童练习各项生活技能，这样才能积极促进儿童生活能力的社会化。

---

① 美国学者尼尔·波兹曼在《童年的消逝》一书中对这一现象进行了深入与精彩的分析。参见尼尔·波兹曼. 童年的消逝［M］. 吴燕莛，译. 桂林：广西师范大学出版社，2004.

② 过度社会化指在社会化过程中，社会因素对个体的影响与控制过于强大，导致个体缺乏独立见解。对于儿童来说，常常表现为处处按成人的喜好行事，过分取悦成人，没有自主性。

③ 社会化不足指个体社会化程度较低，没有达到适应社会生活的基本水平。

④ 周运清，等. 新编社会学大纲［M］. 武汉：武汉大学出版社，2004.

⑤ 胡俊生. 社会学教程新编［M］. 武汉：武汉大学出版社，2010.

⑥ 曹中平. 幼儿社会性发展与教育［M］. 长沙：湖南师范大学出版社，2001.

（2）情绪社会化

情绪社会化是指个体根据社会要求理解、表达、调节自己的情绪活动，以实现与社会要求一致的过程。情绪在儿童的生活中具有重要作用，它帮助儿童体验与表达自己的经历；同时，情绪也是一种与他人交流的重要方式。情绪没有正确与错误之分，所有的情绪在儿童发展中都起到重要作用。但一些消极的情绪如果不能得到及时处理会影响儿童的健康发展，如果儿童不能很好地理解自己和他人的情绪可能会影响他与别人的交流。因此，教育者有责任帮助儿童更好地去理解自己的情绪，对他人的情绪更为敏感；并帮助儿童学习处理不同情绪的有效方式。

（3）行为规范社会化

社会的正常运转需要社会规范的约束与指导。社会规范是指一个社会对其全体成员提出的、要求人们必须遵守的行为规则的总和。它包括非强制性的习俗规范，如日常生活规范、道德规范等，也包括带有强制性的政治法律规范。儿童只有掌握和学习了各种社会规范才能与社会实现良性互动。同时，儿童也是在学习和内化各种社会规范的过程中实现着自己的社会化。

对于学前儿童来说，他们需要学习的是与自己的生活和学习直接相关的各种习俗规范，如幼儿园的集体生活规范、游戏规范、学习规范、交往规范等。这些规范的习得需要教育者在日常生活中联系各种情境给予示范与指导。

（4）角色社会化

角色是指符合一个人的社会地位及其权利、义务要求的一种行为模式，它代表着一种社会期望。角色社会化就是个体获取社会角色所规定的行为模式，并适应社会期望的过程。人在不同的年龄阶段及不同的生活领域中扮演着不同的社会角色，包括性别角色、家庭角色、社会交往角色、职业角色等。角色是在社会互动中形成的。

对于学前儿童来说，随着年龄的增长，他们会不断扮演适当的性别角色、游戏角色、学校角色、社会角色等。儿童正是通过一连串角色的培养和认定，使自我心理内容客观化，自我行为表现与社会规范渐趋一致。

二、培养儿童的健全人格，促进儿童完整发展

学前儿童社会教育是培养儿童完整人格的教育，是引导儿童立身做人的教育，是引导儿童做一个健康的、和谐的、服务于社会的人的教育。

儿童社会化的过程是一个由生物人转变为社会人的过程，这一转变过程，也是儿童健全人格的养成，个性与社会性和谐发展，认知、情感与意志的完整发展过程。所谓的完整发展是指儿童在发展内容、结构方面的和谐与平衡发展。从内容来看，是儿童个性与社会性的和谐发展；从结构来看，是儿童认知、情感与意志的平衡发展。

（一）促进儿童个性与社会性的和谐发展

健全人格是儿童一生持续发展的重要基础，它由个性与社会性的和谐发展来支撑，学前儿童社会教育共同促进这两者的发展。

1. 促进学前儿童身体发展

儿童在体育活动中与其他孩子玩得开心，会处于兴奋状态，呼吸和血液循环加快，能够带入更多的氧气，使全身的脏器更好地工作。他们的骨骼正在成长，心脏跳动更有力，肌肉更强健，有利于他们的生长发育。

在一些阅读、棋类等安静活动中，和小朋友和谐相处能使儿童的内分泌系统处于平衡状态，全身各腺体正常工作，这同样有利于他们的生长和发育。据医学专家研究表明，心平气和的孩子比生气、烦躁的孩子免疫力更强，更不易患传染病。

2. 促进儿童个性发展

“个性”是一个内涵丰富的词，源于拉丁语 personal，它最初是指演员所戴的面具，后来指具有特殊性格的人。在心理学中，个性就是个体在与环境互动的过程中形成的具有社会意义的、稳定的心理特征系统。它由个性倾向性、个性心理特征、自我意识三个子系统构成。

个性倾向性是指人对社会环境的态度和行为的积极特征，它是推动人进行活动的动力系统，是个性结构中最活跃的，决定着人对周围世界认识和态度的选择和倾向。个性倾向性包括需要、动机、兴趣、理想、信念、世界观等。满足儿童合理的需要与兴趣，激发儿童积极的动机，培养儿童初步的理想、信念及世界观，是学前儿童社会教育的重要内容之一。

个性心理特征是指个体在其心理活动中经常、稳定地表现出来的特征，主要指人的能力、气质和性格。学前儿童社会教育既基于个体的气质，又积极地塑造和影响着儿童的气质与性格，并培养着儿童的能力。

自我意识是所有属于自己身心状况的意识，自我意识是个性系统的自动调节结构，是整合、统一个性各个部分的核心力量，也是个性成熟水平的标志。自我意识包括自我认识、自我体验、自我调控。在《纲要》中，社会领域目标的第一条就强调对儿童自我意识的培养。学前期是个体个性形成与发展的关键期。

3. 促进儿童社会性发展

儿童社会性发展的心理结构主要包括社会认知、社会情感、社会行为技能、道德品质和社会适应五个部分。社会认知是指儿童对自我与社会中的人、社会文化与环境、社会规范等方面的认知。社会认知包括对自我的认知（自我概念、自我形象、自我评价）、对他人的认知（对同伴的了解及对同伴和成人意见的理解和采纳）、对社会环境和现象的认知（家庭、幼儿园、社区机构；民族文化、重大社会事件等）、对社会规范的认知（社会角色规范、文明礼貌、生活习惯、公共规则、集体规则、交往规则等）。社会情感是指儿童在社会生活与交往中的情感体验，包括积极的情绪情感表达与控制，依恋感、愉快感、羞愧感、同情心、责任感的形成。社会行为技能指儿童在与人交往、参加社会活动时表现的行为技能，包括交往、倾听、交谈、非言语交往技能，辨别和表达自己情感的技能，合作、轮流、遵守规则、解决冲突的技能等。道德品质是儿童内化的社会道德行为规范，主要包括关心他人、乐群、合作、诚实、谦让、分享、助人、有奉献精神、勇敢、爱护环境、讲礼貌、守纪律等良好品德和行为习惯，爱亲人、集体、家乡、祖国等道德情感。社会适应是指个体通过不断学习，逐渐接受现有的社会规范与行为准则，并对环境中的社会刺激能够做出符合年龄与社会要求的回应的进程。它主要表现为：能够与现实环境保持良好的接触，能够遵守社会规范，能够与他人保持良好的人际关系，能够承担相应的社会责任。

从个体一生的发展来看，童年早期的社会性发展对其以后的人生有着基础性影响。如果童年早期得到成人的积极关注与照料，就容易形成温和、友爱的性格，形成对世界的信任感，反之则容易出现恐惧、不合群、攻击性强等特点。同时，童年早期也是儿童社会性发展的关键期。有研究表明，2—4 岁是儿童秩序性发展的关键期，3—5 岁是儿童自我控制发展的关键期，4 岁是儿童同伴交往发展的关键期，5 岁是儿童由生理性需要向社会性需要发展的关键期。① 儿童利他性品格的形成也和儿童的早期经验有着密切关系。因此，教育者要注意给予儿童恰当的帮助，以促进儿童的社会性发展，为儿童一生的幸福奠基。

4. 儿童的个性与社会性密切联系、相互促进

儿童的个性与社会性紧密地交织在一起。可以说，儿童社会化的过程就是儿童个性形成和社会性发展的过程。精神意义的个性与生俱来，它是社会性发展的前提，但个体只有在与社会环境的互动中，才能逐渐学会采取理性的、社会群体认可的行为规范行动，并将自己逐步融入更大的社会群体中，与其他社会成员共享一种文化。由此，儿童的社会性得到发展。在个性与社会性发展的过程中，如果忽视个人的独特性，只强调对社会共性的遵从，就会使个体的精神个性无法很好地展现，导致个体精神自我的衰弱，从而影响其创造性的发挥。同样，如果只是一味强调个体个性的展现，忽视对集体与社会的共性的关注，则会导致社会的分裂与冲突，从而影响社会的和谐。个体的创造性是社会进步的源泉，社会的和谐是个体幸福生活的保障，因此，教育者需要通过合理的引导与教育，保持儿童个性与社会性发展的平衡，促进其健康的发展。

（二）促进儿童认知、情感、意志的完整发展

我国学前教育的总目标是促进学前儿童德智体美劳的全面发展，即儿童生命各方面的完整发展。然而，儿童的这种完整发展在现代“主智主义”的教育思维影响②下，呈现出一种不平衡与破碎的状况。

加德纳的多元智能理论丰富了我们对智力的理解，同时也证明了儿童的智力发展与情意发展是密切相连的。如果学前教育唯智力是从，就会使儿童的身心处于一种发展不平衡的状态，对儿童的健康带来伤害。因此，发展智力的同时，必须关注情意与德行的教育。

---

① 杨丽珠，吴文菊. 幼儿社会性发展与教育［M］. 大连：辽宁师范大学出版社，2000.

② 影响最大的当数本杰明·布鲁姆的《人类特征的稳定与变化》的著述，他综合了一些心理学家智力测验研究成果，绘制了一张个体在各个不同年龄阶段的智力分数与成熟年龄的智力分数间的相关曲线图，提出与 17 岁所达到的普通智力水平相比较，个体从 4 岁起就约有 50％的智力，其余的 30％在 4—8 岁获得，最后 20％的智力在 8—17 岁获得。并由此提出，儿童学业的成败在很大程度上取决于早期经验。上述理论的广泛传播及应用，使早期教育特别重视智力开发成为一种风潮。

发生社会心理学的代表人物多伊思提出了智力社会性建构的观点。他指出，儿童首先是社会性的，针对来源于他人的行动与他人的判断而反应，这样，个体间的相互作用参与了认知建构。个体的智力首先在与他人的交往中发展，然后独立化到其他情境中。一系列的实验研究表明，有组织的合作可以提高儿童智力的操作水平，而儿童之间的认识冲突可以加快其概念获得的进程。国内学者杨丽珠通过研究也发现，学前儿童的社交水平与认知水平的发展是相互影响的。[①] 另外，兴趣是智力的起点，人们的任何智力活动都与自我情感体验、社会责任感密切相关，成年人为了追问意义而思考，儿童往往是因为情感的渴望而好奇、发问。

三、培养儿童的公民意识，促进文化认同

学前儿童社会教育对社会发展也有积极作用，这主要表现在它的社会文化传承与公民教育上。

（一）培养儿童的公民意识

在现代社会，社会教育担负着培养现代公民的重要责任。将社会教育的核心任务定位于公民的培养，也是国内外教育界的一种共识。如在美国，社会课被认为是一门提升公民能力的社会科学与人文科学的整合课程。虽然学前儿童社会教育与中小学的社会教育是有区别的，[②] 但它作为基础教育的组成部分，自然与中小学的社会教育有着连续性。培养合格公民也是学前儿童社会教育的重要任务。

学前阶段的公民教育的核心是培养学前儿童对团体事务与公共事务的一种参与和关心意识，学会合作与协商解决问题。

（二）促进文化认同，实现文化的传承与发展

1. 促进文化认同

文化认同是人们在一个民族共同体中长期共同生活所形成的对本民族最有意义的事物的肯定性体认，其核心是对一个民族的基本价值的认同；文化认同是凝聚这个民族共同体的精神纽带，是这个民族共同体生命延续的精神基础。对于儿童来说，这是儿童建立价值归属感的深层基础。

同时，文化认同是一个建构生活意义的过程。我们的思想、价值、行动，甚至我们的感情，都是文化的产物。根据文化的意义系统，我们将形式、秩序、意义方向赋予我们的生活。因此，文化就是生活的内容，它也是个体不断发现自己，并建立自己与世界的联系，建构自己生活意义的过程。文化认同还是一种意向性反映，它发生在与不同的文化的接触、碰撞与相互比较之中，是个体面对另一种异于自身的存在所产生的保持自

---

① 参见杨丽珠，吴文菊. 幼儿社会性发展与教育［M］. 大连：辽宁师范大学出版社，2000.

② 义务教育阶段的社会教育在课程层面主要通过道德与法治课程实现，与学前儿童社会教育或社会领域有所不同，这一课程更强调完整与系统的知识基础，而幼儿园的社会教育更多地和儿童的社会生活经验联系在一起，更加重视学习的经验性与体验性，而不是知识的系统性。低年级段的道德与法治课程与幼儿园的社会教育有很多相通之处。

我同一性的反应。从这一个意义上说，文化认同是一种自我认同。促进儿童的文化认同还需要引导儿童了解不同的文化，在比较与接触中不断加深文化的体验与认同。

2. 实现文化的传承与发展

学前儿童社会教育就是要引导学前儿童在社会认知、社会情感及社会行为方面协调发展，使学前儿童成为诚实守信的人、活泼开朗的人、善于交往的人、乐于助人的人。为社会培养合格公民是学前儿童社会教育的又一重要任务，一个公民是承载了一定文化传统，并积极参与现实生活的人。这决定了学前儿童社会教育对公民的培养既要注重优秀传统文化的继承，又要引导儿童有参与现代全球化生活的眼光。

首先，学前儿童社会教育通过引导儿童掌握我国优秀的传统文化内容来实现文化传承。这些内容包括文字、语言、艺术、各种风俗习惯与各类蕴含丰富传统文化内容的教育材料。如作为儿童重要学习材料的儿歌中有不少都蕴含着丰富的传统文化内容，下面这首民间流传的《十二生肖》就是一个代表。

十二生肖

一是老鼠吱吱叫；
二是牛儿尾巴摇；
三是老虎威风到；
四是白兔蹦蹦跳；
五是飞龙像座桥；
六是蛇会圈圈绕；
七是马儿最会跑；
八是羊儿吃青草；
九是猴爬树上笑；
十是鸡会起得早；
十一是狗儿看门好；
十二是小猪来凑热闹。

这首儿歌巧妙地将我国十二生肖的属相串联起来，既形象生动，又朗朗上口，便于儿童理解与记忆，儿童在传唱时可以自然地掌握这一传统文化内容。

其次，学前儿童社会教育还通过引导儿童了解多元文化、创造新文化来实现文化的发展。了解多元文化主要是通过不同途径的多元文化教育来实现的。不少幼儿园在实践中通过幼儿园环境、一日生活、领域教学与重大节日等多种途径将不同文化的要素与内容渗透于教育之中，加深儿童对民族文化与其他民族文化的了解，提升儿童与不同文化背景的人的交往与沟通能力。文化的创造主要表现在引导儿童根据当下与未来社会健康发展的需要，确立积极健康的文化意识。如环境保护意识，是新文化的重要内容之一。不少幼儿园也将这一内容作为教育的重要组成部分，渗透于各年龄段的教育之中，这对我国环境保护文化的建立发挥着重要的推动作用。

第三节 学前儿童社会教育对教师素养的要求

2012年颁布的《幼儿园教师专业标准（试行）》从专业理念与师德、专业知识、专业能力等方面，对教师的专业素养做出了较为详细的规定。下面，我们从学前儿童社会教育的特质及学前儿童社会学习的特质出发对社会教育所需要的教师素养做简要阐释。

一、努力提升自身的品行修养

品行即人的品格与言行。在学前儿童社会教育中，教师品行是影响儿童品格成长的关键性因素。学前儿童社会教育主要是让儿童学习如何去建立与世界的良好关系，核心是做人的教育。儿童往往是通过观察与模仿大人来学习如何与世界相处的，由此，教师要真正引导儿童学会做人，并不是简单地告诉他们如何做人，而是通过展示良好的品行修养来让儿童观察与模仿。从儿童的社会性学习，尤其是道德学习来说，教师是一个什么样的人，远比教师知道什么更为重要。这正是学前儿童社会教育对教师素养要求的特别之处。幼儿园教师是儿童生命成长的重要他人，因此，知道如何提升自身的品行修养是幼儿园教师职业准备的一个重要方面。

教师品行主要表现为教师个人的道德与修养。这些道德修养既有普遍的要求，又有职业化的要求。《幼儿园教师专业标准（试行）》对幼儿园教师的师德提出了以下要求：“热爱学前教育事业，具有职业理想，践行社会主义核心价值体系，履行教师职业道德规范。关爱幼儿，尊重幼儿人格，富有爱心、责任心、耐心和细心；为人师表，教书育人，自尊自律，做幼儿健康成长的启蒙者和引路人。”这几条要求又进一步细化为教师的个人修养与行为：“富有爱心、责任心、耐心和细心；乐观向上、热情开朗，有亲和力；善于自我调节情绪，保持平和心态；勤于学习，不断进取；衣着整洁得体，语言规范健康，举止文明礼貌。”

这些要求可以概括为爱与责任、感恩与尊敬、自制与坚忍、乐观与勤奋这四种核心品行，教师需要理解它们的内涵以及提升之道。

（一）培养爱心与责任心

爱与责任是教师做好学前教育工作的品行基础。“爱”让教师有行动的动力，“责任”让教师能够承担与坚持。

爱是生命发育的基础，也是万物生长的动力，还是和谐关系的纽带。在教育中，爱是教师营建积极教育关系的基础，没有爱就不会有教师和儿童的良好互动，也不会有教师间、家长与教师间的良好互动。美国心理学家弗洛姆认为爱是对成长的一种积极关切，它既包括对自身成长的关切，又包括对他人成长的关切。在教育中，教师的爱既包括对自己的爱，又包括对孩子的爱，还包括对事业的爱。英国学者马丁·洛森指出，就培养孩子来说，真正的爱意味着以下几点①：

承认孩子的个性，并协助他们发展；

洞察孩子的潜能，让孩子成为他能够成为的人；

认清我们自己的长处和弱点，为了孩子努力完善自己；

创造一种环境，让孩子从中找到意义和价值；

具有追求真理的勇气，不欺骗孩子；

提供孩子真正需要的事物，并尽量排除他们不需要的一切；

重视积极正面的引导，不回避消极负面的部分；

对生活中的失败和挫折满怀勇气和希望；

盼望奇迹发生，但也接受贫贱卑微。

责任与爱相辅相成，责任是指做分内应做的事，同时，如果没有做好分内应做的事，要勇于承担过失。责任心即一种遵守相应规范，自觉履行义务的态度。责任心是我们做好工作、成就事业的前提，是战胜工作中诸多困难的强大精神力量。正是责任心使教师在困难时能够坚持，在成功时能够保持冷静。学前教育工作的复杂与艰辛要求教师有高度的责任心，坚持尽自己最大的努力去帮助儿童健康成长。

（二）培养感恩之心与尊敬之心

感恩之心，即感谢万物带给我们的恩赐与帮助。在充满感恩的心灵氛围中，我们会感到自在和轻松，感恩的气氛让人凝聚在一起，产生坦诚与信任。心理学研究表明，那些把感激的事情每天坚持记录下来的人，在生理和心理上有较高的健康水平，也更快乐。教师所从事的工作是平凡的，而肩负的责任和付出的艰辛却是巨大的。有感恩之心，教师才会感激社会给自己提供了一个施展才华的舞台，才会珍惜、热爱自己的工作。

尊敬之心，即尊重与敬畏。尊重所有的生命，敬畏伟大的精神与力量。这种尊敬的品格能够帮助教师营造出一种虔敬的学习与生活氛围，能够帮助儿童建立对浩瀚宇宙的敬畏与好奇。对未知的崇敬是儿童探索万物奥秘的持续动力，这对于儿童内在的精神滋养是非常重要的。

（三）培养自制力与坚持力

自制力，即自知与节制。自制需要我们常常反省自己的言行，并能学会调节与控制自己不当的情绪与态度反应，保持稳定与平和的心态。

坚持力，即坚持与忍耐，这是成就一切的品格，也是向儿童示范意志力量的品格。儿童的成长是缓慢的，在教育中，教师需要坚持与忍耐才能看到儿童的发展与变化。

（四）培养乐观开放与勤奋的态度

乐观开放是一种积极的人生态度，这种态度让教师能够持续不断地终身学习，能更充分地利用机会与资源；同时，也有助于营造温暖的氛围，在一个积极温暖的环境中，儿童能够更健康地成长。乐观的教师也常常更有亲和力，这有助于给儿童带来信任感。

勤奋是一种积极进取的状态，一种积极实现与超越自己的状态。如果教师具有不断

---

① 马丁·洛森. 解放孩子的潜能［M］. 吴蓓，译. 北京：人民文学出版社，2006.

丰富自己人生的信念，勤奋就会成为他们的基本人生态度。教师这种极其努力的状态会成为激励儿童不断丰富自己与成长的重要力量。如果教师拥有这些基本的品质，这将成为儿童品格学习最好的课程资源。

（五）培养文明的言行

培养儿童文明的言行是社会教育的重要内容之一，模仿是儿童学习的第一特点，教师的言语行为是儿童学习的重要榜样，因此，教师应当注意自己言语行为的表率作用，时时反思自己的行为是否值得儿童去模仿。文明的言行包括幼儿园教师的言语和行为两个方面。教师的言语表达要尽可能地准确、清晰，能让儿童正确地模仿；教师行为要专注认真，举止文明有礼，言行一致。

二、训练自身的社会能力

培养儿童良好的社会能力是社会教育的重要功能之一，教师要很好地实现这一教育功能，自身也需要具有良好的社会能力。良好的社会能力主要包括积极的自我认同、良好的人际沟通与协作能力、良好的决策行动能力。

（一）建构积极的自我认同

1. 自我认同的内涵

自我认同是一个人对自我价值的评价。它通常来自个体在日常生活中对自己的看法。

一个人若不能拥有令自己满意的自我评价，他的能力就不能充分发挥；而一个满意自己的人，会对人生保持正面且积极的态度，也能信心十足地接受任何挑战，并勇于面对自己。教师的这种积极态度会对儿童的自我发展带来正面影响。

2. 自我认同的行为表现

自我认同从肯定与否定的角度来说，分为积极自我认同与消极自我认同。积极自我认同的主要行为表现为：（1）行为独立，会独立决定许多生活与工作的细节；（2）承担责任，主动负担一些工作，甚至安慰有烦恼的朋友与同事；（3）乐于接受挑战，也能承受失败。

消极自我认同的主要行为表现为：（1）贬低自己的能力，常常说“我不会做”；（2）逃避任何可能产生焦虑的情况；（3）强烈的自我防卫，不能接受批评或失败，不肯面对问题；（4）喜欢责备他人来隐藏自己的缺点。

3. 提高自我认同感的方法

提高自我认同感的基本方法是进行积极的自我暗示，并客观面对自己的优点与不足，努力完善自己。以下方法可以提高自我认同感：（1）积极暗示，告诉自己，我一定可以做得到；（2）接纳与欣赏自己的长处，学习爱自己；（3）真诚欣赏他人的成功，当朋友或同事成功时衷心地祝贺他们；（4）常怀感恩之心，为大自然的恩赐而感谢，为父母、师长、社会的赐予而感谢。

教师要尽力做到以下几点：（1）不轻易说“我不能”；（2）不随便与人比较；（3）失败时不怨天尤人；（4）对自己的缺点，绝不文过饰非；（5）不掩饰自己的感觉，敢于以真我示人。

（二）培养良好的人际沟通与协作能力

良好的人际沟通与协作能力是教师有效开展教育教学工作所需要的基本能力，良好的沟通能力是处理好人际关系的关键。具有良好的沟通能力可以使教师很好地表达自己的思想和情感，获得别人的理解和支持，保持良好的人际关系。良好的教育关系是学前儿童社会教育的重要基础之一，因此，培养良好的人际沟通与协作能力是教师专业准备的重要内容之一。

1. 沟通能力

（1）沟通的基本要素

沟通是人与人之间通过对话达成相互理解的过程，它的基本要素包括倾听、表达。倾听并理解别人想要表达什么，这是沟通的第一步。沟通中的“听”有不同的层次与风格。从层次来看，有的人是听而不闻，有的人是假装在听，有的人是选择性地听，有的人是积极地倾听，有的人是同理地倾听。显然，在这五种层次中，积极地、同理地倾听，能够让我们更好地理解别人。从风格来看，倾听主要有以下四种风格：一是他人导向。倾听的兴趣点在于表现出对他人情绪和兴趣的关心以及寻找共同点。二是行动导向。兴趣点在于为了谈判和达成目标所使用的直接、简单的沟通。三是内容导向。兴趣点在于智力上挑战复杂的信息，以便获得支持决定的数据。四是时间导向。兴趣点在于简短、简明、迅速直击重点的沟通。

◆【案例 1-1】◆

一天早上，一个孩子很悲伤地告诉老师他养的小金鱼死了。

场景一：

儿童：老师，我的小金鱼死了。

教师 1：哦，那让你妈妈再给你买一只好了。

儿童大哭：我就要我的那只小金鱼！

场景二：

儿童：老师，我的那只小金鱼死了。

教师 2：你很难过是吗？

儿童：它是一只很可爱的乌龟，会跟我说话呢！

教师 2：它都和你说了什么呢？

提问：案例中的两位老师分别是哪种倾听风格？

在案例 1-1 中，两名教师对儿童的倾听体现了不一样的风格。

表达包括言语表达与非言语表达。有研究表明，沟通中人们对言语与非言语信息接收的比例不同：身体语言为 55%，怎么说的为 38%，说的是什么为 7%。这说明表达要有肢体语言的配合，目光、表情都会影响沟通效果。言语表达时，是否能具体而清楚地表达观点，能否向对方提出适宜的沟通问题以增进对彼此谈话内容的理解，都会影响沟通的效果。

(2) 有效沟通的基本原则

有效沟通要遵循真诚、尊重、同理三个基本原则。真诚即真心诚意、坦诚相待，对人热忱，待人诚恳。美国心理学家卡尔·罗杰斯把真诚视为人际关系的基本要素。

在沟通与交往中，尊重与重视他人的意见与价值观，是沟通取得积极效果的关键之一。但尊重也并不意味着一味地迎合别人的观点，而是在尊重客观与别人人格的基础上表达有益于他人、自我发展的观点。

同理即站在对方的立场上，设身处地地为对方考虑。同理心的产生，需要在沟通时专注聆听对方传达的讯息，用心辨别对方的感觉，并逐渐探讨你所捕捉到的感觉，表达你的理解与认同。

总之，良好的沟通能力包括了解与把握新事物，善于调整自己，并与不同的人建立融洽关系的能力。对教师来说，良好的社会沟通能力能让他们更好地根据儿童与社会的实际来引导儿童的发展，儿童的发展总是充满各种矛盾和冲突，这些矛盾和冲突需要积极地沟通与协调，这种沟通与协调需要经验，但更需要一种开放的心态，即一种不固化、善于倾听与理解的心态。

2. 协作能力

协作能力即协调与合作能力。教师在工作中需要家长、同事及诸多人的配合才能顺利地完成各项工作。因此，工作中是否善于与人合作，在遇到冲突与矛盾时，是否善于沟通、解决，都会极大地影响教师的教育工作。

协作能力的培养需要教师之间的相互信任、宽容、奉献与欣赏。只有相互信任才能坦诚相待，宽容是消除分歧和矛盾的润滑剂，奉献是相互支持的动力，相互欣赏能够让彼此互相学习与共同成长。

(三) 培养良好的决策行动能力

良好的决策行动能力是指根据一定的目标制订计划、决策与行动的能力。儿童生活中需要面临种种决策，需要做出选择与行动。同时，教师的工作涉及诸多复杂的决策与行动。教师自身的决策行动力既影响教育的效果，又影响工作的成效。有良好决策行动力的人能积极地改变环境，在学前儿童社会教育中主要表现为教师自身能积极主动地寻找各种社会教育资源，同时，也能积极地创造各种社会行动机会，为儿童提供学习与练习的机会。

1. 制订计划的能力

制订清晰、有效的计划，是教师有效开展各项工作的重要前提。教师需要学会制订班级管理计划、学期工作计划、月计划、周计划、单元教学计划以及课时教学计划，还有自己的生涯规划与成长计划。计划制订需要教师根据儿童的需要与教育条件，统筹思考工作与学习的开展，通过计划提升工作与生活的自我管理能力。

2. 良好的决策能力

在计划的执行过程中，会有许多变化，如学期的课程安排、家长突发问题的应对等，教师必须不断地进行决策。决策的技能包含前提假设、推论能力，信息的收集整理、分析、归纳能力，逻辑判断能力，面对压力的心理素质，以及避开错误心智模式的能力等。

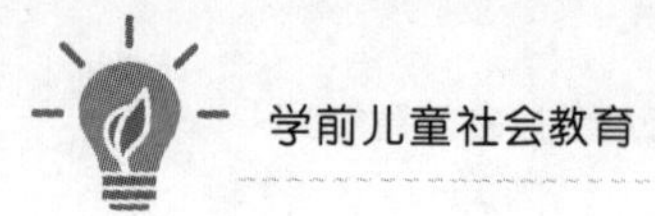

决策能力是一项复杂的综合能力，它需要教师在生活与工作中，不断地观察、学习与反思，以提升自己的决策能力。

3. 执行管理能力

要有效地开展教育教学工作，教师不仅要有周密的计划、良好的决策，还要有执行管理能力，即能有效地去执行各项决策计划，避免只做计划不执行的情况。同时，教师也要善于管理和利用各类教育资源，以让教育的效果与意义最优化。

4. 反思能力

反思，简单地说就是反观与思考。它使个体能够清晰地表达自己正在努力达成的目标，探寻自己必须考虑的诸多变数，并确定为达成目标采取哪种策略最有效。学前儿童社会教育面对的是儿童丰富多元的内在世界，很难简单地用标准化、模式化的方式进行教育，需要教师因人因境灵活施教，需要教师有灵活的教育反思能力。在教育实践中，反思主要是指对教育实践及其原因，以及对不同的观点和不断变化的做法进行批判性思考的过程。它既包括洞察自我的能力，又包括深入理解儿童与教育情境的能力。

三、掌握相关的专业知识与教育技能

在有了正确的教育观念、良好修养的基础上，教师还需要掌握相关的专业知识与教育技能，才能对儿童施加有效的教育影响。

（一）与学前儿童社会教育相关的专业知识

1. 关于学前儿童社会教育性质及功能的知识

了解学前儿童社会教育是什么，以及它对儿童发展的作用，是教师正确实施社会教育的知识基础。只有当教师清楚自己要做什么以及为什么而行动时，才能对教育活动做出恰当的规划。关于社会教育性质的知识主要包括社会教育的内涵、特点以及与相关课程关系的知识。而社会教育功能方面的知识主要指研究社会教育对儿童发展与社会发展的作用的知识。

2. 关于学前儿童社会性发展与社会学习的知识

这是关于学前儿童社会教育对象的知识。有效的教学需要建立在对教育对象充分了解的基础上。学前儿童社会教育需要教师了解与掌握学前儿童社会性发展的阶段与特点，主要包括社会认知、社会情感、社会行为三方面的发展。此外，还要了解学前儿童是如何进行社会学习的。这些知识是教师确定社会教育内容与方法的主要依据。如果没有对对象的了解，教师的教育就会陷于盲目。

3. 关于学前儿童社会教育目标与内容的知识

具体的教育活动是同想要培养什么样的人以及用什么内容去培养联系在一起的。如果教师不知道自己的行动方向，也不理解所教的内容，那么教育活动是无法开展的。了解教育的目标与内容知识，是教师设计与实施教育活动必要的基础。

4. 设计与实施学前儿童社会教育的原则、方法、策略与途径的知识

在明晰学前儿童社会教育的内容与学前儿童特点的基础上，教师还要根据一定的教

育原则，运用适当的方法设计与实施教育活动，以对儿童施加教育影响。因此，了解实施学前儿童社会教育的原则与相关方法、策略也是一项必要的准备。学前儿童社会教育的方法，包括一般的与其他领域教育相通的方法，也包括主要用于社会教育的教育方法。学前儿童社会教育虽然与其他领域教育有着密切的联系，但它也有自己的独特性，这种独特性使它与其他领域教育区别开来。

5. 关于社会领域的学科教学知识

学科教学知识（Pedagogical Content Knowledge，简称 PCK）被认为是教师专业知识的核心。它是根据学前儿童的特点将社会领域内容予以组织及调整，并采用适宜的教学策略来呈现给幼儿童进行学习的知识。它强调立足儿童的立场，结合具体教学内容逐层、综合而具体地转化各类教育知识。学科教学知识的呈现过程是一个非线性的创造过程，它是教师教育智慧的一种展示。教师专业知识丰富的历程就是一个不断获得学科教学知识的过程。社会领域的教师专业知识可以用图 1－3 来加以呈现。PCK 处于交叉部分的中心，交叉图形面积的大小表示 PCK 的多少，随着教师社会领域专业知识的丰富，其社会领域 PCK 面积也会日益扩大。

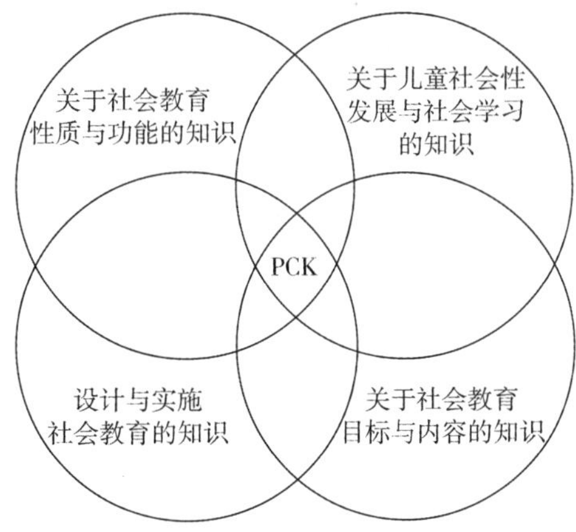

图 1－3　社会领域教师专业知识构成图①

（二）与学前儿童社会教育相关的教育技能

1. 随机教育的意识与能力

儿童的社会学习无处不在，教师要善于抓住时机对儿童施加适宜的教育。在案例 1－2中，教师体现了良好的随机教育意识与能力。

◆【案例 1－2】◆

有一次，孩子们户外活动时，我发现地上有一张废纸，于是弯腰捡了起来。这时一个孩子看到了问我："老师，你为什么把纸捡起来啊？"我故意大声说："因为垃圾会影响幼儿园的美观啊！如果不把废纸捡起来的话，幼儿园多脏啊！小朋友要爱护自己的幼儿

① 甘剑梅. 学前儿童社会教育［M］. 北京：高等教育出版社，2021.

园呀！也要保护环境!”“那如果小朋友看到有垃圾也应该把它捡起来，对吗?”几天后，我经常发现孩子们主动弯腰捡垃圾的现象，并及时给予了表扬。

2. 系统规划与设计社会教育活动的能力

教育活动要有效地进行，需要根据儿童的具体情况，依循教育的规律进行预先的筹划与安排。这是一个设计的过程，即在教育活动开展以前教师要对自己教什么、为何而教以及如何教有一个清晰的思考，这样才能尽可能地保证教育的科学性与有效性。社会教育活动的设计能力是一种需要丰富教育知识与经验的理性思考能力。这种能力的培养需要教师进行广泛的理论研习，也需要大量的经验积累。

3. 有效实施社会教育活动的能力

与教育活动设计能力相比，教育活动实施能力更主要的是种现场互动能力，即教师把自己关于教育的思考与设计，与儿童共同实现的能力。社会教育活动实施过程中面对的是充满活力与变化的儿童，或是各种变化的情境，教师需要随时有一种协调与应变的能力，这种能力更多地依赖于教育的敏感性与智慧。它需要教师在长期实践与反思的基础上才能获得。

4. 研究社会教育的能力

即研究社会教育问题与现象的能力，这是教师提升教育专业水平的基本保障。教育过程中总会遇到种种难以解决的教育问题，如何去解决这些问题是对教师的挑战，教师要学会在研究的基础上去解决问题，这有助于提升自己的理性教育思维水平。

对于教师来说，拥有卓越的品格、专业知识与教育能力并不是一件容易的事，教师也有弱点与不足，但这并不影响教师成为一个值得儿童模仿与学习的人，重要的是教师要有追求卓越的意愿，这种意愿才是真正的教育力量。因此，《幼儿园教师专业标准（试行）》把终身学习列为教师的基本信念要求。儿童也正处于成长的途中，一个愿意成长并追求成长的老师会成为他们同行的伙伴。

本章小结

本章主要讨论了学前儿童社会教育的内涵与特点、课程地位，学前儿童社会教育的功能，学前儿童社会教育对教师素养的要求。

对学前儿童社会教育内涵与特点的明晰把握是教师正确开展教育实践的前提。儿童社会教育具有以下特点：教育价值的人文性与超越性、教育目标与内容的整合性、教育主体与教育途径的多元性与协同性。同时，学前儿童社会教育与相关的领域课程有着密切联系，它在众多领域课程的实施中起着导向性作用。

学前儿童社会教育的价值确立于它的功能实现的基础上，其功能主要体现于对学前儿童社会能力的培养、社会化的促进，对儿童完整发展与健全人格培养的积极影响以及它对公民意识的培养和文化认同的促进上。

在学前儿童社会教育对教师素养的要求方面，我们关注教师品行修养与社会能力的提升，因为相对于其他领域课程来说，教师自身是社会教育最重要的课程资源。社会教育要求教师自身必须不断地努力完善自己，在品行修养与社会能力上为儿童做出表率，

这样才能奠定社会教育的真正基础。专业知识与教育技能也必将是教师从事社会教育所必需的专业素养。

思考与实践

（一）问题思考

1. 学前儿童社会化及社会教育的内涵是什么？
2. 学前儿童社会教育经历了怎样的发展历程？
3. 学前儿童社会教育与相关领域课程有什么关系？
4. 结合实际，论述学前儿童社会教育的功能。
5. 学习学前儿童社会学需要做好哪些工作？

（二）实践练习

结合学前儿童社会教育对教师素养的各项要求，分析自己当下的素养情况，结合自身资源与条件，制订个人素养提升计划，学期末再对照该计划，分析自己的素养提升情况。

拓展阅读

儿童从出生之日起，就被包围在各种社会物体和关系之中，与多方面的人发生着联系。在与其他人的相互交往过程中，儿童逐渐表现出社会性和个性。对学前儿童来说，生活中最经常、最主要接触的人是父母和同伴，与这些“重要他人”的交往是学前儿童生活和发展的重要内容。

在亲子交往中，父母代表一定的社会阶层或观念、文化，必然地，自觉不自觉地向儿童传授着多方面的社会性知识、道德准则、行为习惯和交往技能；同时，也为儿童提供了大量的练习有关社交行为和技能的最佳场所，并给予大量的帮助、指导、纠正或强化。儿童的许多社会性行为，如分享、谦让、轮流、协商、帮助、友爱、尊敬长辈、关心他人等，就是在与父母的交往中，在父母的要求和指导之下逐渐习得并发展的。早期亲子交往的经验对儿童与他人包括同伴的交往也有相当明显的影响，甚至会影响到儿童成年以后的人际交往态度、行为和关系状况。

日常生活经验和科学研究结果都证明，父母的许多行为方式、态度、言语和价值观，起着示范、榜样的作用，被孩子所观察和模仿。古语也说“父行子效”，指的就是孩子仿习父亲的言行。通过模仿，儿童从婴儿时期便从父母那里获得了大量的认识、表情、动作、话语和态度；随着年龄增长，儿童更是通过观察和模仿练习，从父母的言行当中学到了越来越多的知识、技能、态度和行为方式。除了父母出于教育的目的而有意识地提供的范型之外，儿童的大多数模仿是在无意识之中进行的。因此并不是父母所希望的语言和行为才会成为儿童模仿的对象。婴幼儿经常会表现出一些父母意想不到的模仿行为，使他们“大吃一惊”。因此，父母要时刻注意自己的言行，以对儿童心理、行为发展产生良好的影响。

第二章 学前儿童社会性发展及其影响因素

一个人独处，是谈不上社会的，但身边只要再有一个人，“社会”就构成了。一个家庭，就是一个小社会，凡是有人群的地方，就有各种各样的“社会”，人生存，一天也离不开社会。人每天都在各种小的、中型的、大型的社会群体中充当着各种角色，表现着自己的“社会性”。

——陈会昌

学习目标

1. 理解学前儿童社会性发展的特点。
2. 了解学前儿童社会性发展的主要影响因素。
3. 能够运用学前儿童社会性发展的影响因素分析学前儿童社会性发展中出现的问题。

内容导航

- 学前儿童社会性发展及其影响因素
  - 学前儿童社会性发展的特点
    - 学前儿童社会认知的发展
    - 学前儿童社会情感的发展
    - 学前儿童社会行为的发展
  - 学前儿童社会性发展的影响因素
    - 生理因素对儿童社会性发展的影响
    - 心理因素对儿童社会性发展的影响
    - 环境文化因素对儿童社会性发展的影响

案例导入

人们为什么会做出亲社会行为？

地铁列车正在驶进站台，但有一个人却跳下路轨奔向迎面而来的列车，他是去救一名掉到铁轨上的四岁女孩。就在列车将要碾过女孩之前的3秒钟，他把她抛向站台上拥挤的人群里。列车呼啸将至，在这紧急关头，旁边的人把他拉到了站台上。

特雷莎修女是著名的慈善家。她出生于一个富裕的阿尔巴尼亚家庭，后来放弃了优越的生活去了加尔各答。她在那里成立了临终关怀医院，为贫民窟里最贫困无助和濒临残废的人服务。她所创建的“仁爱传教修女会”在100多个国家设立了500多家慈善机构和场所，使得数以百万计的人从中得到了帮助。她因此获得了诺贝尔和平奖。

上面两个案例中的行为有什么共同点？我们不难发现，首先，这些行为是人们自愿做出的；其次，这些行为能够给他人和社会带来某些好处；最后，这些行为被人们看作好行为。

第一节　学前儿童社会性发展的特点

一、学前儿童社会认知的发展

社会认知是指个体对他人、自我、社会关系、社会规则等社会性个体、社会现象及其关系进行感知、理解的心理活动。从对象来看，社会认知是个体对自己、他人以及各种社会现象的认知。

个体社会认知的发生是逐步区分认识社会性客体的过程，即区分认识人类客体与非人类客体、一个个体与另一个个体、自我与非我的过程。个体出生不久就逐渐在不同方面表现出社会认知的萌芽，如新生儿对人脸的偏爱。总体而言，个体社会认知发展呈现出以下趋势：从认知他人到自我，再到相互关系；从认知情绪到行为，再到心理状态；从认知身体到心理，再到社会。社会认知包括以下两种不同的层次水平。

（一）对“个人”的认知

儿童对“个人”的认知包括对自己的认知和对他人的认知。儿童对“个人”的心理过程、心理特征的认知，主要包括儿童如何描述自己或别人以及如何推知别人的心理过程（即观点采择）。

1. 对自我的认知

随着时间的推移，儿童发展出完善的自我概念，包括知觉、身体、社会和心理方面的自我的知识。

（1）对自我的意识和识别

研究显示，自我意识（Self-recognition）在0—2岁已经建立起来。大多数2岁儿童提及自己时常用自己的名字或人称代词，并且许多儿童已经知道自己的年龄或性别。

（2）自我概念

自我概念是指个体对自己独特属性和特质的知觉。在成长的过程中，儿童的自我概念和对他人的概念一样，其发展的一般过程表现为早期关注稳定的、外在的、看得见的特征，后来关注更多变化的、内在的和不可见的特征。

罗切特认为婴儿从出生开始就发展出了内隐的前语言自我概念，包括知觉成分和社会成分。这种自我概念的发展在两个月左右时迅速加快。婴儿在知觉上的自我知识（Self-knowledge）包括对自己身体和行为能力的知识，这些知识通过自我探索和体验自我行为的效果而获得。婴儿的社会性自我知识由他们关于自己行为模式的知识组成，这些知识是通过他们与人互动，并看到自己与他人有何不同而获得的。

随着儿童语言和认知技能的发展，他们自我概念的性质也随之改变。三到四岁时，儿童会从长相、喜好、社会特征等方面来描述自己，如我的眼睛是蓝色的，我喜欢比萨，我喜欢游泳，我爱看电视，我有一只橘黄色的小猫，我有一个兄弟等。五到七岁时，儿童开始从能力方面来描述自己，如我擅长跑步、跳高，但仍然不能处理对立的概念，比如好和坏、聪明和愚蠢。他们对自我的描述仍然非常积极，并常常高估自己的能力。

当自我认知（Self-understanding）的各个方面（包括知觉、身体、社会和心理方面的认知）都汇集在一起并整合起来以后，儿童对自我的表征就组织得越来越好。随着时间的推移，儿童的自我概念也变得更加抽象化和心理化。

最终，当儿童开始通过与他人的比较来评估自己时，他们的自我意识就得到了扩展。同时，个体间的比较和视角转换会帮助儿童设想自己要如何融入世界，以及建立什么样的自我形象。

2. 对他人的认知

儿童对他人的认知早于对自我的认知，婴儿在 4 个月时能将照顾者与其他人分开，而对主体我（作为主语地位的“我”）的认知出现在 9—10 个月，对客体我（作为宾语地位的“我”）的认知出现在 15—24 个月。

（1）对他人的概念

婴儿在社会互动中的行为和对他人情绪表达的反应表明，他们已经逐步形成了关于他人的概念。随着儿童语言和认知技能的发展，他们对他人的概念变得更清楚，更易于通过语言表达。对儿童关于他人概念的研究表明，关于他人的概念会在儿童发展过程中发生很大的变化，主要呈现以下的发展趋势：从关注具体的外部的、可观察的特征到关注抽象的、内在的和无法观察的特征。

当要求儿童描述特定的他人时，5 岁以下的儿童倾向于关注外部的、看得见的特征，如身体外貌、拥有的东西和典型行为。他们也同时关注他人行为与自己如何发生关系。如一个未满 5 岁的儿童具有代表性的对朋友的描述：“童童是我最好的朋友，我们在街上玩，他有一个姐姐，我喜欢他因为我可以玩他的玩具!”

从学前阶段开始，儿童有时也用与心理相关的词汇来解释他人的行为（如“他受到了惊吓”“妈妈很难过”），然而，学前儿童的心理学归因一般具有情境特异性，它们并不是指持久的个性或特质。随着时间的推移，儿童关于行为的心理学原因的知识变得更加抽象和复杂。

（2）对他人的心理认知——观点采择

观点采择是指区分自己与他人的观点，并根据有关信息，运用已有知识和经验对他人观点进行推断以及做出反应的能力。儿童社会认知发展的核心体现是观点采择能力的发展，儿童认识自己和他人的能力是以其观点的假设或采择为前提的，要认识一个人，就必须理解他的观点并了解他的思想、情感、动机和意图等影响、决定其外部行为的内部因素。因此，观点采择在儿童社会认知发展中处于核心地位，是个体社会品质形成的首要认知条件。

观点采择具有以下特征：第一，认识上的去自我中心化。观点采择要求儿童能设身处地地理解他人的思想、愿望、情感等，推断他人的内部心理活动，它与“个体自我—

他人关系”中的自我中心主义是对立的。第二，需要借助自身已有的知识和经验。第三，需要把两种以上的心理成分联系在一起。第四，需要对自我进行控制和约束。根据相关适宜信息对他人观点进行推断，这一过程需要自我控制和约束。

罗伯特·塞尔曼于1980年提出了儿童观点采择发展的阶段论。他根据主体对自我与别人关系理解的发展变化，提出观点采择经历以下发展阶段。

0水平阶段：自我中心的或未分化的观点采择（3—7岁）。这一阶段的儿童不能清晰地认识到每个人都有自己的主观世界，对同一事物可能有不同的看法。

1水平阶段：主观的或分化的观点采择（4—9岁）。儿童认识到每个人都有自己的主观世界，自己和别人都是外界信息的积极加工者和评价者，由于每个人获得的信息不同，各人的动机、目的不同，故不同的人对同一事物的观点态度不同。

2水平阶段：自身反省的观点采择（6—12岁）。儿童不仅意识到自己能推断别人的观点，而且认识到自己也能成为别人思考的对象，进而认识到自己能根据别人对自己观点的判断而主动地考虑对策，做出进一步的反应。

3水平阶段：第二者的观点采择（9—15岁）。儿童认识到自己和别人都能设想有一个第二者作为“公平的旁观者”，来观察两个人的相互作用，即使自己是两者中的一方。这使儿童能用一种较为客观的方式来观察自己、别人以及自己和别人的关系。

4水平阶段：社会的或深层的观点采择（12岁至成人）。这一阶段的儿童不仅能对别人做出观点采择，而且能归纳整合社会的观点，思考抽象的政治、法律、伦理等观点，进而认识到这些观点的社会历史制约性。

从采择客体的性质角度来看，观点采择可分为空间观点采择和社会观点采择。

空间观点采择即视觉的观点采择，是指对处于不同于自己的空间位置的他人关于某一或某些事物的空间特性或空间关系的反应（或视觉经验）的判断。空间观点采择是推测对同一个情境事件，处于不同于自己的物理角度的他人是如何看待的，包含了对他人的知觉与心理状态之间关系的理解。

开辟这一研究领域的先导是皮亚杰。皮亚杰在他的早期研究中提出“自我中心”的概念，意指儿童把注意力集中在自己的观点和动作上，不能区分自己与他人的观点，自我中心阶段的儿童在大多数场合下认为外部事物就是他直接知觉到的样子，不能从事物的内部关系来观察事物。

从1岁半到3岁，儿童开始理解视觉上的观点采择。他们开始认识到，他人可能看到了一些自己没有看到的东西，并最终认识到同一个物体对于从不同角度观察的两个人来说，看起来可能会不一样。

社会观点采择又分为认知（或观念）观点采择和情感观点采择。认知观点采择指理解并预见他人的思想、动机、意图和行为；情感观点采择指推断他人的情绪情感体验和反应的能力。儿童认知观点采择和情感观点采择的发展趋势具有一致性，但情感观点采择的发展水平显著地落后于认知观点采择的发展水平。

儿童需要认识到人们具有目标、意图和预期，人们知道一些事情但不知道另外一些事情，他们自己相信的事实并不表示他人也相信。简单地说，儿童需要了解人类心理的

工作方式。

皮亚杰提出，学前儿童的心理发展不像婴儿那样有那么强烈的自我中心主义，但仍倾向于融合自我与非我。学前儿童不能把自己的心理状态（思想、愿望、情感等）与别人的心理状态区分开来，而是认为别人的思想、愿望等跟自己是相像的。

（二）对社会世界的认知

理解“个人”对儿童的适应性功能和社会互动非常重要，但并不是社会认知的全部。儿童的另一项重要任务是了解更广泛的社会世界。

1. 对社会关系的认知

儿童对他人和自我的认知是在人与人的相互关系中进行的，但儿童能明确认识到这种相互关系则是在对他人和自我的认知之后。目前将社会关系本身作为儿童认知对象进行深入研究的相对较少。关于儿童对社会关系（包括权威、友谊等）认知的研究一般针对 3 岁以后的儿童，并且主要是五六岁之后的儿童，相关研究表明，儿童友谊观念的发展有不同的等级。儿童的友谊观念在 3 岁开始产生，与儿童的移情、观点采择发展同步。随着年龄的变化，以及儿童智力、身体语言和经验的发展，儿童对友谊的理解发生变化。

2. 对社会规则的认知

社会规则是被一定社会或文化群体所接受的习俗，如社会交往的礼节（如“对长辈不能直呼其名”）。

在 18 个月大时，幼儿就已经能够认识到简单的社会规则，他们知道破损的东西不是该物体的正常状态；鼻子上有口红，也不是人们的正常表现。在 2 岁末，他们已经能够描述日常行为的规则，比如家庭吃饭的时间，为理解更加广阔的社会世界打下基础。

社会规则与道德规则不同，3 岁儿童就已能区分两者，如儿童能够做出判断，认为违反道德规则（如偷同伴的苹果）要比违反社会规则（如用手指吃冰激凌）更加不能接受。到了 3 岁半，儿童认为即使在没有成人看见的情况下违反道德规则也是错误的，而在同样情形下违反社会规则不算错误。到 4 岁左右，儿童开始认识到，遵守社会规则一方面依赖于有关规则的知识，另一方面依赖于遵守规则的意图。3 岁儿童并不能根据行为者的意图对自然规律和社会规则做出区分。而 4 岁儿童认为，当其他儿童不知道规则或有意违反的话，他们就会违反社会规则。但是他们预测，即使其他儿童不知道或打算违反自然规律，他们事实上也不会违反。因此，4 岁儿童能认识到一定的心理状态（如知识和意图等），什么时候对遵守规则是重要的，什么时候是不重要的，而 3 岁儿童还没有这种认知。这也是幼儿园到了中班，儿童的告状行为会明显增加的原因。

二、学前儿童社会情感的发展

学前儿童社会情感包括儿童作为集体和社会中一员的社会性行为和自己的内心情感两个方面。

（一）儿童社会情感发展的阶段

1. 0—1 岁

儿童出生时已经具备了最基本的情感。出生不久，儿童就能表达高兴或生气等情绪，

如在与熟悉的照料者面对面交流时，儿童会有积极的情绪表现。正是在与成人互动的过程中，儿童学习如何迎合他人的情绪，学习在什么时候用哪种情绪回应成人。

3个月的婴儿已经初步具有调整自己情绪和行为的能力，能与照料者密切地互动。

7—12个月的婴儿表达愤怒和恐惧等情绪的能力迅速发展，已经会根据自己的社会角色来表达这些复杂的情感。同时也是在这一时期，随着儿童移动能力的加强，他们情绪的自我调控能力也有了很大提高。在遇到让自己害怕或者沮丧的情境时，他们能迅速移动到信赖的照料者（如母亲）身边，帮助自己回避消极情绪的发生，转移到让自己感到安全、舒适的地方。这个阶段的儿童也能区别他人的不同情绪，并且开始揣摩他人的情绪。儿童会把照料者的情绪表现和某种行为联系起来，并且对这种行为做出反应。

12个月大的婴儿开始能够寻求社会性参考，即向他人寻求感情线索，帮助自己进行回应，例如，儿童会视母亲或其他照料者的表情来判断面前的陌生人是否安全，他们会通过来自重要照料者的社会性参照来决定自己的情绪表现和行为。如果母亲对陌生人很友好，儿童会对陌生人产生兴趣，并且与陌生人积极互动；如果母亲对陌生人感觉害怕，那么儿童对陌生人的态度也会很消极，比如转移注意力，不再注意陌生人等。

2. 1—2岁

在与他人的互动过程中，1—2岁的儿童开始理解尴尬、愧疚、嫉妒、自豪等情绪，所有这些情绪对儿童自我意识的发展非常有帮助。同时他们自己的尴尬、害羞、愧疚、嫉妒、自豪等情绪也迅速发展起来。在24个月时，儿童感到羞愧或者尴尬的时候会有一些相应的反应，如用手把脸遮住、低下头等。在这一阶段，儿童的移情能力也开始发展起来。他们开始理解他人的情感，知道别人伤心时和自己伤心时感觉一样糟糕。

3. 3—6岁

随着儿童语言能力的发展和情绪概念的获得，这一阶段的儿童用语言表达情感的能力有了很大提高。2.5—3岁的儿童逐渐能理解同一种情绪反应不同的人可能有不同的原因，并试图寻找这些原因。4岁儿童对引起各种情绪的原因有了一定的看法，他们已经知道了原因和结果的关系以及复杂情感在行为方面的表现。到了6岁左右，儿童能够更好地理解"如果我做这件事情，就会得到相应的结果"这样的逻辑关系。这个阶段的儿童能够更好地理解他人的情感，会经常考虑自己的语言和行为可能会带给他人什么感受。

（二）移情

1. 移情的含义

"移情"这一概念最早由铁钦纳于1909年提出，现在意指一个人（观察者）观察到另一个人（被观察者）处于一种情绪状态时，产生与被观察者相同的情绪体验。它是一种替代性的情绪情感反应，也就是一个人设身处地为他人着想，识别并体验他人情绪和情感的心理过程。

在儿童社会情感发展的过程中，观点采择能力起着重要作用，移情是儿童在情绪观点采择能力发展基础上出现的情绪情感反应。移情同时具有认知特征和情绪特征。认知特征指移情过程中个体知觉、角色扮演、对他人情感的认知以及社会认知等，是对他人的感受、思想、意图和自我评价等的觉知。情绪特征是指移情的情绪反应特征，移情时对他人情绪状态或情绪条件的认同性反应，其核心是与他人的情境相一致的情绪状态。

2. 移情的发展

2 岁前的儿童就表现出移情的迹象。由于移情出现得较早，且有相当的普遍性，因此有学者提出移情是人类先天的特征。对于儿童移情的发展，不同的研究者提出了不同的发展阶段理论。

霍夫曼于 1982 年提出了一个儿童移情发展的模型，认为儿童移情的发展经历以下四个阶段。

（1）阶段 1：物我不分的移情阶段（0—1 岁）

在生命第一年，在获得“个体永久性”概念之前，婴儿能模糊地知觉到来自他人、情境和自身的不愉快的情绪体验，但他们还不能清楚地区分自我和他人，常常不清楚到底是谁在经历着痛苦与悲伤。

（2）阶段 2：自我中心的移情阶段（1—2 岁）

在 1 岁末时，儿童逐渐能够区分他人与自己的痛苦。然而，由于此时的儿童还不能清楚地区分自己和他人的内部心理状态，因此，儿童的助人行为常是“自我中心”的，即虽然儿童试图通过行为减轻他人的苦恼，但其实他们的行为是从减轻自己苦恼的角度出发的。

（3）阶段 3：认知的移情阶段（从两三岁开始）

随着社会观点采择能力（理解他人认知和情感状态的能力）的发展，儿童区分自己与他人观点和情感的能力不断提高，并且学会了搜寻与理解他人苦恼有关的信息以及能够用来形成有效的助人策略的信息。因此，此阶段儿童的助人行为能更有针对性地反映他人的需要和情感。

（4）阶段 4：超越直接情境的移情阶段（从童年晚期开始）

在这一阶段，尽管儿童的移情仍直接由他人的苦恼所唤醒，但他们能够认识到他人的苦恼不是暂时的，而是长期的，他们的移情唤醒由此得到加强。即使在直接情境中，没有关于他人痛苦的线索，儿童也开始能够想象他人所经历的痛苦，即儿童对他人移情的唤醒超越了直接情境的限制，各种类型的信息，包括他人的表达线索、直接情境线索和关于他人生活状况的认识等，都能引发儿童的移情反应。1988 年，弗拉维尔根据移情中认知和情绪成分的参与情况，将移情分为以下几种类型。

（1）非理解性移情。指看到他人的表情后，儿童会产生相似的表情，但其中并没有社会认知成分的参与，即儿童并没有认识到他人此种表情背后的情绪体验等。

（2）移情性情感理解。指儿童在认识他人情绪状态的基础上产生相似的情绪反应。

（3）非移情性情感理解。指儿童认识到他人的情感体验，但没有表现出相似的反应。

弗拉维尔提出的这三种移情类型与霍夫曼的发展阶段存在粗略的对应关系：非理解性移情对应阶段 1 和 2，移情性情感理解对应阶段 3，非移情性情感理解对应阶段 4。

正因为移情既包含对他人情绪状态的认知，又包含设身处地为他人着想、理解他人情感的情绪体验，因此，移情对利他行为、道德归因、社会判断都有重要的作用。移情是同情心的重要基础，它是社会教育的重要内容。学前时期是移情从混沌的状态向认识

清晰的状态发展的重要阶段，也是儿童练习移情并通过移情与他人（包括同伴和成人）建立亲密关系的重要阶段。

三、学前儿童社会行为的发展

儿童生活在社会中，他们时刻在与家人和家庭之外的其他人（包括成人和儿童）接触、互动，而各种社会行为也在这些相处的过程中表现出来。

按照社会行为的不同性质，我们大致可以将儿童的社会行为分为两类：亲社会行为和问题行为。

（一）亲社会行为

亲社会行为通常指对他人有益或对社会有积极影响的行为，如与他人分享、帮助他人等。

美国心理学家艾森伯格在柯尔伯格道德发展理论的基础上对儿童亲社会行为的产生与发展进行了一系列研究。他认为亲社会行为的产生分为以下三个阶段。

初始阶段。对他人需要的注意阶段，即确认他人有某种需要和愿望。观点采择能力会影响对他人需要的理解和注意，而他人需要的明晰程度也会影响助人者的注意。

亲社会行为意图确定阶段。意图的确定在不同情境下会受不同因素的影响。在紧急情况下，情感因素在助人决策中起主要作用；而在非紧急情况下，个体认知和人格因素可能起主要作用。

意图和行为建立联系阶段。当人有了助人意图以后常常采取相应的助人行为，然而，二者并不总是一致。因为将意图转化为行为会受很多因素的影响，如个人的能力、情境因素等，但亲社会行为的实施会加强以后的亲社会行为。儿童亲社会行为中研究得较多的主要有分享与助人、合作等。

1. 分享与助人

分享是个体在与他人共同活动过程中经常出现的利他行为，是人与人交往所需要的一种重要品质。分享的对象对儿童而言包括食品、玩具、图书等，也可以是情感，如教师和父母的爱。有关研究表明，3—6 岁的儿童不同程度地存在分享行为，分享的技能随着儿童年龄的增长而增强。

知识链接

不同年龄儿童的分享与助人行为表现[①]

对他人痛苦的情绪反馈（哭泣或不安）；

表现出分享行为，表现出对家人的情感；

参与合作游戏，安慰痛苦的人，帮父母做家务，向成人展示或分享玩具；

开始分享，展现更多有意义的关心和帮助，用言语表达帮助的意愿，试着保护别人；

---

① 罗斯·D. 帕克，阿莉森·克拉克-斯图尔特. 社会性发展［M］. 俞国良，郑璞，译. 北京：中国人民大学出版社，2014.

开始受快乐驱动而表现出亲社会行为，意识到他人的需要，即使其与自身的需要冲突，也能通过亲社会行为进行判断并考虑他人的赞许和接纳。

助人行为也是一种典型的利他行为。斯陶布认为，儿童助人行为是随着年龄的增长而变化的，而且有其他儿童在场时，儿童会由于恐惧减少而增加助人行为。其研究结果表明，对于年龄在5—12岁的儿童来说，5—8岁儿童的助人行为是随着年龄的增长而增加的，而9—12岁儿童的助人行为则呈下降趋势。我国学者满晶、马欣川的研究也表明，学前儿童存在以利他为目的的互助行为，虽然在这方面个体间存在较大的差异，但事实上，互助行为已经比较普遍地存在于学前儿童的社会行为之中了。

2. 合作

合作是两个或者两个人以上共同活动、协同实现活动目标的行为。合作也是基本的社会技能。合作作为人与人之间的一种基本的互动形式，一直是个体社会化研究的重要领域。

国外关于儿童合作的研究指出，在出生后的第二年，儿童的合作行为开始出现并迅猛发展。如12个月的儿童之间很少出现合作性游戏，而绝大多数18—24个月的儿童之间产生了合作性游戏，而且在这个年龄阶段，儿童合作性游戏发生的频率也迅速增加。儿童合作行为是随着年龄增长而不断增加的。我国学者的研究也发现，在儿童的亲社会行为中，合作行为最为常见，同伴对儿童的合作行为多做出积极反应。小班儿童能进行无意识的、随机的合作，中大班儿童能进行有意识、有目的的合作。

（二）问题行为

1. 问题行为的界定

问题行为是指一种行为或行为模式出现的频率或程度。从教学的角度而言，所谓的过度是指儿童的行为严重干扰了儿童自身（或其他儿童）参与正常的日常学习和生活。

儿童对陌生的、令他们感到恐惧的、他们无法理解的情境做出消极的或攻击性的反应是很正常的，而这些反应通常是暂时性的。一旦儿童消除了陌生感，不再感到恐惧或理解了情境，这些不恰当的行为就会消失。如果儿童的这些行为没有成为固定的行为模式，那么一般不认为儿童的这些行为是问题行为。

2. 行为的鉴别

对于问题行为可以从以下几个维度予以鉴别：

（1）行为表现是否与年龄相称

不同年龄阶段有相应的心理和行为表现。某一行为在一个年龄阶段能被接受，在下一个年龄阶段可能就成为不被接受或异常的了。如小班儿童出现咬人的行为时，成人会立即禁止，但并不认为这是问题行为。但如果到了大班，儿童仍出现经常咬人的行为，则必须予以干预了。

（2）行为出现的频率

某种不期望行为偶尔出现通常不会引起关注，但如果经常出现，成人就需要注意了。如一名中班儿童一个月发一两次脾气是正常的，但如果为了一些小事一天发好几次脾气，

就需要教师加以关注了。

（3）行为持续的时间

任何儿童在特定的发展阶段都可能出现一些特殊的心理或行为表现，但通常不久之后会自然消失。如果某种特殊的行为长期保持，且影响到了儿童正常的学习和生活，就需要进行干预。如儿童不停地吮吸大拇指，以致不能参加需要两只手参与的活动（如桌面操作活动）时，吮吸大拇指就成了问题行为。

（4）行为的严重程度

如果儿童某种不期望行为的程度或严重性大大超过其他儿童，这样的行为可能就是问题行为，如儿童刚进幼儿园时一般都有些入园焦虑，大多数儿童经过父母和教师的引导和鼓励，能很快适应新环境。如果有些儿童害怕去幼儿园到了恐惧的程度，甚至出现腹痛、呕吐、心率加快、肌肉紧张等生理反应，这样的表现就有问题了。

（5）行为是否与环境相适应

恰当的行为是受场合的限定的。儿童有时会在一个场合中表现出在另一场合中被允许的行为，当他们被制止、批评之后，常会感到困惑。大部分儿童会试着学习处理这种矛盾，能明白不同的情境所期待的行为并做出相应的反应，学会在不同的场合表现出相应的行为。

儿童如果完全不理会周围的环境，就可能存在异常。如在正常的情境中，儿童不能融入环境，经常出现不适当的言语和行为等，不能和周围的人建立正常的关系，这样的儿童及其行为也是成人必须关注的。

一般而言，成长过程中的儿童都不同程度地存在一些行为问题，只是严重性不同而已。因此，在确定儿童的行为是否属于问题行为时必须慎之又慎。明确儿童所需掌握的社会技能能够帮助我们更好地判断儿童的行为是否恰当。

3. 儿童常见的问题行为

学前期需要关注的问题行为大体可以分为以下两大类：内向性问题行为和外向性问题行为。

（1）内向性问题行为

①分离焦虑

一般而言，婴儿从七八个月开始出现害怕陌生人、不愿意离开父母或主要照料者的表现，这一行为通常在儿童12—15个月的时候达到顶峰，然后逐渐减少。第一次进幼儿园的时候，面对陌生的环境，儿童出现分离焦虑是正常的。一般来说，如果教师和家长能够对儿童进入幼儿园的最初一段时间进行细致周到的照顾和引导，分离焦虑不会成为大问题，也不会持续太长时间。

如果儿童出现长期的、严重的分离焦虑问题，其背后的原因可能在于亲子之间的不安全依恋，也可能与接送儿童时成人的不正确处理方式有关。这需要教师与家长通力合作，帮助儿童适应分离。通常分离计划的重点在于家长逐渐退出，教师的支持替代家长的支持。这一过程一般持续几天至几周，具体视儿童以及分离焦虑问题的严重程度而定。

②过度依赖

过度依赖是指儿童为获得额外关注，经常黏着某位教师。为了让儿童克服对某特定教师的依赖，教师必须帮助儿童与班级中所有成人照料者（包括教师和保育员）建立关系，与班里的其他儿童建立关系。教师同时需要把握好对这些过度依赖儿童的关注度和关注时机。关注不能过多，也不能过少，过多容易助长儿童的依赖性，过少会使儿童感觉到被忽视或被拒绝。教师还需要知道什么时候给予关注能够帮助儿童进步。如下面的例子：

◆【案例 2－1】◆

从没有压迫感的情境开始，朱老师支持肖肖自己承担责任："你要坐那个大秋千？你可以去和豆豆说，我会和你一起去。你问他，我想他会停下来让你也一起坐的。"

当晨晨缠着洪老师表示需要蓝色的蜡笔时，洪老师对另一位教师说："许老师，晨晨想要蓝色的蜡笔，你能拿给他吗？"或者对晨晨说："我现在必须为手工课做准备，所以不能帮你拿，你可以去请许老师帮你拿。"

③退缩

社会退缩是泛指跨时间、情境的在陌生与熟悉社会环境下儿童表现出的独自游戏、消磨时光的行为。与行为外向的儿童相比，退缩儿童极少获得教师的关注。导致儿童退缩的原因一般都比较明显，如最近家里有些重大事情发生（如家人重病或去世）；刚搬家，正在适应新环境的过程中；父母保护过度；仅仅是因为性格内向而害羞等。

教师通过与家长沟通和对儿童的仔细观察，可以找出儿童退缩的具体原因，明确儿童喜欢的和试图回避的人、事、物，然后制订减少儿童退缩行为的计划，并从细处着手，帮助儿童与他人进行社会互动的尝试。如徐老师好几次都看到嘟嘟饶有兴趣地看着其他孩子在"娃娃家"玩过家家的游戏，于是徐老师安排他和另一个孩子一起在游戏过程中给"蛋糕"插上"蜡烛"。

（2）外向性问题行为

①攻击性行为

攻击性行为指个体有意做出的对他人造成身体或心理伤害的行为。如果儿童的攻击性行为在出现频率、强度等方面超出了一般可接受的范围，并且确实对其他儿童造成了伤害，则需要针对该儿童的行为制订并执行专门的干预计划（通常是管理问题行为的功能性方法）以减少儿童的攻击性行为。在干预过程中，行为矫正的方法较为常用。

同时，教师需要查明儿童出现攻击性行为的原因，帮助儿童找到合适的、能被大家所接受的"发泄"方法，有时需要教给儿童恰当的社会性技能和游戏技能，使儿童能融入同伴的活动中。

②破坏性行为

幼儿园班级中的破坏性行为是指干扰教师指导活动或干扰其他儿童学习的行为。如果儿童是偶然、无意地出现这些行为，教师一般只需立即客观地处理，让儿童知道这是不当的行为，今后不能做就可以了。如果儿童经常出现这样的行为，导致正常的教学活

动受到严重干扰，而且儿童本身很享受这些行为带来的结果，让成人关注他们，那么就有必要请专业人员介入，对该儿童进行系统的干预。教师可以配合专业人员尝试以下的做法：

第一，给予恰当的、有效的关注。对大部分儿童而言，重要成人的关注是一种极其有效的社会强化物。许多经常表现出破坏性行为的儿童，极其需要来自成人的大量关注。

但常见的情况是，当儿童表现好的时候常常被忽视，得不到有效的关注，而一旦他们表现出不恰当的行为，就能立即得到关注。教师和家长需要给这些儿童恰当的、有效的关注，教师注意儿童表现好的时候，给予积极的关注；在他们出现破坏性行为的时候不给予关注，也不再重复地说教，便可能引起儿童行为上可喜的变化。

第二，帮助儿童掌握惯例，知道正确的做法。如果儿童持续出现破坏活动秩序的行为，其原因可能非常简单：他们不知道惯例是什么，不知道正确的做法是什么，不知道教师的期望是什么。因此，教师可以一步步引导儿童掌握正确的做法，让他们明白应该怎么做，并对他们做出的正确反应给予描述性的、积极的表扬。如果儿童在知道正确做法的情况下仍出现不期望的行为，教师可以进行简单的、积极的再引导，给出清晰而坚定的限制和期望，如告诉儿童，不能在墙上画画，只能在纸上画画。

第二节　学前儿童社会性发展的影响因素

影响学前儿童社会性发展的因素很多，概括起来有个体自身因素和环境因素两大类。其中个体自身因素包括生理和心理因素两方面。这一节将结合案例对儿童社会性发展的影响因素予以介绍。

一、生理因素对儿童社会性发展的影响

（一）充分的生理成熟准备有益于儿童的健康发展

根据格塞尔的成熟理论，个体的发展取决于成熟，而成熟则取决于基因所决定的时间表，在儿童尚未成熟之前，有一个准备的状态。这个准备状态实际上就是生理机制由不成熟向成熟过渡的阶段。处于准备阶段的儿童，相应的学习能力尚未具备，这时如果让他们学习某种技能，就难以达到真正的学习目的。因此，在成熟的基础上对儿童提出适当的要求是重要的教育原则。在社会性发展方面，体现为儿童的生理发展为儿童社会技能的获得提供基础。如生活自理能力的发展一定是建立在儿童大肌肉和小肌肉协调能力、眼手协调能力发展的基础上的。

◆【案例 2－2】◆

今天老师让孩子们自己进行手掌绘画，开始老师做了示范，当老师给孩子们发笔的时候，萌萌对着老师说："老师我不会。"老师告诉她："不要紧，老师再给你讲一讲。"等老师给孩子们发完了纸和笔，这时萌萌眼睛看着老师好像又在说"老师我不会"。老师

走过去告诉她："萌萌，我们一起画。"老师一边说一边和她一起做，可她似乎仍然无从下手，甚至握笔的姿势都不对。

在案例 2 - 2 中，教师需要继续观察萌萌不会绘画是态度的原因，还是因为她完全没有具备抓握笔的能力，儿童手眼协调都有一个发展过程。

（二）儿童自身的生理特点影响其社会性发展

根据心理学的研究，个体在与他人交往的过程中生理特点是一个非常重要的因素。以外貌为例，外貌的特点是让交往双方产生刻板印象的重要因素。对于学前期的儿童而言，他们还缺乏完善的自我评价能力，对自我的认知更多来自外界的评价，在幼儿园中，我们可以发现漂亮可爱的儿童往往容易得到更多的关注，也更容易获得同伴的喜欢。反之，那些在长相上存在一些缺陷的儿童，容易收到他人的负面评价，从而影响自我认知，进而影响其同伴交往和社会互动。从这个层面来讲，教师应在日常的教育教学中避免对儿童的外表做过多的评价，以免给儿童传递不当的自我信息。

◆【案例 2 - 3】◆

6 岁的小星星正在上幼儿园大班，长得矮且胖。一天小星星突然动手打了班里的两个小朋友，老师便询问了原因，小星星说："因为他们叫我'肥妞'。"老师反问那两个小朋友："你们说了吗?"两名小朋友都说："我们只是说她像大象一样慢。"这场冲突很明显是因为小星星自身特征而导致的。

在案例 2 - 3 中，小星星打人的根本原因并不是因为其他小朋友当时的行为本身，而是因为自身的外貌特征小星星在日常与同伴交往过程中经常招致一些负面的评价，使其对外界的评价信息更加敏感，小朋友的话刺激了小星星敏感的自尊心，进而导致其攻击性行为。

（三）儿童生理需要的满足程度会影响儿童的社会性行为

根据马斯洛的需要层次理论，生理需要是人的基本需要，这种基本需要的满足是非常重要的。对儿童来说，他们基本的生理需要主要体现为吃、喝、睡以及运动方面，这些需要的满足对其社会性发展也有着一定的影响。因为生理需要的满足能促进积极的社会学习，防止问题行为的发生。如儿童有着较强的身体活动的需要，当他们有充分适当的身体活动时，攻击性行为与捣乱行为都会大大减少。

（四）生理疾患影响儿童的社会性发展

如果儿童在生理发展中出现了病理性的问题，也会在一定程度上反映到其社会性发展中，具体体现为对同伴交往没有兴趣，不善言辞，在情绪激动时容易产生攻击性行为等。教师往往首先看到的是儿童社会交往方面的表现，如果儿童在交往方面出现比较严重的问题时，教师需要仔细观察儿童的行为是否有病理上的原因，以便及早给家长提供建议，帮助儿童确诊，进而进行专业化的干预。从这方面来说，学前教育除了保教功能，还应该承担一部分的筛查职责。

◆【案例 2 - 4】◆

赵超语言表达能力差，常通过各种怪异行为引起别人的注意，身体强壮总爱“惹”别人。不过长得还算可爱，使得很多小朋友都愿意与他亲近。他在课上很难集中注意力学习，爱抢老师风头，记忆力强，不过没有耐心。因此到现在只能读写 1—10 的数字和读汉语拼音字母表的前几个字母，但发音也不是很清楚。

二、心理因素对儿童社会性发展的影响

社会认知是个体对社会世界信息获得、表征和提取的过程，以及对这些过程中出现的社会规范和原则进行理解、认识的过程，包括自我的认知、他人的认知、环境的认知、规则的认知等几个方面。儿童心理的发展对儿童的社会性发展有着重要的影响，主要影响儿童感知事物的方式、推理判断的方式、对他人行为方式的理解，影响其社会互动。具体来看，儿童心理发展对其社会性发展的影响主要体现在以下几个方面。

(一) 儿童的观点采择能力普遍较弱

为了与他人有效地互动并在特定情境下准确地判断行为正确与否，儿童必须知道他人的想法、感觉和经历，这就是观点采择。这种能力在年幼儿童身上尚未充分发展，他们很难站在他人的立场上考虑问题，这是由于他们不能理解或预测他人的想法造成的。因此，儿童很难意识到他人的观点，尤其当那些观点与自己的观点相冲突时，他们错误地认为自己对事件的理解是普遍的，这就使得儿童之间很容易因为观点冲突产生矛盾。

◆【案例 2 - 5】◆

区域游戏的时候，恬恬和小伙伴一起在益智区进行游戏。只见恬恬选择了一个小花拼色的游戏，拿着彩色毛绒球材料很投入地操作着。这时，辉辉也选择加入了益智区，他对恬恬手里的操作材料很感兴趣，于是上去问她：“恬恬，请问我可以和你一起玩吗？”恬恬礼貌地回答：“当然可以呀！”但是她继续玩自己的，并没有要与辉辉合作游戏的意向。这时候辉辉伸手将恬恬操作材料中的一个彩色毛绒球拿了起来，恬恬很愤怒，想把辉辉手中的毛绒球抢回来，辉辉不让，两个孩子互相拉扯着，恬恬见我在旁边，马上向我告状：“颜老师，辉辉抢我玩具。”恬恬并没有理解辉辉想要跟她一起玩的想法。

(二) 儿童容易孤立地看待社会事件，很难看到它们之间的内部联系

2—6 岁的儿童在社会认知方面存在的一个典型特点就是容易孤立地看待社会事件，很难看到他们之间的内部联系。如儿童很难区分“家中”行为、“餐厅”行为和“礼堂”行为，他们把所有地方都看作一样。随着经验的增加，儿童意识到每种环境都有一定的行为规矩，而有些行为是在所有环境中都会引起反感的。随着儿童分类能力的提高，他们听到关于其他人认为是重要联系的解释，就会逐渐意识到这些不同。

◆【案例 2 - 6】◆

小梦在电影院里看电影时大声地跟妈妈说幼儿园发生的事，妈妈提醒她说：“看电影的时候说话要小声一点，在家里可以大声。”小梦问妈妈：“为什么看电影的时候不能大

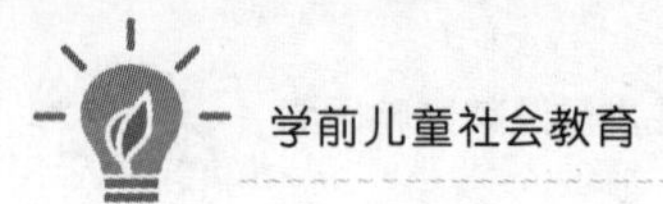

声说话呢？”妈妈耐心地向她解释：“在公共场合大声说话会影响到周围的人。”

（三）中心化影响儿童的社会行为

学前阶段，儿童只把注意力放在某个情境的某种特征上，而忽视其他的特征，这种现象被称作中心化。[①] 中心化限制了儿童遇到问题采用多种解决办法的能力。因此，儿童对事件的看法往往很片面并缺乏理解力。中心化使他们忽视了自己行为和他人行为相关的重要细节，并以单一的方式去达到目标。即使儿童意识到抢东西和打架是不合适的行为，但当他们无法找到其他更好的方法时也会使用。年龄越小，这种情况越明显。

当儿童面对多种观念及解决办法时，去中心化会逐渐产生。成人可以通过为儿童指出多种选择并帮他们在相关情况下想出多种好办法来帮助儿童加快这种进程。

（四）因果观念对自我调节的影响

为了决定是采取还是避免某种行为，儿童需要能够预测各种社会行为可能发生的后果。例如，儿童偷偷去拿父母禁止吃的饼干，他会吃到美味的点心，但后果可能是一顿斥责。无论儿童是在遵从、认同、内化的哪个阶段面对这些规则都必须明白他们慎重选择的行为的因果关系。

最初，儿童常常把结果归因于巧合的、个人的或者其他不正确的因素。当他们的认知能力和经验增加时，儿童就能够较准确地认识某种行为与其相应结果之间的关系。儿童最终把这些因果观念的理解看作自我调节的工具，直到青少年期，这些观念才被完全意识到。同时，这也依赖于成人向儿童指出这些因果联系，帮助儿童意识到他们各种行为的结果。

三、环境文化因素对儿童社会性发展的影响

人类发展生态学理论的创始人布朗芬布伦纳认为，人类发展的过程是一种在日益复杂的水平上连续不断地认识和建构其生态环境的过程，个体发展的环境是由层层扩散的复杂的生态系统构成的，每一个系统都会通过一定的方式对个体的发展施加影响。这些环境以家庭、学校、社区、整个社会文化以及个体与环境之间、环境与环境之间的相互作用过程与联系等不同的形式具体地存在于个体发展的生活中，在个体发展的不同时期，在不同方面给予不同的影响。

（一）影响儿童社会性发展的家庭生态

家庭生态系统是儿童社会性形成的初始环境，是儿童获得早期生活经验、形成最初的道德认识和行为习惯的主要场所。家庭生态系统对儿童社会性发展的影响主要体现在以下几个方面：

1. 亲子关系中依恋关系的满足能够促进儿童的社会性发展

研究表明，不同的依恋类型对儿童的发展有着不同的现实内涵。首先，在个性特征方面，与不安全型儿童相比，安全型儿童在以后表现出更强的探索欲望与能力。这与他

---

① 马乔里·克斯特尔尼克，等. 儿童社会性发展指南：理论到实践［M］. 邹晓燕，等，译. 北京：人民教育出版社，2009.

们有着可靠的安全感是直接相关的，探索能力的发展正来自自信地探索外部事物的活动。其次，在游戏与社会性交往中，安全型儿童也显得更成熟，表现出良好的个性特征与社会认知能力。再次，在特定的问题情境中，安全型儿童也表现出良好的坚持性和挫折容忍力。这种差异产生的原因在于安全型儿童能凭借内在的安全感树立探索问题与承担任务的自信，而不安全型儿童由于安全需要得不到适当的满足，因而缺乏适应新环境的自信与自我价值感。

最新的研究也进一步表明，儿童早期依恋的质量和类型与儿童以后的同伴关系及其与成人关系的品质之间存在相关。安全型儿童具有较强的社交能力，善于合作。而不安全型儿童在同伴关系中倾向于退缩、被动、交往犹豫、参与活动不积极也缺乏热情，而且很多儿童对教师等成人表现出过分地依赖。但我们也不能过度夸大早期依恋对儿童心理发展的影响，其影响有一定限度。

2. 家长的言行对儿童的社会性发展有着潜移默化的影响

亲子关系是儿童自出生后最先接触的人际关系，对父母行为的模仿是儿童社会化的重要方式。在社会学习理论中，“观察学习”的概念解释了儿童模仿的过程，认为在社会情境中，儿童直接观察别人的行为就能获得并仿造出一连串新的行为，并且观察到他人行为产生的后果，也就受到了一种“替代强化”。

儿童不仅仅是被动的模仿者，有时也是主动的模仿者。儿童的主动模仿，是在家长“全然不知”的情境下发生的，可能“学好”，也可能“学坏”。因此，父母应注重自己的言行举止，为孩子的模仿提供良好的榜样。

3. 正确的教养有助于儿童社会性的发展

正确的教养有助于儿童形成安全型的依恋关系，也可以转化成一种正面的力量约束儿童的言行。而在现实中，很多家长对孩子过度保护，怕孩子乱爬，就总是抱着孩子，使他们失去了练习爬行的机会；孩子已经能蹒跚行走了，家长怕他们不慎摔倒，就让他们滞留在学步车里。由于肢体运动不足，儿童的行为统合能力差，一进入幼儿园集体活动的环境中，运动能力差的特点就会暴露出来，进而影响儿童的同伴互动。

（二）影响儿童社会性发展的园所生态

幼儿园是教师按照国家的教育目标和一定的社会价值取向，针对不同年龄儿童的发展特点，实施有目的、有计划、有组织的教育的场所。它引导着儿童社会性发展的方向和水平，是儿童社会性教育的重要场所。幼儿园在儿童社会性发展过程中发挥着重要的作用。

1. 有计划、有目的的教育活动的影响

幼儿园作为一种教育组织与家庭环境最大的不同就在于它会针对儿童发展的需要和社会对儿童的要求开展各种有计划、有目的的教育活动。相关的教育部门会制定专门的教育大纲指导幼儿园的教育实践，具体体现为社会领域的教育目标、教育内容、教育要求等。幼儿园则以这些纲领性的文件为基础，再结合本园儿童的实际情况，为不同年龄的儿童设置不同的社会教育目标，选择不同的社会教育内容，运用各种社会教育的方法，有针对性地对儿童进行系统、连贯的社会教育。这种社会性的教育和熏陶，因其明确的教育指向性使儿童的社会性发展有了基本的保障。当然，这种有目的的教育活动只有当它经过恰当的组织并导致有意义的学习时，才能对儿童的社会性发展起积极作用。

2. 幼儿园教育环境的影响

幼儿园的环境是儿童每天都会接触到的，对儿童的社会性发展起着潜移默化的影响。幼儿园的环境经过教师精心设计，带有明确的教育指向。幼儿园的环境一般分为物质环境和精神环境，物质环境更多的是一种自然静态的存在，而精神环境则带有更多心理影响和暗示的成分。但无论是物质环境还是精神环境，都会无形地影响儿童社会性的发展。

（1）幼儿园物质环境的影响

心理学研究表明，美观、和谐、设计合理的环境有利于陶冶儿童的性情，培养儿童的品格。幼儿园活泼、协调、色彩清新的建筑风格本身就很容易让儿童产生愉悦感，也更容易培养激发儿童正向的社会性行为。在具体的空间布置和安排上，井井有条的物品安排容易培养儿童的秩序感；而适当的空间密度，能够避免因过分拥挤或空间过大而造成儿童的消极社会性行为。

在幼儿园中，教师发动儿童参与环境创设也是对儿童进行社会教育的手段。通过参与，儿童的主体意识、责任感、信任感和合作精神都可以得到培养。儿童可以从环境创设中认识到自己的力量，体验成功的喜悦，提高自尊心和自信心；还可以感受到集体的力量，认识到和同伴要商量、分工、相互帮助和配合等。因此，儿童参与环境创设的过程也是学习、表现、交流、创造的过程，这本身就是一种社会教育。

（2）幼儿园精神环境的影响

幼儿园精神环境主要指幼儿园的人际关系及由此带来的心理气氛等，具体体现在教师与儿童之间、儿童与儿童之间、教师与教师之间的相互关系给儿童带来的影响。对于儿童的社会性发展而言，精神环境的影响非常重要。

幼儿园精神环境对儿童的影响首先在于教师可以为儿童创设一种积极交往的气氛，增加交往的机会。例如，对于刚入园的儿童，教师可以让他们互相介绍自己，使他们逐渐消除陌生感。在日常生活中，教师引导儿童相互交流，了解别人的情感和需要，学会共情。教师还可以通过引导儿童相互关心、相互帮助，促进儿童社会性的发展。如一个儿童的手工总是做不好，教师可以让做得好的儿童教他。除此之外，幼儿园中教师与教师之间的关系也是影响儿童社会性发展的一个重要因素。教师之间互相关心、关系融洽可以使儿童产生安全感和归属感，也给儿童提供了耳濡目染的学习机会。班级教师乃至全体教师之间，都应尽力为儿童创造一个宽松、温情的精神环境。

（3）同伴关系的影响

①同伴关系构成儿童社会能力发展的重要背景

同伴交往是影响儿童社会性发展的重要因素，同伴间的相互作用促进了儿童社会性行为的发展，加速了儿童社会化的进程。幼儿园给儿童提供了一个稳定的同伴环境，这个同伴环境为儿童的社会性发展提供了良好的条件，发挥着自身独特作用。同伴之间在权利和地位上更平等，任何一方都不会是支配者。因此，同伴之间的关系更容易涉及相互平等，即分享心得、投入和回报的合作行为。同伴交往的过程为儿童体验冲突、谈判

和协商提供了机会，儿童意识到积极的、富有成效的社会交往是通过与伙伴的合作而获得的，他们锻炼了自己和别人交流的能力，学会了控制自己的行为。如果没有与同伴平等交往的机会，儿童就不能学习有效的交往技能，不能获得控制攻击行为所需要的能力，也不利于性别社会化和道德价值的形成。

②稳定的同伴关系是满足社交需要、获得社会支持和安全感的重要源泉

韦斯认为个体在与他人不同的关系中寻求特殊的社会支持，不同类型的关系提供不同的社会支持功能，满足不同的社会需求，归属感是指一个人属于群体并被接纳的感受，这种感受只有在群体中才能获得，成为同伴群体的一员可以获得归属感。当儿童知道群体中的其他成员认同或肯定自己的某些方面时，他会愿意与他们共享群体的规范，获得群体的认同，这对儿童自尊感的形成具有积极影响。稳定的同伴交往关系，容易使儿童形成比较亲密的同伴关系，这种同伴关系既能满足儿童的社交需要，又能帮助儿童获得社会支持和安全感。

③同伴交往经验有利于儿童自我概念和人格的发展

在个体发展的过程中，人们都是按照自己在社会情境中的经验来定义自己的。家庭、邻居和同伴群体是最普遍和最基本的社会活动场所。在社会互动中，人们获得了自己怎样做和被他人知觉的信息，这种信息是形成自我的基础。由此，幼儿园中的同伴群体为儿童形成自我概念提供了机会。同伴关系是一种可逆性的交往关系，它让个体通过同伴的眼睛看自己。调查表明，与同伴中“不受欢迎”的儿童相比，“受欢迎”的儿童往往是那些善于合作、积极参与各种活动、服从教师、自觉遵守班级规则的儿童。

（三）影响儿童社会性发展的社会生态

社会文化一方面构成了儿童社会性发展的整体背景，另一方面又通过一些微观层面对儿童的社会性发展产生影响。对儿童而言，社会文化的影响除了家庭、幼儿园的渗透外，主要通过社区和大众媒介两种方式影响其社会性发展。

1. 社区

社区是指在一定地域空间里的人群生活共同体。社区成员由于长期处于共同的地域，其人口特性以及经常性的密切社会生活的关系逐渐使社区成为具有共同心理文化及文化特征的结合体，即具有心理及文化单位的性质。一个具有共同心理及文化特征的社区，人们通常都有共同的信仰、价值观念、归属感、理性目标、生活方式及风俗习惯。这些都每时每刻地影响着儿童的社会性发展。

社区应积极参与儿童的社会教育，尤其应帮助一些弱势家庭，给儿童提供良好的支撑。

（1）利用社区的物质资源和文化资源，提升幼儿园的教育质量

社区不仅是一个人们居住的区域，而且是一个有着丰富物质资源和文化资源的载体。社区如果能够对幼儿园开放其具备的资源，无疑将大大拓展幼儿园教育的广度和深度。

从物质条件上来看，社区的自然环境可以成为儿童探索自然、接触自然最好的环境，而社区内的各种硬件设施则能够给幼儿园教育提供一些保障。如社区图书馆的开放，既可以帮助儿童认识图书馆的功能，又可以大大增加儿童的阅读资料。社区内的各种设施，

如邮局、医院、菜场等则可以扩展儿童对社会环境的认知。从精神文化资源来看，社区的历史、文化以及人物都可以成为丰富儿童学习经验的有效途径。社区内各种职业的人们的劳动，社区内人们之间的相互关系，都可以演变成幼儿园的课程资源。如进行“各行各业的人们”这个主题活动时，教师就可以邀请社区里从事各种不同职业的人，请他们到幼儿园为儿童做展示，解答儿童提出的问题。这些活动，能够拓展儿童的生活空间，丰富儿童的生活体验，在一定程度上提升幼儿园的教育质量。

（2）教师需充分利用家长职业的资源进行社会教育

社区中聚集了从事各种职业的人，这为幼儿园提供了丰富的人力教育资源。幼儿园可以根据每个班级儿童家长的不同情况，充分利用家长的职业资源，为幼儿园的课程开展提供帮助。这既能引发儿童的学习兴趣，又起到了促进家园沟通的效果。幼儿园组织一些活动，尤其是在组织实践性比较强的活动时可以邀请家长参与幼儿园的社区活动。家长参与幼儿园的社区活动既可以深入了解幼儿园的教育理念，又能促进社区人际沟通。

2. 大众传媒

大众传媒是传播信息的载体，在各种社会文化的传播媒介中，大众传媒的影响最为深广。现在的儿童大多数一出生就处在了大众传媒营造的环境中。作为社会文化的直接载体，它对儿童的社会性发展发挥着越来越大的影响。其中，电视的影响力是最大的。从有利的方面来看，儿童通过看电视开阔了视野，认识了社会角色，并学习相应的行为规范，和现代社会产生了更多的联系。健康的电视节目有助于培养儿童合作、友好、自制的行为，同时电视对增加儿童的词汇量，提升语言表达能力也有一定效果。

但是，电视也给儿童的社会性发展带来了一些负面的影响。如电视可能会影响儿童现实的交往关系，影响儿童社会交往能力的发展。儿童看电视越多，相应的户外活动时间就会越少，亲子间、同伴间的接触也会减少，进而影响其交往能力的提升。还有一些不健康的电视节目可能导致儿童学习模仿，对社会性发展产生不良影响。除电视之外，计算机和网络也日益成为影响儿童社会性发展的因素。教师应趋利避害，利用这些现代化媒体的长处，避免它们对儿童的社会性发展产生负面影响。

本章小结

本章主要介绍了儿童社会认知、社会情感和社会行为方面发展的一般特点和儿童社会性发展的影响因素。

教师对儿童社会性发展特点的掌握，是正确帮助儿童的重要基础。学前儿童社会认知、情感与行为的发展各呈现出不同的特点。学前儿童的社会认知发展遵循从认识他人到认识自我，再到认识相互关系；从认识情绪到认识行为，再到认识心理状态；从认识身体、心理再到认识社会的规律。情感发展在情绪识别、情绪表达与移情上随着年龄的增长能力逐步增强。在社会行为的发展上，亲社会行为与问题行为的发展各有特点，随着儿童年龄增长、能力提升，亲社会行为的表现频率与有效性都在逐步增加；问题行为的指导，则需要教师根据问题行为的性质与儿童特点进行个别化的帮助与辅导。

学前儿童社会性发展的影响因素是丰富多元的，主要包括内部的身心基础和外部的

环境影响。儿童的生理发展水平、生理特点、生理需要的满足、生理疾患构成了影响其社会性发展的生理基础。学前期儿童观点采择能力普遍较弱、思维的中心化、因果的思维能力欠缺等特点也会影响其社会性的发展。外部的影响因素主要包括家庭生态、园所生态和社会生态。

思考与实践

（一）问题思考

1. 简述儿童社会认知、社会情感、社会行为的发展特点。

2. 影响儿童社会性发展的因素有哪些？

3. 试论儿童社会认知、社会情感和社会行为之间的关系。

4. 学前儿童的问题行为一般有哪些？

（二）实践练习

1. 请结合本章所学知识，联系实际，分析在儿童社会性发展中家庭的重要性。

2. 选定一名儿童，观察其社会性行为表现，分析其社会性发展特点。

延伸阅读

1. 罗斯·D. 帕克，阿莉森·克拉克—斯图尔特. 社会性发展 [M]. 俞国良，郑璞，译. 北京：中国人民大学出版社，2014.

主要内容：该书在介绍社会性发展的基本理论、常用研究方法的基础上，介绍了社会性发展的生理基础、依恋形成、情绪发展以及自我意识的发生发展，探讨了社会性发展最为重要的生态因素，包括家庭、同伴群体以及学校和媒体，阐述了社会性发展的过程及其结果，包括性别观念、道德意识和攻击行为的产生与发展。书中还特别阐述了政策制定在促进个体社会性发展方面发挥的重要作用。

2. 珍妮丝·英格兰德·卡茨. 促进儿童社会性和情绪的发展：基于教师的反思性实践 [M]. 洪秀敏，等，译. 北京：机械工业出版社，2015.

主要内容：该书聚焦教师促进儿童社会性和情绪发展的自我反思性实践，以独特的理念与视角、严谨而清晰的结构、理论与实践紧密结合的内容、思想性与实用性皆备的写作方式，以及生动的实践案例，深入浅出地阐明了一名专业幼儿园教师在教育实践工作中应当如何建立正确的指导观念和指导原则，如何正确辨别儿童社会性和情绪发展的问题以及如何有效应对，如何在开展反思性实践中提高自身促进儿童社会性和情绪发展的教育能力。

第三章　学前儿童社会教育的目标与内容

> 自然界里许多美的事物，如果不事先指给孩子们看、讲给孩子们听，他们自己是不会留意的。
>
> ——苏霍姆林斯基

学习目标

1. 了解我国学前儿童社会教育目标与内容的演变。
2. 理解社会领域目标与内容的相关规定及其精神实质。
3. 掌握学前儿童社会教育目标分解、内容选择与组织的基本原则和方法。

内容导航

- 学前儿童社会教育的目标与内容
  - 我国学前儿童社会教育目标与内容的演变
    - 晚清、民国时期学前儿童社会教育的目标与内容
    - 新中国成立以来学前儿童社会教育的目标与内容
  - 学前儿童社会教育目标与内容的分析
    - 社会领域目标分析
    - 社会领域内容分析
  - 学前儿童社会教育目标的结构与内容选择
    - 学前儿童社会教育目标的结构与分解
    - 学前儿童社会教育内容的选择与组织

案例导入

有这样一个故事，在一个孤岛上生活着一对善良的老人。一天，他们捡到了一对大雁，其中，一只受了伤。老人收养了这两只大雁，他们不仅给受伤的大雁包扎伤口，还找到大雁爱吃的食物喂养它们。在老人的悉心照顾下，那只受伤的大雁的伤口完全愈合了。老人担心大雁南迁的路途太遥远，就让它们继续留在自己温暖的家里。然而两位老人去世后，那两只幸运的大雁已无力飞翔，也丧失了觅食的能力，不久它们就饿死了。这个故事让我们明白，爱孩子要有分寸，过分的爱反而会害了孩子。

据说在德国，很多家长从孩子很小的时候就开始让他们做一些简单的家务，在日本，家长也经常有目的地为孩子设置一些逆境，以培养他们对困难的承受能力和对复杂环境的适应能力。本章将对学前儿童社会教育目标与内容的历史演变，以及社会领域目标与内容的内涵、特点进行分析，并对如何分解教育目标、选择与组织教育内容做简要的

介绍。

第一节 我国学前儿童社会教育目标与内容的演变

教育目标是人们对教育活动效果的一种期望和要求。它指明了教育要达到的标准，是开展教育活动的依据。学前儿童社会教育的目标是指人们对社会教育活动给学前儿童身心发展带来变化的标准与要求的预期规定。学前儿童社会教育的内容是指为达成教育目标，按一定原则组织起来的知识与经验。这些规定随着时代社会需求的变化也在不断改变，我国学前儿童社会教育的目标与内容，随着我国幼儿园的创建与学前教育的发展而不断演变，本节将对其演变历程做简要介绍。

一、晚清、民国时期学前儿童社会教育的目标与内容

民国是我国学前教育的初创时期，学前儿童社会教育在延续我国古代人伦与修身教育传统的基础上逐步发展起来。

(一) 晚清时期学前儿童社会教育

在晚清时期，我国学前教育仍以旧式的家庭教育为主，但随着“儿童公育”思想的广泛传播，专门的学前教育机构开始出现。本着“中体西用”的方针，学前教育在形式与方法上模仿西方的做法，内容也较古代幼儿园有了拓展，但在社会教育的内容方面仍承续了“蒙以养正”的传统，重德性与心性的陶冶。

1903 年创办的湖北幼稚园提出了“开导文理、涵养德性”的宗旨，并奉行“养重于学”的原则，提出了“德智体三育并重”的方针，其科目涉及行仪、训话、幼稚园语、口语、手技、唱歌、游戏，其中行仪和训话与社会教育直接相关，可以视为现代学前儿童社会教育的发端。

1904 年的《奏定蒙养院章程及家庭教育法章程》将“发育其身体，渐启其心知，使之远于浇薄之恶风，习于善良之轨范”“务留意儿童之性情及行止仪容，使趋端正”“务专意示以善良之事物，使则效之”作为蒙养院的教育宗旨，通过游戏、歌谣、谈话、手技来涵其德性，养其性情，成其爱众乐群之气习①。虽然也有身体与智能方面发展的内容，但德性与品行的培养是核心，修身的传统显然得到了继续的保留。

晚清时期的学前儿童社会教育以良好的行为习惯及心性养成为主。

(二) 民国时期学前儿童社会教育的目标与内容

1. 民国初期的学前儿童社会教育

1919 年后，受杜威的“儿童中心”“教育即生活”“教育即社会”教育观的影响，我国学前教育也开始凸显“儿童中心”的理念，并将社会生活作为一个重要内容列入幼儿园课程中。1919 年成立的南京高等师范附小幼稚园将“使幼儿渐渐习惯于社会生活，并

① 中国学前教育史编写组. 中国学前教育史资料选［M］. 北京：人民教育出版社，2002.

练习幼儿建设本能和自发的活动”作为教育目的。其课程有音乐修身、社会生活、自然研究等。音乐修身主要是养性训练，而社会生活的内容可以使儿童明白社会生活中互助、协力团结的责任，即公民的责任，明白社会进化的意义和价值，其内容涉及团体和家庭生活、职业的活动，还有各种公共机关的活动，课程教学是以儿童活动为中心的，利用儿童已有生活经验引导儿童进行种种社会研究，以发展新的经验。① 社会责任感与社会研究意识的培养首次出现在学前儿童社会教育的内容之中，但这种社会意识的培养是建立在对儿童生活尊重的基础之上的。

1925 年成立的南京鼓楼幼稚园，也从儿童出发，以自然、社会为课程内容中心，在课程中设有常识课，其中的社会常识是专门的社会教育内容。其教学依时令、节气风俗变换之序随时教学，经常演习日常礼仪，观察社会上的实事实物，讲究卫生规律，检查健康清洁，使儿童有研究社会的兴趣，有讨论社会问题的机会，并且重视良好行为习惯的培养。陈鹤琴指出，人类的动作十分之八九是习惯，而这种习惯又大部分在幼年养成，所以在幼年时代，应当特别注意习惯的养成。所以，他将矫正恶劣的习惯，培养优良的品行视为学前教育的重点。在陈鹤琴看来，学前儿童社会教育具体落实为儿童自身的做人实践，可见修身仍是学前儿童社会教育的重要内容。

张宗麟所著的《幼稚园的社会》第一次全面、系统地论述了“社会”领域教育的目标、内容、原则和方法等，精辟分析了社会、儿童社会的实质，一并以案例形式展示其丰硕的研究成果，倡导实施社会化的幼稚园课程。他指出“幼稚园各种活动都应该倾向于社会性”，教育的灵魂在于“养成适合于某种社会生活的人民”，他的观点确立了学前儿童社会教育在学前教育中的方向和灵魂地位。

2.《幼稚园课程标准》中的社会教育

随着学前教育的日益发展，学前教育的规范化成了一个必然的要求。1929 年，当时的教育部颁发了《幼稚园课程暂行标准》，1932 年颁发了《幼稚园课程标准》。这一课程标准将幼稚教育的目标设为：增进幼稚儿童身心健康，力谋幼稚儿童应有的快乐和幸福，培养人的生活基本的优良习惯。其课程范围包括丰富的社会教育内容，直接与社会教育相关的是“社会和常识”这一科目。该科目的目标是引导儿童对自然环境和人民生活进行观察和欣赏；增进儿童利用自然、满足生活、组织团体等最初步的经验；引导儿童产生对人和社会、自然的关系的认识；使儿童养成爱护自然物和卫生、乐群、互助、合作等好习惯。内容包括对环境的了解，日常礼仪的演习，纪念日和节日的研究，自然现象的认识与研究，身体的认识与卫生习惯的养成，等等。同时，在其他活动中也渗透着丰富的社会教育内容，如音乐中有关于社会内容的歌谣，故事中有关于历史、生活和爱国的故事，游戏中有社会角色的表演，工作中有自信、自重、坚韧、专心、勤奋、互助、热心服务、不浪费、守秩序、爱护公物等良好温德和习惯的培养。这个课程标准兼顾了品行与社会生活意识的培养，并强调学前儿童社会教育的渗透性、活动性等，符合学前儿童学习与发展的特点，是一个比较完善的课程标准。

---

① 中国学前教育史编写组. 中国学前教育史资料选［M］. 北京：人民教育出版社，2002.

这一阶段的学前儿童社会教育兼顾对修身与社会生活意识的培养，是中国制度化的学前儿童社会教育课程的初步建构阶段，在学前儿童社会教育的价值、目标、内容、原则与方法等方面都有了较为系统的探索，尤其是陈鹤琴、张宗麟两位前辈的研究，对当今学前儿童社会教育课程的建构仍然很有启发性。

二、新中国成立以来学前儿童社会教育的目标与内容

新中国成立以来，学前儿童社会教育经历了复杂的变化。在新中国学前教育发展的大部分历程中，学前儿童社会教育大多数是在"幼儿德育"的名目下进行的。这期间经历了从环境认识、爱国主义教育到幼儿德育，从最初融合、散见于其他课程领域到成为课程中相对独立的组成部分的变化过程。

（一）新中国成立初期的学前儿童社会教育目标与内容

1.《幼儿园暂行教学纲要（草案）》中的社会教育目标与内容

新中国成立后颁发的第一个幼儿园课程文件是1951年的《幼儿园暂行教学纲要（草案）》（以下简称《教学纲要》）。《教学纲要》认为幼儿园是使幼儿顺利全面发展的"社会环境"，幼儿园的作业分为体育、语言、认识环境、图画手工、音乐、计算六项，其任务是有目的、有系统、有组织地对幼儿传达知识、发展体力、智力，培养优良品德和习惯，为上小学打基础。《教学纲要》将以前的"常识"扩展为"认识环境"的活动，增加了对简单时事的了解，并认为通过爱国主义和国民公德等教育培养幼儿的道德品质是幼儿园的一项重要任务。作为政治思想教育的一个部分，还特别提出了教师完成这一任务必须注意培养幼儿的集体主义精神、爱国主义思想和以劳动为中心的国民公德。其主要内容有：认识自己的身体部位，认识本班和园内环境，认识幼儿园附近的地区和街道，节日教育，热爱领袖和军队，英雄教育，时事教育，观察普通人的劳动，学习文明礼貌用语等。方法上强调遵循由家庭、幼儿园到附近地区的扩展原则，充分利用环境进行教学，通过实物、故事、幻灯、电影等多种形式引起幼儿的兴趣，力避生硬说教。

与1932年的《幼稚园课程标准》相比，《教学纲要》在学前儿童社会教育方面的变化主要是突出爱国主义思想教育，反对以"儿童为本"，否定以"活动为中心"的单元教学。偏重儿童社会认知的内容，对儿童生活经验的关注不及以前，教学更多具有成人化的特点。①

2.《幼儿园教育工作指南》中的社会教育目标与内容

从1953年起，我国进入了社会主义改造和全面建设阶段，学前教育事业也获得了较大的发展，对苏联学前教育理论的学习也更加深入。在这种背景下，为了更好地落实《教学纲要》的基本精神，1956年，教育部颁发了《幼儿园教育工作指南》（以下简称《工作指南》）。《工作指南》指出学前教育的目的是进行全面发展共产主义教育，包括德育、智育、体育三个部分，明确提出德育的任务是培养年轻一代具有符合社会主义要求的道德品质，具体内容是培养儿童有组织地进行互助友好的活动，爱劳动，爱祖国，培

① 中国学前教育史编写组. 中国学前教育史资料选［M］. 北京：人民教育出版社，2002.

养儿童愉快、诚实、勇敢、自信、坚韧、顽强的性格。其中“有组织的行为是全部幼儿园教育工作的基础”，“热爱祖国”是共产主义道德教育的中心环节。

相对于《教学纲要》，《工作指南》更多地关注儿童个人品质的培养，符合儿童品德发展的要求，但还是有较强的成人化倾向，因为德育首先就是要培养儿童有组织的行为，帮助儿童学会听成人的话，执行成人的指示，仍然忽视儿童自身学习的主动性。《工作指南》还阐述了德育与其他各育的密切关系，强调不能脱离其他教育任务和内容，孤立地谈德育。因此，《工作指南》没有单列进行道德培养的内容，其任务是在全部教育过程中实现的。这虽然也反映了渗透的观点，但由于没有具体作业内容的支撑，也常常使德育的任务无法落到实处。

（二）20 世纪 70—80 年代我国幼儿德育的目标与内容

1. 强调“五爱”教育

20 世纪 80 年代，我国进入了社会主义建设的新时期，学前教育重新得到了重视，并有了新的发展。1981 年教育部颁发了《幼儿园教育纲要（试行草案）》（以下简称《教育纲要》）。《教育纲要》在分析了幼儿的情感、意志、个性等方面的特点之后，提出了德育的具体任务：“向幼儿进行初步的‘五爱’（爱祖国、爱人民、爱劳动、爱科学、爱护公共财物）教育，培养他们团结、友爱、诚实、勇敢、克服困难、有礼貌、守纪律等优良品德、文明行为和活泼开朗的性格。”同时，《教育纲要》还根据不同年龄班的特点把这一总目标具体化，如“五爱”教育在小班的要求是：“培养幼儿喜爱家庭，爱父母和其他成员；喜爱幼儿园和小朋友；尊敬老师和其他工作人员，尊敬长辈，听他们的话。”在中班的要求是：“爱家乡，爱劳动人民，学习他们的优秀品质；尊敬国旗。”在大班的要求是：“学习革命前辈、英雄、模范人物的优秀品质，敬爱他们；尊敬和爱护国旗、国徽；热爱中国共产党、热爱中华人民共和国、热爱中国人民解放军。”与 20 世纪 50 年代相比，这一目标已经比较接近学前儿童的生活，比较符合学前儿童的年龄特点，但成人道德的影响依然存在。

2. 进行分科教学

为了保证德育目标的落实，《教育纲要》特别将“思想品德”独立为一个科目（分科教学），并对各年龄阶段的教育内容和要求做出了比较详细的规定。德育内容主要包括积极健康的情绪、人际关系、文明礼貌、“五爱”教育、遵守规则、自我服务等。此外，在语言、常识等科目中还有少量的德育内容。德育的独立是学前教育发展的需要，是德育课程系统化的体现。在德育方法上，《教育纲要》强调德育要渗透于游戏、体育活动、上课、观察、劳动和日常生活中，使儿童潜移默化地受到教育。应当说，这一要求延续了 20 世纪 50 年代以来德育方法的基本思路，符合德育课程的特点。但要在德育课程和渗透性的德育方法之间找到结合点，也不是一件容易的事情，教师对儿童道德学习规律的把握，教师自身的道德水平与修养都影响着渗透性德育的落实。在实践中，大多数的教师仍然将道德教育误认为是道德知识教育，重视道德知识的系统灌输，弱化了德育的渗透性特点，使德育带有较大的说教痕迹。

（三）20 世纪 90 年代以来学前儿童社会教育目标与内容的演变

1.《幼儿园工作规程》中的德育目标与内容

从 20 世纪 80 年代末期开始，随着改革开放的深入，我国学前教育的指导思想发生了根本的变化，开始由成人走向儿童，由品德走向社会。整个 20 世纪 90 年代，我国学前教育都是在 1989 年试行、1996 年颁布的《幼儿园工作规程》（以下必要时简称《规程》）的指导下开展工作的。《规程》确定了德育的总体目标是，萌发幼儿爱家乡、爱祖国、爱集体、爱劳动、爱科学的情感，培养诚实、自信、好问、友爱、勇敢、爱护公物、克服困难、讲礼貌、守纪律等良好的品德行为和习惯，以及活泼开朗的性格。在德育途径和方法方面，《规程》指出，幼儿园的品德教育应以情感教育和培养良好行为习惯为主，注重潜移默化的影响，并贯穿于幼儿生活以及各项活动之中。对儿童情感教育与良好行为习惯培养的突出，是符合儿童社会性发展特点的，也是从儿童出发的一种具体体现，这是对历来以成人为中心的道德教育的一种突破。

与此同时，自 20 世纪 90 年代初期以来，我国心理学工作者开始关注儿童个性和社会性的研究，这使学前教育界的德育理念开始突破原有的框架，德育的内涵向社会性方向缓慢延伸。经过此后 10 余年的学习和研究，学前教育界认同了“个性”“社会性”等概念在德育领域的地位，以及个性发展、社会性发展、品德发展的基本渊源和关系。

2.《纲要》与《指南》中的社会领域教育

2001 年，伴随着我国基础教育改革的大趋势，教育部颁布了《幼儿园教育指导纲要（试行）》。这是新世纪第一个幼儿园课程文件，它延续并发展了《规程》的基本价值取向。《纲要》把幼儿园的教育内容相对划分为健康、语言、社会、科学、艺术五大领域。从此，“社会领域”课程正式成为幼儿园课程重要的组成部分。《纲要》提出社会领域的目标是，能主动地参与各项活动，有自信心；乐意与人交往，学习互助、合作和分享，有同情心；理解并遵守日常生活中基本的社会行为规则；能努力做好力所能及的事，不怕困难，有初步的责任感；爱父母长辈、老师和同伴，爱集体、爱家乡、爱祖国。和以往的目标比较，这一目标将儿童自我的发展放在了目标首位，突出了社会性表述，淡化了品德内容的表述。用社会教育涵盖品德教育，既弥补了以往品德教育在儿童个性和社会性发展方面的缺失，又为作为社会性核心成分的品德发展奠定了坚实的基础。从此，我国学前儿童德育课程摆脱了长期以来政治化、成人化的影响，开始向更为人本化和科学化的方向发展。

《指南》进一步对社会领域学习与发展对幼儿的影响进行了阐释：幼儿社会领域的学习与发展过程是其社会性不断完善并奠定健全人格基础的过程；人际交往和社会适应是幼儿社会学习的主要内容，也是其社会性发展的基本途径；幼儿在与成人和同伴交往的过程中，不仅学习如何与人友好相处，也在学习如何看待自己、对待他人，不断发展适应社会生活的能力；良好的社会性发展对幼儿身心健康和其他各方面的发展都具有重要影响。

新中国成立以来，我国的学前儿童社会教育课程经历了从注重品德教育到独立设置幼儿德育课程再到确立社会领域课程的过程。这一过程反映了教育者对儿童理解的变化，也反映了我国社会文化变革对学前教育的要求的变动。这一阶段的学前儿童社会教育虽然重新确立了“领域教育”这一更符合儿童特点的教育方式，但在社会教育的系统性、规范性与深刻性方面都还有待进一步的研究与加强。

第二节 学前儿童社会教育目标与内容的分析

《纲要》是我国学前教育的指导性文件。当前，我国学前儿童社会教育也主要是以《纲要》中关于社会领域的目标与内容要求为指导的，下面我们以这一文件内容为依据进行分析。

一、社会领域目标分析

《纲要》中的社会领域目标提出了对儿童社会性发展的总体要求，其内容是：(1) 能主动地参与各项活动，有自信心；(2) 乐意与人交往，学习互助、合作和分享，有同情心；(3) 理解并遵守日常生活中基本的社会行为规则；(4) 能努力做好力所能及的事，不怕困难，有初步的责任感；(5) 爱父母长辈、老师和同伴，爱集体、爱家乡、爱祖国。这五条目标是中国传统文化仁、义、礼、智、信的现代表述。

下面我们从《纲要》社会领域目标的内容与教育取向两个方面进行分析。

（一）社会领域目标的内容分析

《纲要》中社会领域五条目标的内在意涵是什么，为什么要确立这些目标，它和儿童的健康发展与幸福生活有何关系，这是教师需要认真去理解和思考的问题。

1. 能主动地参与各项活动，有自信心

这条目标表述了儿童自我意识及其与环境互动态度的发展要求。儿童在与环境互动的过程中，只有积极参与各项活动，不断地学习与成长，才能发展自信。这条目标的关键词是主动、自信。

(1) 主动积极的态度是儿童创造人生的动力

主动是主体积极行动的一种状态，个体的发展与社会的发展都建立在这种能动性的基础上。儿童是一个主动的发展个体，发展的内在驱动力驱使他积极地利用各种机会去成长、去发展，这种主动性如果能得到很好的支持与保护，会使儿童成为一个积极创造的人。相反，一个缺乏主动性的人，往往受环境的制约和束缚，不能创造性地行动。因此，教师应在教育中呵护儿童自觉的主动性，鼓励儿童自主决定，独立做事。

(2) 健康的自我感与积极的自尊是儿童幸福人生的基石

自我感是儿童对自我的感觉和认识，包括自我意识、自我概念和自尊三个关键因素。健康的自我感是指儿童有正确的自我意识与自我概念，并有积极的自尊。其中，积极的自尊对儿童在人生中获得喜悦和满足有着重要影响。积极的自尊是儿童自信心强的体现。自信心强的儿童对自己的能力会做出较高评价，他们相信自己的判断，相信自己的控制力，能够积极回应环境的挑战，并能保持积极乐观的情绪。儿童的自信心建立在对自身

能力的肯定与信任上，因此，让儿童有展现自己能力的机会，并给予儿童能力积极的肯定是发展他们自信心的基础。尤其儿童身边的“重要他人”[①] 对儿童的评价对他们自尊与自信的发展有着重要影响。如果儿童从这些人身上获得的是积极、肯定的评价，那他对自己的评价也会比较积极。因此，教师要尽量放手让儿童自己的事情自己做，即使做得不够好，也应鼓励并给予一定的指导，让他们在做事过程中树立自尊和自信。鼓励儿童尝试有一定难度的任务，并注意调整难度，让他们感受经过努力获得的成就感。

2. 乐意与人交往，学习互助、合作和分享，有同情心

这条目标表述了儿童人际交往与亲社会行为的发展要求。儿童只有在乐意交往的基础上，才能有合作与分享的机会，进而才能学习互相帮助，发展同情心。这条目标的关键词是交往、互助。

（1）善于交往、合作与分享是儿童由“自然人”发展为“社会人”的重要标志

对于初入社会的儿童，交往对于他们来说还是一个新的课题。如游游想要和童童一起玩开火车的游戏，但他却不知道如何提出请求，鲁莽地坐到“火车”上，引起了童童的不满与排斥。如何恰当地提出自己的请求，与人正确地说话，这都是儿童需要学习的。

合作与分享是社会生活正常展开的必要内容。对于还处于自我中心思维的儿童来说，他们不善于也不愿意与人合作和分享，因此，教师要创造交往的机会，让儿童体会交往的乐趣，并结合具体情境，指导儿童学习交往的基本规则和技能，学习换位思考，理解别人。

（2）尊重、互助与同情、利他是儿童亲社会行为的重要表现

亲社会行为是指能够善意帮助和支持他人，使他人受益的行为。亲社会行为对儿童的发展有着积极意义，它能引起满足感，建立能力感知，提供融入社会情境的通道，促进关系的发展，增加接受帮助或合作的机会，营造积极的团体氛围。亲社会行为也有益于团体的和谐与安定。教师要以身作则，以尊重、关心的态度对待他人，并引导儿童学习用平等、接纳和尊重的态度对待差异。

培养儿童互助利他意识的关键是教师要善于指导儿童的助人技巧，并不时布置一些让儿童助人的任务，这些任务要保证每个儿童都有机会成为帮助者与被帮助者，以让他们能同时体验助人与受助的益处，保持助人的积极动机。

3. 理解并遵守日常生活中基本的社会行为规则

这条目标表述了儿童规则意识与遵守规则能力的发展要求。对规则的理解与遵守是儿童社会化以及适应社会生活的重要内容。理解并遵守规则是这条目标的关键词。

（1）规则是社会生活秩序的基石

规则一般是指由群体成员共同制定和公认或由代表人统一制定并通过的，由群体里的所有成员一起遵守的条例和章程。规则具有普遍性。大自然的变化规律也是一种规则。对于自然规律，儿童可以通过本能加以适应，教师需要关注的是去体察儿童的这种身体

---

① 马乔里·克斯特尔尼克，等. 儿童社会性发展指南：理论到实践［M］. 邹晓燕，等，译. 北京：人民教育出版社，2009.

本能，以提供适当的保护。社会规则对于儿童来说是外加的、全新的，是需要儿童理解才能认同的。因此，教师应帮助儿童理解规则对于有序生活的重要性，这是帮助儿童适应社会生活的重要内容。

（2）儿童能理解与遵守的是与其生活相关的基本规则

对于幼儿园的儿童来说，他们能够理解与掌握的主要内容是日常生活中与他们的生活直接相关的基本社会行为规则，主要包括一日生活常规、交往规则、学习规则、游戏规则与交通规则等。这些规则既能帮助儿童建立起生活的节奏与秩序，又能帮助儿童意识到生活是需要服从与妥协的。对于儿童来说，社会行为规则主要是来自外部的规范，并不是来自内部的需求。因此，教师需要引导儿童结合自己的经验去理解规则是什么。同时，教师也需要耐心引导儿童持续练习对规则的遵守，一种新的行为习惯的建立总是需要不断地反复与坚持。

4. 能努力做好力所能及的事，不怕困难，有初步的责任感

这条目标表述的是社会领域对儿童意志力与责任感发展的要求。努力做好力所能及的事，是儿童发展社会责任感的基础。不因困难而放弃对目标的追求以及自己应尽的责任，是一个人超越自我与实现自我的基础。努力尽责是这一条目标的关键词。

（1）努力做好力所能及的事，不怕困难，是儿童走向卓越与完善的起点。人的成长与完善是通过完成人生不同阶段的任务来实现的，努力完成人生当下的任务，是人走向卓越与完善的起点。鼓励儿童努力做好力所能及的事，既能够训练他们自身的能力，又能发展他们的自尊、自信，使他们成为一个积极健康的人。鼓励儿童去面对一些困难与挑战，是训练他们意志力的好方法。

（2）责任感是集体主义情感的基础

责任感是指个体能自觉地做好分内的事，并自觉承担过失的内心体验。它是集体主义情感的基础，也是荣誉感、羞耻感、义务感的基础。没有责任感的儿童找不到生命的价值，容易失去创造成就的动力，变得自私、冷漠。因此，引导儿童明确自己的义务与责任，并帮助儿童练习承担自己的义务与责任是儿童健康发展的需要，也是儿童道德情感健康发展的基础。

5. 爱父母长辈、老师和同伴，爱集体、爱家乡、爱祖国

这条目标表述了儿童道德情感的发展要求。惜物、爱人是这条目标的关键词。

爱是道德情感的基础与动力。没有爱就不会有关心与帮助，也不会有合作与分享。因此，父母长辈、教师要亲切地对待儿童，关心儿童，让他们感到父母、长辈或教师是可亲、可近、可信赖的，家庭和幼儿园是温暖的。

爱是有差异与秩序的，我们更容易爱亲近的、与自己朝夕相处的人。因此，儿童容易感受的是来自父母长辈的爱，最容易回馈的也是父母长辈的爱，所以爱的教育一定要从为身边的人做力所能及的事，并表达自己的感激之情开始。随着儿童生活空间的扩展，爱的对象与范围也会一步步扩大。

在这条目标中，五种层次的爱，包含丰富的内容，需要教师仔细地去拓展与分析，才能避免爱的教育内容与形式的空泛。

（二）社会领域目标的教育取向分析

《纲要》关于社会领域目标的表述，为何要提出这些内容，并以这样的方式加以表述？它反映了什么样的教育取向？这是教师理解社会领域目标时需要深入思考与把握的问题。

1. 以儿童为本的价值取向

以儿童为本，是指目标的制定从儿童出发，并充分考虑儿童学习与发展的特点，将儿童自身的发展与完善放在一个重要的位置。从目标的表述来看，其视点是从儿童出发的，是从儿童学习的角度来表述的，如能“主动地参与”“乐意与人交往”，其主体词都是儿童；从目标内容的表述顺序来看，将主动与自信放在社会领域目标的第一条，说明儿童道德自我与社会自我的发展被视为社会性发展的基础，将自我发展作为学前儿童社会教育的基本出发点，符合儿童社会性发展的特点，也符合儿童学习自主建构的特点。儿童的社会性发展与自我、个性的发展是紧密联系在一起的，儿童是在发展自我的同时学会参与世界的，儿童的自我与世界是一体的，他对世界的理解与认识直接源于对自己的理解与认识。对于儿童来说，认识自我就是认识世界，当儿童能建立与自我的良好关系时，也就能建立与世界的良好关系。

2. 以儿童情感性发展为基础的目标取向

在《纲要》的五条目标中，有四条用了情感属性词，第一条和第四条的“能”字，表达了目标所关注的并不是儿童具体能做到什么，而重在儿童行为与态度意愿的培养，主动与努力的意愿是比具体做了什么更重要的目标。第二条的“乐意”与“同情”，第五条的“爱”都是情感词，表明情感性目标在儿童社会性发展目标中处于重要位置，这抓住了儿童社会性学习与发展的关键，即在儿童的社会性学习中，情感是一个重要的途径与中介，从某种意义上说，儿童是因为爱这个世界，才愿意学习这世界中的一切，没有这种爱，一切都是不可能的。同时，教育也是逐步提升儿童爱的层次与水平的过程，即帮助儿童由“自私的爱”走向“无私的爱”，由“小爱”走向“大爱”。相对于知识与技能，情感与态度是更为内在的目标取向，它为儿童一生的发展提供了方向与动力。

3. 以社会关系建构为维度的内容取向

学前儿童社会教育总目标的内容是从各类关系的维度展开的。这几个维度分别是人与自我、与他人的关系以及与群体、社会、自然的关系。这几类关系构成了儿童作为一个人的基本关系类型。

儿童与自我的关系是所有社会关系的基础。这种关系包括他对自己的了解与认识，对自身的体验与态度，对自己行为的控制与主导。儿童只有正确地认识自己，对自己有一个正确的态度与体验，恰当地主导自己的行为，才能正确地处理与他人和社会的关系。从某种意义上说，他人与社会只不过是扩大了的自我。而从学前阶段来说，儿童对他人与社会关系的理解也是充分建立在与自我有密切联系的经验基础之上的，如“我的家庭”“我的同伴”“我的老师”“我们的社区”等。这是因为儿童的学习需要充分建立在其生活经验之上，过分远离儿童自身生活经验的学习既难以引起儿童的兴趣，又难以真正为儿童所内化。所以，从儿童自我关系的建构出发进行社会教育是学前儿童社会教育内容维度需要把握的基点。

二、社会领域内容分析

学前儿童社会教育的内容范围从不同的角度可以有不同的阐释方式。从课程标准的角度看，为了让内容的范围描述有最大的适应性，它只能是纲领性的；但从实施的角度看，为了让内容尽可能具有操作性与系统性，内容范围的描述应尽可能是结构化的、系统的。下面我们分别从这两种角度对其加以阐释。

（一）社会领域内容的要求

《纲要》并没有对社会领域的内容做出具体详尽的规定，但对社会领域的内容与要求提出了八条纲领性描述：

1. 引导幼儿参加各种集体活动，体验与教师、同伴等共同生活的乐趣，帮助他们正确认识自己和他人，养成对他人、社会亲近、合作的态度，学习初步的人际交往技能。

2. 为每个幼儿提供表现自己长处和获得成功的机会，增强其自尊心和自信心。

3. 提供自由活动的机会，支持幼儿自主地选择、计划活动，鼓励他们通过多方面的努力解决问题，不轻易放弃克服困难的尝试。

4. 在共同的生活和活动中，以多种方式引导幼儿认识、体验并理解基本的社会行为规则，学习自律和尊重他人。

5. 教育幼儿爱护玩具和其他物品，爱护公物和公共环境。

6. 与家庭、社区合作，引导幼儿了解自己的亲人以及与自己生活有关的各行各业人们的劳动，培养其对劳动者的热爱和对劳动成果的尊重。

7. 充分利用社会资源，引导幼儿实际感受祖国文化的丰富与优秀，感受家乡的变化和发展，激发幼儿爱家乡、爱祖国的情感。

8. 适当向幼儿介绍我国各民族和世界其他国家、民族的文化，使其感知人类文化的多样性和差异性，培养理解、尊重、平等的态度。

这八条纲领性描述是示范指导性的，指出了学前儿童社会教育主要涉及个人、家庭、幼儿园和社会四个空间范围的生活，各方面的生活又分别涉及认知、情感、态度与行为几个方面的发展。纲领性描述并没有就每一方面具体的内容规定与目标达成进行细致与硬性的规定，这为教师根据自身的具体资源情况选择组织教学内容留下了创造的空间。但这种示范指导性的规定，需要教师清晰地把握儿童社会性发展的特点，如果没有清晰的把握，会使教育活动处于无序与混乱的状态。同时，对学前儿童社会教育内容的把握，还需要教师结合儿童的经验及生活，编制适当的课程内容，才能够具体实施。

（二）社会领域内容的范围

社会领域内容的范围从社会性发展的结构来看，主要涉及自我意识、人际交往、社会环境、社会规则、社会文化几个方面。这里的分类描述主要是就每一方面涉及的内容及要求做出的概述。[①]

1. 儿童自我意识发展的教育内容

自我意识即儿童对自己的了解与认识，包括对自己生理与心理特点的了解与认识。

这是儿童独立身处这个世界的重要基础。它包括自我认知、自我评价和自我行为调控三个方面的内容。从认知方面看，教师应帮助儿童正确认识和评价自己，增进儿童的自我价值感和自信心。从情感方面看，教师应帮助儿童学习认识、理解和适当地表达自己的情绪，控制自己的行为。从行为方面看，教师应帮助儿童学习自由选择、自我决断，培养其独立自主性和对自己行为负责的意识。从教育的引导看，教师应在教育活动中支持、鼓励儿童大胆地表达自己的想法和态度。

提示：

(1) 关于儿童自我意识发展的核心问题有：我是谁（生理自我、心理自我、社会自我）？我与别人的同与不同是什么？我在别人心目中的印象与地位如何？我如何看我自己？别人眼中的我是什么样子的？我高兴时会怎样，悲伤与愤怒时会怎样？我遇到困难与挑战时会怎样？什么使人害怕？面对恐惧时，人们的反应有何不同？

(2) 核心概念：自尊、自主、自信、我、我的、高兴、悲伤、害怕、难过、喜欢、不喜欢等。

(3) 可参考、选择的内容话题：我的姓名、我的小手小脚、我的宝贝、我的能力、我的兴趣爱好、我的家人、我的同伴、我的快乐、我的悲伤、我的恐惧、我的优点与缺点。

2. 儿童人际交往能力发展的教育内容

人际交往主要涉及人与人之间的关系，对各类不同社会成员的认知，对社会中不同他人之情感及相互交往技能的培养与练习，包括与成人的交往、与同伴的交往。与成人的交往，如与父母长辈、教师、其他相关人员的交往，要求儿童能知道他们的姓名、职业、生活以及与自己的关系；懂得与他们交往的基本礼节以及与他们相处的态度。与同伴的交往，要求儿童能够知道他们的姓名、年龄、性别、简单的外部和内心特征以及与他们相处的技能与态度，如礼貌、协商、轮流、等待、请求等。教师要鼓励儿童积极交往，学会与同伴友好相处，要培养儿童关心、理解、尊重他人的态度。

提示：

(1) 关于人际交往学习的核心问题有：他人是谁？他人与我有什么关系？我要怎么与别人相处？我如何帮助别人？

(2) 核心概念：礼貌、互助、合作、分享、同情、友谊、爱、关心、冲突等。

(3) 可参考、选择的内容话题：我的家人、我的老师、我身边的劳动者、我的好朋友等。

3. 社会规则的教育内容

社会规则是指与社会要求相符的从事社会活动、处理社会关系必须依循的一般要求，它主要包括生活规则、学习规则、集体规则、公共规则等。社会规则更多涉及人的观念、情感、行为习惯。如生活规则要求儿童学会不妨碍别人、完成力所能及的事、有规律地生活等；学习规则要求儿童按时到园、集中注意力学习或游戏、积极思考、举手回答问题等；集体规则要求儿童与同伴合作游戏，能与人分享，知道感谢，爱惜公物并且能轮流使用等；公共规则要求儿童遵守交通规则，爱惜公物等。

提示：

(1) 关于社会规则学习的核心问题有：规则是什么？为什么要遵守规则？如何遵守规则？

(2) 核心概念：尊重、集体、协商、权利、品德等。

(3) 可参考、选择的内容话题：生活中的轮流与等待、学习中的倾听与主动、公共场所规则、集体生活规则等。

4. 理解与认识社会环境和社会文化的教育内容

社会环境包括物质环境，也包括文化环境。物质环境主要了解环境的客观特点，而文化环境主要了解各种环境中的人及其关系，要求儿童了解各种社会机构、社会设施、社会事件及与这几方面有关的社会成员。如掌握家庭的地址、电话、用品，成员间的关系等，幼儿园的名称、地址、环境设施、班级、物品等，社区的名称、主要设施、公共场所名称、物品、人员及工作、与人们生活的关系等，家乡的主要地形、建筑、公共场所、名胜古迹、物产等，国家的国名、国旗、国歌、首都，尊敬国旗和国徽、会唱国歌等，认识当地名胜古迹，并能欣赏与爱护。同时教师要引发儿童对周围事物的关心与兴趣，培养他们参与、关注社会生活的公民意识。

社会文化主要是指社会中稳定的价值取向、行为方式、精神风貌及其多种表现形式。相对于社会环境来说，社会文化更强调精神与价值，更关注历史的因素。它包括对我国文化的基本了解，如对我国文字、文学、传统节日、民族风情、戏剧、民间工艺、历史等的了解；也包括对世界主要文化的基本了解，如世界的主要人种、主要国家、主要城市、主要人文景观、典型的文化习俗等。

提示：

(1) 关于社会环境与社会文化学习的核心问题有：我的家和社区的构成是什么？不同机构的功能与作用是什么？祖国的文化特征是什么？其他主要国家与民族的文化特征是什么？

(2) 核心概念：家、幼儿园、社区、城市、国家、世界、人类、民族文化。

(3) 可参考、选择的内容话题：我的家、我的幼儿园、我的家乡、我的祖国、人类是一家、我们的传统文化等。具体可再细分为以下几类。

①我们的生活环境：服装、食物、建筑、交通运输工具、邮政、电脑等。

②文化：汉字、图书、广告、电脑、手机等。

③艺术：电影、电视、卡通片、魔术、木偶、京剧、风筝等。

④体育：棋类活动、球类运动、运动会等。

⑤传统节日；春节、元宵节、清明节、端午节、重阳节、中秋节等。

⑥公历节日：元旦、妇女节、植树节、劳动节、儿童节、国庆节等。

⑦祖国：国旗、国徽、国歌、首都、壮丽河山、中国的世界之最等。

⑧祖国大家庭：汉族、满族、蒙古族、藏族、苗族、维吾尔族等。

第三节　学前儿童社会教育目标的结构与内容选择

在实践中，教师需要根据学前儿童发展特点与教育的环境条件，对学前儿童社会教育的总目标进行分解，并选择适宜的内容来具体展开社会教育活动。

一、学前儿童社会教育目标的结构与分解

学前儿童社会教育目标的结构从纵向来看，可以分解为总目标、年龄阶段目标、单元目标与教育活动目标四个层次；从横向来看，可以从儿童社会性发展的心理结构维度划分为认知、情感、行为三个方面，也可以从内容维度分为自我意识、人际交往、社会规则、社会环境、社会文化五个方面。学前儿童社会教育的实践需要表明，只有将各级各类目标分解为教师可以在不同时间段完成的任务目标，才能逐步地达成学前儿童社会教育的总目标。

（一）年龄阶段目标与分类目标

年龄阶段目标是对儿童在一定年龄阶段应达到的教育效果的期望描述，它是根据学前儿童社会教育的总目标确立的，按学前儿童年龄阶段进行划分的目标。一般分为小班、中班、大班的社会教育目标。分类目标是对儿童在不同的内容维度方面应达到的教育效果的期望描述。年龄阶段目标与分类目标实质上都是对学前儿童社会教育总目标的进一步分解，从而形成由总目标统率的目标体系，构成学前儿童社会教育目标的网络结构。在这一网络结构中，不同目标之间互相联系，但又有各自的侧重点。在理解这一网络中不同目标间的关系时，我们要注意以下问题：

1. 年龄阶段目标是对总目标的纵向分解，它反映了儿童社会性发展目标的年龄差异性和连续性

不同年龄儿童发展水平的差异，决定了教师必须根据他们的年龄特点，提出有差异性的目标。即使同样的目标，在不同年龄段，也应提出不同的要求。但教师同时要认识到不同年龄发展之间的连续性，即后一年龄阶段的发展是以前一年龄阶段的发展为基础的，同时，教育的要求也随着年龄的增长而逐步提高。[①] 如儿童“能与同伴友好相处”这一目标，随着年龄的不同，具体目标、要求也各不相同，见表 3 - 1。

---

① 社会领域发展的年龄阶段目标可参见本章附录 2。

表 3-1 不同年龄阶段儿童“能与同伴友好相处”的要求[①]

3—4 岁	4—5 岁	5—6 岁
(1) 想加入同伴的游戏时，能友好地提出请求。 (2) 在成人指导下，不争抢、不独霸玩具； (3) 与同伴发生冲突，能听从成人的劝解。	(1) 会运用介绍自己、交换玩具等简单技巧加入同伴游戏。 (2) 对大家都喜欢的东西能够一起分享。 (3) 与同伴发生冲突时，能在他人帮助下和平解决。 (4) 活动时愿意接受同伴的意见和建议。 (5) 不欺负弱小。	(1) 能想办法吸引同伴和自己一起游戏。 (2) 活动时能与同伴分工合作，遇到困难能一起克服。 (3) 与同伴发生冲突时能自己协商解决。 (4) 知道别人的想法有时和自己不一样，能倾听和接受别人的意见，不能接受时会说明理由。 (5) 不欺负别人，也不允许别人欺负自己。

目标虽然是有差异性的，但不是绝对的。即使处在同一年龄阶段，不同地区、不同幼儿园、不同班级的儿童，甚至同班级中的不同儿童的发展水平也会有差异，这就要求教师灵活处理，针对具体情况提出适当要求，尽量做到因材施教。如对于性格特别孤僻和交往能力差的儿童，在整个学前教育阶段，要求他达到善于与同伴相处，且能尽力自己解决游戏中的矛盾可能是一个相对较难的目标，教师就需要根据他的具体情况调整目标要求，从发展性的角度来制订适宜的目标。确立年龄阶段目标的主要依据是儿童社会性发展的阶段与个体特点。

2. 分类目标是从横向的角度对总目标的展开，它反映了儿童社会性发展内容的全面性与完整性

学前儿童社会教育目标的分类有以下两个维度：

一是儿童社会性发展的心理结构维度，即社会认知、社会情感、社会行为。三个维度的发展有着不同的规律与特点，需要区别对待。如社会认知遵从由简单直观到抽象复杂的规律，社会情感遵从由体验理解到观察表达的规律，社会行为遵从由独处利己到合作利他发展的规律。只有遵从这些规律，制订适宜的目标才能真正促进儿童的发展。从这一视角出发，学前儿童社会教育目标可分为社会认知、社会情感、社会行为三类，这样确定的目标便于落实，便于核查，且由于儿童社会性发展的理论研究相对丰富与成熟，其目标分解会有更充分的理论支持。但这一分类视角也会导致人为地将以整体面貌出现的认知、情感、行为相分离，造成教育实践的片面性，影响对儿童社会性发展的整体把握。所以教师一定要注意这三个方面的区分是相对的而不是绝对的，虽然在具体的活动中可能会有所侧重，但这三个方面的发展实质是联系在一起的，是相互影响的。教师进行教育实践时一定要注意活动的整体影响性。

二是内容维度，即对社会教育总目标涉及的具体内容加以分析、整合，确定相对独立的内容板块，再对每一板块的内容进行进一步的分解，确定内容目标。因为不同内容

① 引自《3—6 岁儿童学习与发展指南》。

的具体学习要求是不一样的，其目标规定也自然是有差异的。儿童社会教育的内容主要有五大方面：对自我的认识与调控、人际交往的学习、社会规则的学习、社会环境的认识、社会文化的学习。与此相应，内容目标也可以分为这几类。这种划分便于教师组织与实施社会教育，因为活动内容是联系教师与儿童的直接中介与载体，一切目标的实现都需要通过一定的活动内容来呈现，其他类型的目标也必须通过各种内容的实施来实现。教师在把握内容目标分类时要注意这五方面的内容也是相互联系的，只有在实施社会教育活动时全面地考虑这五个方面的目标，才能促进儿童的完整发展。

这两类目标也可以进行整合架构，如表 3 - 2 所示。

表 3 - 2　不同维度的目标整合架构①

内容	心理结构维度		
	认知	情感	行为
自我意识	自我认知	自我体验	自我控制
人际交往	观点采择	友谊	冲突处理
社会规则	规则认知	规则体验	规则遵守
社会环境	环境认知	对环境的态度	对环境的行为
社会文化	对文化的认知	对文化的体验	符合文化的行为

3. 年龄阶段目标与分类目标共同构成学前儿童社会教育第二层级的目标，是总目标的具体化

年龄阶段目标反映了学前儿童社会教育的层级性，分类目标反映了学前儿童社会教育的广泛性。它们从纵与横两个方面构成了学前儿童社会教育的目标网络，它们与总目标的要求是一致的，反映了总目标的精神实质。如某一层级的人际交往目标“愿意、喜欢、善于与同伴交往”，人际交往某一方面的内容目标要求“善于与同伴、师长、邻里、陌生人交往”，共同诠释了“乐意与人交往”这一总目标，它们是总目标的具体分解。

在分解学前儿童社会教育目标的过程中，我们既要考虑教育目标的广度，注意全面促进儿童的发展，又要考虑教育的深度，注意循序渐进、系统地促进儿童的发展。

（二）主题教学目标与教育活动目标

主题教学是教师有意识地实施社会教育的重要策略。主题教学目标是围绕一个核心话题而开展的一系列教育活动所要达到的目标，教育活动目标是一次具体的教育活动所要达到的目标。主题教学目标是由一系列的教育活动目标构成的，主题教学目标与教育活动目标的制订分别需要注意以下问题：

1. 主题教学目标是对教学主题系列内容活动目标的综合说明，应具有系统性与综合性

主题教学目标的系统性表现在主题的各个教育活动之间，应具有连续、系统的特点，即各教育活动的目标是环环相扣、紧密结合的。主题总目标是通过一个个具体的教育活

---

① 甘剑梅. 学前儿童社会教育［M］. 北京：高等教育出版社，2021.

动目标来达成的。如“做客”的主题活动，教师先引发儿童去别人家做客的兴趣，然后儿童制作自己的信息卡；再制作邀请卡，并讨论如何做一个礼貌的小客人，分享到朋友家做客的经验；最后制作小礼物，集体去一个同伴家做客。从这一过程中可以看出，每一次活动都是从上一次活动中延伸而来的，是对上一次活动的顺承。同时，教育目标也进一步加深，要求更加细化。

主题教学目标的综合性体现为主题教学活动是以一个核心话题涵盖儿童多方面发展的教学系列活动，因此，它涉及儿童多方面的发展目标。如“我可爱的家”这一主题活动，可以分解为“我家的位置”“我家的历史”“我的爸爸妈妈”“装扮我美丽的家”等活动，它涵盖儿童社会认知、社会情感、社会行为等多方面的发展。也正是因为主题教学的综合性才使它成为新课程改革以来，在幼儿园普遍推行的课程教学模式。主题教学目标的制订也应充分体现它的综合性。

2. 教育活动目标是对具体的教育活动所要达到的要求的描述，应具有针对性和可操作性

教育活动是有目的的活动，教师需要有明确的目标意识。如果教师没有明确的目标意识，不能制订出恰当的教学目标，会直接影响教育活动的有效性。对教师来说，主题教学目标与教育活动目标的制订是一项基本功，即根据《规程》《纲要》以及儿童社会性发展的规律与特点制订出适宜的目标，再选择恰当的教育内容来开展教育活动，这是进行学前儿童社会教育的基本思路。教育活动目标要求具体可操作。

二、学前儿童社会教育内容的选择与组织

与社会教育相关的内容是相当广泛和丰富的，但学前儿童的经验与学习能力有限，需要对课程内容加以选择与组织。

（一）学前儿童社会教育内容的选择

1. 学前儿童社会教育内容选择的依据

（1）符合社会领域目标

社会领域目标是根据社会需要与儿童发展的规律制订出来的，它是社会教育活动的出发点和归宿。社会教育内容的选择，必然地受到社会领域目标的指导和制约。

社会领域目标规定了社会教育活动所应达成的具体结果，而所选择的教育内容应该是为实现这一结果服务的。社会教育内容是实现社会教育目标的工具，是儿童和社会教育目标间的一座桥梁，对社会教育目标的实现来说至关重要。因此，社会领域目标是社会教育内容选择的首要依据。在选择课程内容的过程中，应努力避免对社会领域目标的遗漏、偏离及无效重复，力争使所选的课程内容能最有效地实现社会领域目标。

（2）符合儿童身心发展的特点与需要

儿童身心发展特点与需要是教育内容选择的内在依据。

首先，儿童现有的生活经验、学习能力，制约着社会教育内容的广度和深度。学前阶段，儿童所拥有的生活经验还相当有限，主要涉及家庭、幼儿园及常见社会机构的生活经验；儿童处于感知运动阶段，抽象思维水平还没有得到发展。因此，社会教育的内

容应建立在儿童已有的经验基础之上，适当扩展，并以各种可感知的方式呈现，以扩展儿童的经验。

其次，儿童的经验和发展，不是笼统的，而是具体的，是具有一定结构的。在选择社会教育内容时，应考虑到这种结构，考虑到儿童发展的不同侧面。儿童有多种多样的经验，也有多方面的发展，在社会性的发展中，至少涉及社会认知、社会情感及社会行为三个既相互区别又相互联系的方面；不同的课程内容对这三个方面的发展都能起到一定的作用，并且只有促进社会认知、社会情感及社会行为协同发展的内容才是最有价值的。但是，不同的课程内容对社会认知、社会情感及社会行为的促进作用并不是等同的，教师在选择课程内容时，一定要考虑儿童发展的需要、儿童发展的不同侧面，使课程内容更有效地促进儿童的整体发展。

（3）符合社会与文化发展需要

学前儿童社会教育的重要目标是培养能够适应、变革社会的人，儿童只有在了解与掌握社会生活的现实状况与发展变化趋势的情况下才能成为适应与变革社会的人。社会生活现实与发展变化自然应该在儿童的学习内容中得到反映。一方面，社会教育是一门关于人和社会、文化的课程，离开了社会、文化现实，这一课程也就失去了存在的根基。从儿童的学习来看，儿童是在参与和了解社会生活的过程中增进他们的社会认知、发展社会情感、完善社会行为的。他们对社会机构、社会成员、社会现象和社会文化的感知、理解也都是通过具体的社会生活来加以把握的。另一方面，课程内容的选择还应该反映社会的发展与变化。获得应对社会变化的能力，也是儿童社会学习的重要目标。我们生活的社会是不断发展变化的，从社会成员的价值观念、社会理想到社会成员之间的关系，从社区中各种物化的社会产品到人们的生活方式、行为方式，都在产生或大或小的变化。选择社会教育内容时必须充分了解和反映社会生活的变化，使课程内容真正成为反映时代、反映社会的内容，起到引导儿童主动适应变化着的社会的作用。

（4）基本符合社会领域相关学科知识的特点

学前儿童社会教育虽然不是从知识系统与逻辑出发的教育，但相关的学科知识也成为学前儿童社会教育内容选择的重要来源与依据。学前儿童社会教育主要涉及人、社会与文化，与之相关的学科主要有社会学、伦理学、地理学、经济学、文化学、心理学、历史学、政治学、人类学等。但并不是所有这些学科知识的内容都属于学前儿童社会教育需要选择的范畴，只有那些最基础的、具有启蒙性的内容才适合进入幼儿园课程，这样根据儿童身心发展水平选择的知识才能真正为儿童所理解和接受。

以上是社会教育内容选择的主要依据，除此以外，还有许多方面，如教师自身的水平与地方文化的特色等，在选择社会教育内容时也应加以充分注意。总体来说，社会教育内容的选择要符合社会领域目标的要求，充分关注儿童的兴趣与生活经验，体现儿童身心发展的特点，同时也要反映社会、政治、经济、文化发展的需求。

2. 学前儿童社会教育内容选择的原则

学前儿童社会教育内容的选择需要建立在对儿童发展深刻理解、对教育目标正确把握以及对社会文化生活广泛认识的基础之上，所确定的内容应当在促进儿童自身发展的

同时，有益于社会文化的进步与完善。总的来说，学前儿童社会教育内容的选择应当遵循以下原则：

（1）价值导向原则

价值与人的日常生活密切相关，人的一切行为、思想、情感和意志都以一定的利益或价值为原动力，人类的一切活动都是以价值创造与价值消费为核心内容的，人类社会的一切关系归根结底都是价值关系。但价值关系有积极的，也有消极的。积极的价值关系能够促进社会的进步，反之则不然。

社会教育是以帮助儿童建立与世界的各种积极价值关系，建构健康的价值观为目标的，因而，社会教育内容选择首先要考虑的是内容的价值导向，即内容本身要蕴含丰富的价值内容，在众多的价值冲突中，正义、善良、合作、互助、坚韧等人类美德能得到积极的倡扬。教师挖掘内容的积极价值，并通过活动呈现出来，引导儿童体会其中的积极价值，从而使儿童获得积极的价值熏陶。

遵循这一原则要注意以下问题：

第一，避免选择简单进行价值说教的内容。学前儿童的思维具有形象性与图景性的特点。抽象的道理要放在故事图景或生活体验中来学习和理解，离开了感受和想象的基础，他们就没有办法理解抽象的道理。

第二，尽量选择有深刻寓意及丰富价值内涵的内容。积极的价值观往往是在与消极价值观的对比与冲突中建立起来的，同时有深刻寓意的故事，也往往能给儿童丰富的想象空间，滋养他们的内在情感，因而，教师要尽可能为儿童选择丰富的并具有拓展价值的内容，这有益于儿童积极价值观的建立。

如格林童话《甜稀饭》，故事情节很简单：从前有一个家境贫寒但是心地善良的小姑娘和母亲相依为命，她们总是填不饱肚子。有一天，小姑娘走进森林，遇到了一位老婆婆，老婆婆给了她一口能够煮出香甜稀饭的锅。但使用它时有两句咒语，要煮的时候说“小锅，煮吧”，要停止的时候说“别煮啦小锅”。从此，小姑娘和母亲不再饿肚子了。可有一天小姑娘出去了，妈妈只记得煮稀饭的咒语，忘记了停止的咒语，导致了一场甜稀饭灾难。这一故事很受小班儿童喜欢，它不复杂，但寓意深刻。小姑娘遇到了困难，有老婆婆帮助她，这会让儿童感到很温暖，因为他们自己常常遇到困难，也希望有人帮助他们。有魔法的小锅，会让儿童体会到神奇魔力，这是富有想象的，儿童所喜欢的。但小锅的魔力如果不正确使用会导致灾难，调控魔力是人的智慧和选择。这样的故事，会带给儿童内在的价值影响。

（2）适宜性原则

儿童发展是一个多方面、多层次的动态过程，教育要促进儿童的健康发展，就必须考虑儿童的先天遗传素质或个人潜能所导致的发展差异性以及文化差异。适宜性原则正是在这一基础上提出的，它是指学前儿童社会教育的内容要适宜于儿童的发展特点与文化处境，即内容要有发展适宜性与文化适宜性。遵循这一原则要注意以下两点：

第一，教育内容选择要有发展适宜性。即教育内容的选择需要考虑儿童的发展水平。要尽可能选择儿童可以理解的、有益儿童发展的内容，维果茨基认为，儿童现有发展水

平（儿童自己的“教学大纲”）与在成人帮助下所能达到的发展水平（成人的“教学大纲”）之间存在的差距，就是“最近发展区”。凡是落在“最近发展区”内的教育内容就是符合发展适宜性理念的，而超出“最近发展区”的教育内容就是不符合发展适宜性理念的。社会教育的内容一定要是儿童可以理解，并有益儿童发展的内容，这样的内容对于儿童来说才是适宜的。

第二，教育内容选择要有文化适宜性。教育内容的选择需要分析儿童生活的文化背景与时代处境。如古代的儿童与现代的儿童、西方文化背景中的儿童与东方文化背景中的儿童，由于生活方式与习俗不同，他们需要习得的是不同的社会文化规则。因而，教育内容的选择必须适合时代与文化，比如我国古代多是几代同堂，有许多家人相处的繁文缛节；现代家庭规模变小，这些礼节就简化或消失，现代社会逐步都市化，集中居住在一起的人越来越多，出现了都市生活中的种种生活规则，如交通规则、公共场所规则等，这些都是古代没有的。这些内容应当反映在学前儿童社会教育的内容当中。对民族性的强调，是因为社会的发展具有传承性，儿童的社会学习不仅有时代的内容，还有超越时代的内容，如我国传统的风俗习惯、传统的人伦礼仪，都是不因时代而改变的；再如中国的传统节日、中国传统文化中“仁义礼智信”的道德内容，在今天仍是有教育价值的。这些内容我们要继承下来，保留在学前儿童社会教育的内容当中，尤其是随着全球化的推进，保留这些传统的民族文化内容不仅有助于培养儿童深厚的民族感情，还有助于世界文化的多元与丰富。

（3）全面性与基础性原则

全面性是指学前儿童社会教育的内容是广泛的。它涉及多方面的内容，从生活的维度看，它涉及个人生活、家庭生活、社会生活、社区生活、人类生活的内容；从心理结构的维度看，它涉及社会认知、社会情感、社会行为三方面的内容；从社会关系的维度看，它涉及儿童与自我的关系、儿童与他人的关系、儿童与社会的关系。如果要培养完整的儿童，学前儿童社会教育的内容则要尽可能地涉及以上方方面面的内容。

基础性是指学前儿童社会教育的内容应是浅显的、具体的、启发性的，是儿童发展所必须学习的基础性知识。

这条原则主要是根据培养健康与完整的儿童而提出的。学前期是人生最重要的时期，心理学家一直强调儿童的生活经验塑造了人格发展的基本形态。只有身心健康的儿童，才能享受愉快的生活，才是幸福的儿童。因此，教师在选择教育内容时，应根据儿童年龄、体力、智力的发展水平，提供适宜的活动，以满足其健康的需要。完整的儿童是和谐、平衡发展的儿童，这种和谐与平衡是与多方面的内容学习分不开的，因此，教育内容应有智力上的完整性。基础性原则的提出是因为社会教育是为儿童成为一个合格的社会人打基础的教育，“基础”意味着让儿童明白成为社会之人应掌握一些基本能力与规范。学前儿童的模仿性、可塑性及学习的欲望都很强，教师应把握这一特点，培养他们良好的习惯。这些习惯的培养应从基本的生活习惯与态度的培养开始，逐渐深入伦理与道德观念的培养。遵循这条原则要注意以下两点：

第一，均衡地选择社会教育内容。这要求教师在安排所选择的内容时，必须考虑各部分内容是否涵盖了社会教育的所有范围，各部分的内容比例是否协调。教师不能过多地偏重某个内容或某个内容的某个部分而忽视其他。如教师不能因为社会认知方面的内容容易组织与评估，就多组织这类活动，而忽视品格与情感这类不易看出学习成果的内容。社会教育内容要符合相关学科的组织标准，幼儿园社会课程应强调社会交往在所有领域学习中的价值，为儿童提供同伴学习的机会。

第二，选择基础的、富有启发性的内容。虽然从理论上说，任何知识都可用适当的方式教给任何年龄的儿童，但不同年龄的儿童是相对有其学习重点的，在有限的生命时间内是不可能掌握所有的经验与知识的，尤其是在这个知识爆炸的时代，教师选择对于儿童来说最基础、最关键的内容显得尤其重要。对于儿童来说，良好的品性与态度是最基础的。

（二）学前儿童社会教育内容的组织

教育内容经过选择之后，还要加以合理与适当的组织，才能恰当地实现教育目标。所谓教育内容的组织是指教师根据恰当的目标，按一定的方式组织相关的教育信息。学前儿童社会教育内容的组织既要考虑社会教育的原理，又要考虑学前儿童社会学习的特点。根据学前儿童社会性发展的规律与社会学习的特点，学前儿童社会教育内容的组织应遵循以下原则：

1. 由近及远的原则

社会教育的内容应该从与儿童生活密切的内容开始，逐步向外扩展和延伸，如由家庭生活、邻里生活、幼儿园生活、社会生活到国家生活，形成一个以儿童生活为中心的由近及远的内容结构，以保证儿童学习经验的逐步扩展与提升。提出这条原则的主要依据是儿童社会学习的经验性与拓展性。如关于社会环境的认识与学习可以组织以下一系列活动："妈妈的节日"（小班），"我的家""热闹的超市""热闹的大街"（中班），"我的祖国"（大班）。

2. 由易到难，逐层递进的原则

教学内容的安排要从儿童容易理解与把握的内容开始，逐步提高难度与要求。要注意这里的易与难不是以学科逻辑为依据的，对儿童来说，易与难主要是从生活经验的角度来说的。容易的内容往往是那些儿童有足够感性经验基础的内容，如儿童可能无法理解社会学中的"角色"概念，但他可以通过生活经验明白医生主要是做什么的，教师主要是做什么的等。根据这一原则，教育内容的安排要尽量从儿童有丰富感性经验的内容入手，逐步加入新的内容。如儿童的自我发展在不同阶段面临着不同的挑战，发展中的具体需要和任务也不同。因此，自我教育主题的系列规划（见表 3 - 3）需要根据儿童的发展特点，进行螺旋式规划，以逐步推进儿童发展。

表 3-3 由易到难的螺旋式内容规划示例（自我教育主题）[①]

年龄段	学习重点	课程内容	
		上学期	下学期
小班	生理自我的认识	我自己（五个宝，小手小脚）	我自己来
中班	心理自我的认识	不一样的我和你	快乐魔法
大班	社会自我的认识	我是哥哥姐姐，我是老师的小帮手	我要上小学了

在表 3-3 中，小班以儿童对自己外形特点的认识与基本的生活自理能力培养为重点。到了中班，教师开始引导儿童关注自己的内部特点以及自己与他人的差异，并引导儿童学习正确的交往方法及情绪的表达与控制。到了大班，教师开始从社会身份、身体与能力的变化方面去引导儿童关注自己的成长，确立自信心。对于具体的内容安排，教师可以根据儿童的特点及资源情况进行具体的选择，但总体要遵循由易到难的逐层递进的螺旋式内容规划原则。

单元主题活动也要遵循由具体到抽象、逐层递进的原则。如小班主题活动"认识我自己"，以引导儿童了解自己的外部特点及身份符号为主要任务。教师在设计系列活动（见表 3-4）的时候，应遵循儿童的认知规律，从认知具体的、真实的人，层层推进，到认知代表儿童自己的抽象符号。

表 3-4 由具体到抽象、逐层递进的内容规划示例（认识我自己）[②]

序号	活动名称	感知目标	活动方式	活动延伸
1	看到我自己	感知整体的、立体的自我外在特征	在大镜子前，引导儿童跟着教师笑着做各种动作，让儿童在镜子中观察自己，体验与大家一起游戏的快乐	照哈哈镜
2	脸上有什么	感知部分的、立体的自我外在特征	让儿童互相观察同伴的脸，摸一摸、碰一碰，在比较中寻找与他人的共同点，增强归属感、自信心	指五官游戏
3	拷贝不走样	感知整体的、平面的自我外在特征	在墙上贴上大张的纸，教师让一名儿童张开双臂、叉开双腿站在前面，用笔描出其身体的轮廓；然后，让其他儿童将身体印到轮廓里，感知与他人的相同之处	找影子
4	我的小脚印	感知部分的、平面的自我外在特征	在地上铺上大块的布，让儿童用小脚蘸取颜料，在布上自由地印出个性化的脚印，感知与他人的相同与不同	穿大鞋

① 甘剑梅. 学前儿童社会教育［M］. 北京：高等教育出版社，2021.

② 甘剑梅. 学前儿童社会教育［M］. 北京：高等教育出版社，2021.

续 表

序号	活动名称	感知目标	活动方式	活动延伸
5	介绍我自己	知道自己的姓名	教师请儿童面对大家大方地说出自己的姓名，然后亲切地拥抱其他儿童，引导儿童们一起说："××，认识你真高兴!"	点名游戏
6	男孩女孩排排队	知道自己的性别	在两把椅子背上贴上分别代表男孩和女孩的标志，让儿童根据自己的性别排队	此标志可用于区分男女厕所

3. 综合贯通整合的原则

社会教育内容的组织思路一般有两种：一是以知识的逻辑结构为基础，这种组织一般是从知识的结构与系统出发，注重教育内容本身的系统性，根据知识的难易，由简到繁地排列。这种组织方法的优点是能使儿童获得系统知识，也能让教师更清晰地组织教学内容与评估教学效果，但容易忽视儿童的能力、兴趣及需要。二是以心理经验的发展水平为基础。一般是根据儿童的经验、能力、兴趣和需要来组织内容，以儿童的经验为学习的出发点，逐渐扩大其范围，并不将知识体系的完整性作为重点。其优点是适合儿童的能力、兴趣及需要，但也容易使儿童掌握的知识零碎、片面。

在实践中教师很少简单地选择其中一种组织思路，而是将两者统一起来，以在社会教育内容与其他领域教育内容之间建立一种有机的联系，使儿童的学习完整而又全面。注重社会教育内容组织的综合贯通主要有两个方面的原因：一是社会教育的内容涉及面广，与众多学科相关。只有通过整合和系统化才能使这些来自不同学科的知识成为一个有机的整体，对儿童产生一致的影响。二是社会教育内容的各个方面，只有作为一个有机的系统整合在儿童的心理结构之中时，才能被儿童深刻地理解，从而牢固地掌握，成为形成统一人格的力量。

本章小结

本章阐释了我国学前儿童社会教育目标与内容的演变，分析了学前儿童社会教育目标的结构与分解，以及社会教育内容的选择与组织。

我国学前儿童社会教育的目标与内容在不同的历史时期有不同的表述与要求。通过对目标与内容演变的了解，教师可以进一步意识到社会教育与社会文化处境的关系，增强教育的文化与历史敏感性。

《纲要》中学前儿童社会教育的目标与内容基于儿童的发展需求，从儿童与自我、他人、社会、群体、自然的关系这几个维度提出了目标与内容要求，并呈现出以儿童为本的价值取向、以儿童情感性发展为基础的目标取向、以社会关系建构为维度的内容取向。

社会教育的目标由纵向的年龄结构与横向的内容结构组成了一个网络系统，教师在系统规划教育目标与内容时需要考虑不同目标之间的纵横关系，这样才能具体落实社会

教育的整体目标。教育内容的选择要符合领域目标，符合儿童身心发展的特点与需要，符合社会与文化发展的需要，基本符合社会领域相关学科知识的特点。选择的原则主要有价值导向原则、适宜性原则、全面性与基础性原则。内容的组织主要包括由近及远原则，由易到难，逐层递进原则，综合贯通整合原则。

思考与实践

（一）问题思考

1. 简述民国初期我国学前儿童社会教育目标的主要内容。

2. 简述学前儿童人际交往方面的主要学习内容。

3. 试述《纲要》中关于学前儿童社会教育目标的规定，并结合实际分析你对这一目标的理解。

4. 简述学前儿童社会教育内容选择、组织的原则。

5. 材料分析题：阅读以下材料，分析该活动违背了学前儿童社会教育内容选择的哪些原则。

幼儿园为孩子举行集体婚礼

2013 年 1 月 11 日下午，郑州一家幼儿园举行了一场隆重的“集体婚礼”。会议室里响着《婚礼进行曲》，小“新郎”牵着小“新娘”的手，依次走上台。

教师和家长代表担任“主婚人”，按照大人结婚的程序，“新郎”和“新娘”都要接受询问、宣誓。比如“妞妞，你嫁给了亮亮，他如果生病了，你会对他好吗?”“宝宝，你娶了丽丽，如果有别的小朋友欺负她，你会保护她吗?”

主婚人还会问一个问题：“你为什么要和你选择的另一半结婚呢?”所有“新人”异口同声：“因为我爱他（她）!”接下来，小“新郎”单膝跪地，给小“新娘”戴上“结婚戒指”。

（二）实践活动

1. 选择一套幼儿园教材，整理其中关于社会教育方面的主题、活动内容及目标，分析其内容是否全面，目标是否合适。

2. 选择社会教育内容的一个方面，收集资料，编制内容资源库。

延伸阅读

1. 李季湄，冯晓霞.《3—6 岁儿童学习与发展指南》解读［M］. 北京：人民教育出版社，2013.

主要内容： 该书介绍了《3—6 岁儿童学习与发展指南》研制的背景与目的、作用、过程，解读了实施《指南》的原则、《指南》各领域要点，并就如何利用《指南》观察和了解儿童，如何在游戏活动、区域活动、集体活动中运用《指南》进行了全面的分析，是教师学习与运用《指南》的指导性读本。

2. 刘晶波，等. 幼儿园社会领域教育精要：关键经验与活动指导［M］. 北京：教育

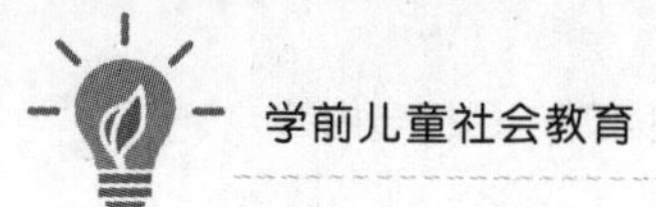

科学出版社，2015.

主要内容：该书在系统梳理国内外关于儿童社会性发展与教育理念和实践的基础上，对儿童社会性发展的内涵、价值、影响因素、特点，以及儿童教育的目标、内容和原则进行了阐述，并从个体与自我、与他人（包括与同伴、与成人）、与环境的关系角度，论述了幼儿园社会领域三大方面的关键经验，并相应提供了若干活动案例与评析。其对目标与内容的分析能够拓展我们对本章内容的学习思路。

3. 张明红. 学前儿童社会学习与发展核心经验 [M]. 南京：南京师范大学出版社，2018.

主要内容：该书在《3—6 岁儿童学习与发展指南》和幼儿园实践活动之间架设了一座桥梁，从 PCK 的视角解读了《3—6 岁儿童学习与发展指南》社会领域的内容。该书在分析学科知识经验、儿童年龄特点的基础上指导教师制订社会领域活动的目标，结合每个核心经验设计了系列活动方案，以协助教师通过社会领域活动的实施支持儿童的社会性发展。

附录 1

学前儿童社会领域目标与各年龄段内容要求①

社会领域目标		一、能主动地参与各项活动，有自信心	二、乐意与人交往，学习互助、合作和分享，有同情心	三、理解并遵守日常生活中基本的社会行为规则	四、能努力做好力所能及的事，不怕困难，有初步的责任感	五、爱父母长辈、老师和同伴，爱集体、爱家乡、爱祖国
教育内容与要求	3—4 岁	1. 创造机会，使儿童使用自己的名字，知道自己的性别、年龄 2. 鼓励儿童自己选择活动，做自己能做的事，如穿脱衣服、收放玩具等，从而感受独立做事的快乐，对自己有信心	1. 在日常生活中采用示范的方法，使儿童学会使用简单的礼貌用语与成人打招呼 2. 鼓励儿童与同伴交往，知道同伴的名字，并创造条件，使其初步学习与同伴分享玩具和图书	1. 利用生活环节，引导儿童学习轮流，体验规则的作用，初步养成遵守规则的意识 2. 教育儿童不侵犯别人，用适宜的行为与同伴交往，能判断一些简单行为的对与错	1. 在儿童遇到挫折、困难时，鼓励其不要害怕 2. 在教师的鼓励和帮助下，儿童能坚持做完一件事，获得成功	1. 开展丰富多彩的活动，使儿童喜欢来幼儿园，喜欢教师和同伴，并逐步适应幼儿园的集体生活 2. 让儿童记住父母的姓名，了解他们喜欢做的事，感受他们对自己的爱，知道不打扰父母的工作和休息 3. 引导儿童认识经常接触的成人，感知他们对自己的关爱，初步懂得尊重为自己服务的人

① 甘剑梅. 学前儿童社会教育 [M]. 北京：高等教育出版社，2021.

续　表

社会领域目标		一、能主动地参与各项活动，有自信心	二、乐意与人交往，学习互助、合作和分享，有同情心	三、理解并遵守日常生活中基本的社会行为规则	四、能努力做好力所能及的事，不怕困难，有初步的责任感	五、爱父母长辈、老师和同伴，爱集体、爱家乡、爱祖国
教育内容与要求	4—5岁	1. 通过谈话、对比等方式，使儿童感受自己在长大，能做许多事情，体验自我价值感。 2. 允许儿童自己选择活动主题，学习制订活动计划，支持儿童努力解决活动中遇到的问题，实现自己的计划，获得成功的感受，体验自尊、自信。	1. 引导儿童知道自己有与别人不同的兴趣爱好和想法，懂得尊重别人的意见。 2. 鼓励儿童积极主动与同伴交往，引导儿童使用礼貌用语，初步学会轮流、分享、谦让、互助与合作，并能尝试解决游戏及生活中出现的问题。 3. 捕捉教育契机，培养儿童对人、对动物的同情心。	1. 创设机会，使儿童体验规则在各种活动中的意义，形成初步的规则意识，学会控制自己的情绪和行为。 2. 引导儿童学会简单地评价自己和他人的行为，能初步判断某些行为的对与错，做错事能承认，并愿意改正。	1. 鼓励儿童做自己力所能及的事（如收拾玩具、整理被褥、擦桌椅等），养成初步的独立意识。 2. 给儿童创造为他人服务的机会和条件（如学做值日生等），逐渐培养其责任感。	1. 创设平等、和谐、友善的人际环境，使儿童体验与教师和同伴在一起的快乐，热爱幼儿园的集体生活。 2. 引导儿童关注父母和其他亲人的兴趣爱好，感受他们对自己的爱，会用简单的方式表达自己对他们的爱。 3. 鼓励儿童认识经常为其服务的人，知道尊重他们和珍惜他们的劳动成果。 4. 创造机会，使儿童了解家乡的风景名胜、饮食文化等，引导儿童用自己喜欢的形式表达对家乡的热爱。 5. 使儿童知道自己是中国人，认识并尊重国旗、国徽。

续 表

社会领域目标		一、能主动地参与各项活动，有自信心	二、乐意与人交往，学习互助、合作和分享，有同情心	三、理解并遵守日常生活中基本的社会行为规则	四、能努力做好力所能及的事，不怕困难，有初步的责任感	五、爱父母长辈、老师和同伴，爱集体、爱家乡、爱祖国
教育内容与要求	5—6岁	1. 创设开放性环境，支持儿童实现自己的想法、愿望和活动计划，使儿童获得成功的体验，从而增强自尊、自信。 2. 根据儿童的个体差异，有针对性地为每个儿童提供表现自己长处的机会，增强其自信心，从而促进其全面发展。	1. 引导儿童理解他人的情绪、情感，能主动关心和安慰他人。 2. 创设条件，使儿童主动、友好地与人交往，体验分享、互助、合作的快乐和意义，掌握交往技能，能独立解决交往中的问题。 3. 培养儿童豁达、乐观的性格，能接纳、原谅别人。	1. 帮助儿童获得控制自己情绪和行为的技能，增强遵守规则的能力。 2. 通过讨论、体验等方法，使儿童理解和遵守与他们关系密切的社会行为规则，能够做到初步自律，有初步的社会公德意识。 3. 通过幼儿园的日常生活，使儿童形成良好的行为习惯。	1. 在日常生活的多种活动中，注意抓住儿童遇到挫折的时机，有意识地加以引导，培养儿童的抗挫折能力。 2. 在活动中通过讨论使儿童明确自己的任务，做事认真、有始有终，形成初步的责任感。 3. 创造多种机会和条件，引导儿童主动为集体、他人服务。	1. 通过不同层次的团体活动，培养儿童的集体荣誉感。 2. 通过家园配合，引导儿童参观有益于他们发展的文化场馆，拓宽儿童的视野；关注周围社会生活，了解和喜爱自己家乡的文化。 3. 引导儿童积极参加升旗活动，尊敬国旗，学唱国歌。 4. 家园配合，使儿童了解中国主要的风景名胜。 5. 带领儿童认识周围的社会设施、公共场所及服务人员，尊重服务人员及他们的劳动，理解人们是在相互服务。

附录 2　《指南》中社会领域目标与教育建议[①]

领域	目标	年龄阶段目标			教育建议
		3—4 岁	4—5 岁	5—6 岁	
人际交往	愿意与人交往	1. 愿意和小朋友一起游戏。 2. 愿意与熟悉的长辈一起活动。	1. 喜欢和小朋友一起游戏，有经常一起玩的小伙伴。 2. 喜欢和长辈交谈，有事愿意告诉长辈。	1. 有自己的好朋友，也喜欢结交新朋友。 2. 有问题愿意向别人请教。 3. 有高兴的或有趣的事愿意与大家分享。	1. 主动亲近和关心幼儿，经常和他一起游戏或活动，让幼儿感受到与成人交往的快乐，建立亲密的亲子关系和师生关系。 2. 创造交往的机会，让幼儿体会交往的乐趣。
	能与同伴友好相处	1. 想加入同伴的游戏时，能友好地提出请求。 2. 在成人指导下，不争抢、不独霸玩具。 3. 与同伴发生冲突，能听从成人的劝解。	1. 会运用介绍自己、交换玩具等简单技巧加入同伴游戏。 2. 对大家都喜欢的东西能够一起分享。 3. 与同伴发生冲突时，能在他人帮助下和平解决。 4. 活动时愿意接受同伴的意见和建议。 5. 不欺负弱小。	1. 能想办法吸引同伴和自己一起游戏。 2. 活动时能与同伴分工合作，遇到困难能一起克服。 3. 与同伴发生冲突时能自己协商解决。 4. 知道别人的想法有时和自己不一样，能倾听和接受别人的意见，不能接受时会说明理由。 5. 不欺负别人，也不允许别人欺负自己。	1. 结合具体情境，指导幼儿学习交往的基本规则和技能。 2. 结合具体情境，引导幼儿换位思考，学习理解别人。 3. 和幼儿一起谈谈他的好朋友，说说喜欢这个朋友的原因，引导他多发现同伴的优点、长处。

① 甘剑梅. 学前儿童社会教育［M］. 北京：高等教育出版社，2021.

续 表

领域	目标	年龄阶段目标			教育建议
		3—4 岁	4—5 岁	5—6 岁	
人际交往	具有自尊、自信、自主的表现	1. 能根据自己的兴趣选择游戏或其他活动。 2. 为自己的好行为或活动成果感到高兴。 3. 自己能做的事情愿意自己做。 4. 喜欢承担一些小任务。	1. 能按自己的想法进行游戏或其他活动。 2. 知道自己的一些优点和长处，并对此感到满意。 3. 自己的事情尽量自己做，不愿意依赖别人。 4. 敢于尝试有一定难度的活动和任务。	1. 能主动发起活动或在活动中出主意、想办法。 2. 做了好事或取得了成功后还想做得更好。 3. 自己的事情自己做，不会的愿意学。 4. 主动承担任务，遇到困难能够坚持而不轻易求助。 5. 与别人的看法不同时，敢于坚持自己的意见并说出理由。	1. 关注幼儿的感受，保护其自尊心和自信心。 2. 鼓励幼儿自主决定，独立做事，增强其自尊心和自信心。
	关心尊重他人	1. 长辈讲话时能认真听，并能听从长辈的要求。 2. 身边的人生病或不开心时表示同情。 3. 在提醒下能做到不打扰别人。	1. 会用礼貌的方式向长辈表达自己的要求和想法。 2. 能注意到别人的情绪，并有关心、体贴的表现。 3. 知道父母的职业，能体会到父母为养育自己所付出的辛劳。	1. 能有礼貌地与人交往。 2. 能关注别人的情绪和需要，并能给予力所能及的帮助。 3. 尊重为大家提供服务的人，珍惜他们的劳动成果。 4. 接纳、尊重与自己的生活方式或习惯不同的人。	1. 成人以身作则，以尊重、关心的态度对待自己的父母、长辈和其他人。 2. 引导幼儿尊重、关心长辈和身边的人，尊重他人的劳动及成果。 3. 引导幼儿学习用平等、接纳和尊重的态度对待差异。

续　表

领域	目标	年龄阶段目标			教育建议
		3—4 岁	4—5 岁	5—6 岁	
社会适应	喜欢并适应群体生活	1. 对群体活动有兴趣。 2. 对幼儿园的生活好奇，喜欢上幼儿园。	1. 愿意并主动参加群体活动。 2. 愿意与家长一起参加社区的一些群体活动。	1. 在群体活动中积极、快乐。 2. 对小学生活有好奇和向往。	1. 经常和幼儿一起参加一些群体性的活动，让幼儿体会群体活动的乐趣。 2. 幼儿园组织活动时，可以经常打破班级的界限，让幼儿有更多机会参加不同群体的活动。 3. 带领大班幼儿参观小学，讲讲小学有趣的活动，唤起他们对小学生活的好奇和向往，为入学做好心理准备。
	遵守基本的行为规范	1. 在提醒下，能遵守游戏和公共场所的规则。 2. 知道不经允许不能拿别人的东西，借别人的东西要归还。 3. 在成人提醒下，爱护玩具和其他物品。	1. 感受规则的意义，并能基本遵守规则。 2. 不私自拿不属于自己的东西。 3. 知道说谎是不对的。 4. 知道接受了的任务要努力完成。 5. 在提醒下，能节约粮食、水电等。	1. 理解规则的意义，能与同伴协商制订游戏和活动规则。 2. 爱惜物品，用别人的东西时也知道爱护。 3. 做了错事敢于承认，不说谎。 4. 能认真负责地完成自己所接受的任务。 5. 爱护身边的环境，注意节约资源。	1. 成人要遵守社会行为规则，为幼儿树立良好的榜样。 2. 结合社会生活实际，帮助幼儿了解基本行为规则或其他游戏规则，体会规则的重要性，学习自觉遵守规则。 3. 教育幼儿要诚实守信。

续 表

领域	目标	年龄阶段目标			教育建议
		3—4 岁	4—5 岁	5—6 岁	
社会适应	具有初步的归属感	1. 知道和自己一起生活的家庭成员及与自己的关系，体会到自己是家庭的一员。 2. 能感受到家庭生活的温暖，爱父母，亲近与信赖长辈。 3. 能说出自己家所在街道、小区（乡镇、村）的名称。 4. 认识国旗，知道国歌。	1. 喜欢自己所在的幼儿园和班级，积极参加集体活动。 2. 能说出自己家所在地的省、市、县（区）名称，知道当地有代表性的物产或景观。 3. 知道自己是中国人。 4. 奏国歌、升国旗时能自动站好。	1. 愿意为集体做事，为集体的成绩感到高兴。 2. 能感受到家乡的发展变化并为此感到高兴。 3. 知道自己的民族，知道中国是一个多民族的大家庭，各民族之间要互相尊重，团结友爱。 4. 知道国家一些重大成就，爱祖国，为自己是中国人感到自豪。	1. 亲切地对待幼儿，关心幼儿，让他感到长辈是可亲、可近、可信赖的，家庭和幼儿园是温暖的。 2. 吸引和鼓励幼儿参加集体活动，萌发集体意识。 3. 运用幼儿喜闻乐见和能够理解的方式激发幼儿爱家乡、爱祖国的情感。

第四章 学前儿童社会学习特点与教育的原则、方法

> 自然界里许多美的事物，如果不事先指给孩子们看、讲给孩子们听，他们自己是不会留意的。
>
> ——苏霍姆林斯基

学习目标

1. 了解学前儿童社会学习相关理论的要点。
2. 掌握学前儿童社会学习的基本特点。
3. 掌握学前儿童社会教育的基本原则与方法。
4. 能运用教育原则分析学前儿童社会教育相关的现象与问题。

内容导航

- 学前儿童社会学习特点与教育的原则、方法
  - 学前儿童社会学习的理论与特点
    - 学前儿童社会学习的相关理论
    - 学前儿童社会学习的特点
  - 学前儿童社会教育的原则
    - 环境支持原则
    - 生活实践性原则
    - 系统一致性原则
  - 学前儿童社会教育的方法
    - 以实践体验为主的方法
    - 以观察模仿为主的方法
    - 以言语互动为主的方法

案例导入

中班的小朋友最近总是随地乱扔垃圾，老师们没有批评任何一位小朋友，而是精心设计了一次参观活动。星期一早上，老师们带着小朋友们出发了，他们来到了"解放大路"，那里车水马龙，在老师们的引导下，孩子们看到了人群中一些不一样的人。那些人正在用各种清扫工具清理着垃圾，这些人正是"城市的美容师"——清洁工人。

通过这次参观活动，儿童懂得了如何去体谅和关爱那些为我们服务的人，同时在老师的引导下，乱扔垃圾的现象不见了。这是一种随机的社会教育，即通过参观的方式，合理地运用移情的方法，起到了不同凡响的效果。

本章将对学前儿童社会学习的相关理论、学前儿童社会学习的特点以及教育的原则、方法进行较为系统的探讨。

第一节　学前儿童社会学习的理论与特点

对学前儿童社会学习理论与特点的把握，是教师开展与实施教育活动的基础，也是教育原则与方法确立的重要基础。

一、学前儿童社会学习的相关理论

与学前儿童社会学习相关的理论很多，从某种意义上来说，凡对学前儿童社会性发展提供了支持的理论，都会给我们理解学前儿童社会学习提供参考。在这里，我们重点讨论社会互动、观察学习与情境学习三种理论。

（一）社会互动理论

社会互动理论是包含建构主义观点和人本主义观点的认知体系，其理论来源主要是维果茨基的社会互动理论与费厄斯坦的“中介作用”理论。维果茨基认为，人类心理功能的发展是以特定的社会本质和社会过程为先决条件的，在每一个社会文化情境中，儿童参与正式和非正式的教学交流，产生了与那些情境适宜的心理功能。儿童通过社会互动的双向过程，逐步建立系统的认知表征作为解释框架，并且信奉自己所处的社会文化情境中所提倡的普遍价值体系和行为准则。费厄斯坦的“中介作用”理论指出，对个人有重要意义的人在认知发展过程中起中介作用，有效学习的关键在于本人和“中介人”之间的互动。维果茨基和费厄斯坦都赞同人与人的交往和互动是推动学习的关键力量。

在社会互动理论看来，人一出生就进入了人际交往的世界，学习与发展就发生在人与人的交往与互动中，它既强调学习过程的认知参与，又强调学习过程的全人参与。社会互动理论着重于学习的社会环境，把教师、学生、活动之间的相互活动看作教学的灵魂所在，强调教师、学习者、学习任务和学习活动之间的相互作用和它的动态性。在这里我们主要介绍社会互动的形式与方法理论。

1. 社会互动的形式

社会学习发生在一系列语言和非语言的互动中，人们不断学习由社会建构并由大家共享的象征意义，通过角色承担，理解他人的想法，在符号互动中完成交流，共建意义系统。社会互动的主要形式有：交换、合作、冲突、竞争和强制。

（1）交换与合作

个人或群体采取某种方式彼此交往，这种交往旨在获得报酬或回报，这样形成的关系就是交换关系。回报并不一定是有形的，也不一定有明确目的，有时更多的是无意识地期待别人的感激。但多数社会交换都遵循一个基本原则——互惠。教师促进儿童间的互动也要考虑互惠原则，即互动要能满足不同儿童的不同需求。

合作是这样一种互动形式，即由于某些共同的利益或目标对于单独的个人或群体来

说很难或不可能达到，于是个人或群体就联合起来一致行动。从广义上讲，所有社会生活都是以合作为基础的；如果没有合作，社会就不可能存在。因此，为儿童创造合作机会，促进其合作能力的发展，也是社会教育的重要内容。

（2）冲突与竞争

作为合作的对立面，冲突是针对珍稀物品或为维持价值的斗争。冲突有其正面效果，可以成为一种促进发展的力量；一个没有冲突的群体将是毫无生机、沉闷乏味的群体。冲突有暴力的，也有非暴力的。教师需要引导儿童用非暴力的方式解决冲突。

竞争是指行动者之间为了共同的目标而展开的较量、争夺，它是儿童社会互动的一种普遍方式，如资源竞争（争抢玩具）、地位竞争（争夺小组长）、声望竞争（争夺某项荣誉，争夺他人对自己的关注）等。这是遵循某些规则的一种合作性冲突，在这种形式的互动中，儿童的角色力量感会得到增强。因此，通过制造竞争促进儿童社会性发展是教师常用的一种方法。

（3）强制

当一个人或一个群体将其意志强加于另外一方时，“强制”这种互动形式就出现了。从本质上讲，所有形式的强制都是以使用物质力量或暴力的威胁为最终基础的。但是，一般而言，强制的表现要微妙得多。像冲突一样，强制通常也被看作一种负面社会互动形式，但它也有正面的社会功能。如有时教师对儿童的强制，对儿童的发展可能也有着积极的作用。

2. 社会互动的方法理论

社会互动理论的核心内容是互动方法。以方法不同为标准，理论界形成了常人方法论、符号互动论、拟剧论、社会交换论和参照群体论等几种主要观点。

（1）常人方法论与符号互动论

常人方法论是由美国社会学家加芬克尔创立的，旨在研究人们在日常生活互动中使用的方法。他通过研究发现，人与人的互动是以一定背景知识和常规为基础的，如果忽视了这种内隐规则，互动就无法进行，进而也不能实现预期目的。所以，从此意义上说，各方主体能达成对所认定“规则”的共识是有效开展互动的前提。这一理论启示教师，在引导儿童互动的过程中，对规则的学习是必不可少的。

符号互动论以美国心理学家米德和库利为代表，他们认为符号是社会互动的媒介，互动是通过符号进行的，是一种“符号运动”；人要理解彼此行为的意义就必须设身处地、站在对方立场上加以阐释；有时此意义会随着情境变化而变化，这就需要互动各方通过不断协商来达成共识以重塑其意义；人们在社会互动中学习和使用语言符号，并通过角色扮演和他人对自己扮演角色的反馈，逐步形成自我意识。这一理论的启示在于，符号的学习是互动的基础，同时，互动中的角色反馈对儿童的自我建构有着重要影响，教师对儿童角色的评价直接影响其自我发展。

（2）拟剧论与社会交换论

拟剧论是一种用表演和比喻说明日常生活中人的互动的理论，其代表人物是美国社会学家戈夫曼。他认为社会是一个舞台，每个人都在其中扮演一定的角色，人们之所以努力表演，目的是想给别人留下深刻印象，通过美好印象的塑造以使自己在互动中占据优势，对他人行为进行有效控制，从而使对方理解自己的行为并做出预期反应。全体社会成员是在这个舞台上按照特定规则扮演不同角色的演员。社会互动的重要特征就是“印象管理”或“自我呈现”。这提示教师要给予儿童自我呈现的机会，以帮助他塑造自我。

社会交换论由美国社会学家霍曼斯等人提出，他们认为互动实际是奖赏与惩罚的交换运用。若想使个体继续某种行为就应对该行为加以奖赏，让他认识到该行为对他是有意义和价值的，从而推动其自愿把这种行为实施下去；若不想个体做某事，就不要给予奖励或进行惩罚，那么个体就能意识到自己的行为存在问题，不会再做出类似行为。这一理论对教育的启示是奖惩机制对互动效果有着深刻影响，应恰当运用，否则会适得其反。

(3) 参照群体论

该理论由美国社会学家海曼首创，他提出了一种间接互动观点，即非面对面人际接触，而以参照群体（即榜样）的价值和规范作为塑造自我价值观和行为准则的依据。这一理论强调榜样的规范和比较作用，旨在通过模范和典型的强大感染力来引导人们的行为。这与班杜拉的榜样学习理论是相通的。

以上理论观点，从不同方法的角度为教师引导儿童的社会互动学习提供了理论参考。

(二) 观察学习理论

观察学习理论是20世纪60年代兴起的一种理论，主要阐明人怎样在社会环境中学习，从而形成和发展其人格。观察学习理论的主要代表人物是班杜拉和沃尔特斯，他们认为儿童的社会行为并不是以“强化—惩罚”这一简单的方式学到的，而是通过以强化为中介的直接学习与模仿获得的。社会学习的主要理论假设是：儿童社会行为的学习主要是通过体验自己的行动后果或通过观察别人的行动及他们所引起的后果而进行学习的。

1. 强化与自我认知在儿童社会学习中的作用

(1) 强化是儿童获得社会行为的重要机制

强化是指有助于机体反应概率增加的事件。在社会学习理论中，根据手段的不同，强化可分为直接强化、替代性强化和自我强化。

直接强化就是学习者行为本身受到强化，如教师对表现好的儿童进行表扬。直接强化的作用是明显的，教师常通过表扬、评分、升级等强化手段来强化儿童的正确行为和控制、矫正儿童的错误行为。

“替代性强化”是班杜拉提出的一个非常重要的概念，指观察者通过观察别人受强化，在自己身上间接引起的强化作用。例如，儿童看到别人的行为得到肯定，就加强产生同样行为的倾向；反之，看到别人的行为受到处罚，自己就会避免那样做。这种“别人”可以扩大到电影、电视、故事中的人物。

自我强化指人依靠信息反馈进行自我评价和调节并以自己确定的奖励来加强和维持自己行为的过程。它通过成人向儿童提供有价值行为的标准，对达到标准的行为给予表扬，对未达到标准的行为进行批评，使儿童逐渐掌握这种标准，从而用自我肯定或否定

的方法对自己的行为做出反应。

（2）自我认知与社会学习

班杜拉认为，自我认知在儿童的社会学习过程中起着重要作用，其中儿童的自我效能感决定着个体与环境的互动。所谓自我效能感是指个人对影响其生活的事件能加以控制的信念。自我效能感与人的行为动机之间有着密切的联系，这是因为人们对自己能力的判断影响着他们对自己将来行为的期望。因此，自我效能感通过决定着人试图去做什么以及在做的过程中要付出多大努力的预期而对个体行为起着重要的引导作用，尤其是个体自己的行为与榜样行为之间存在差距时，其自我效能感就会对差距产生影响。如果觉得榜样行为在自己的能力范围之内，那么个体就会设法模仿；反之，如果自我效能感低，就会影响其学习行为。

班杜拉认为自我效能感主要有两个来源：一是个体在某领域取得的成就。如果个体总是能成功地作用于环境，他就能获得更好的自我效能感；相反，一个总是没有机会去和环境互动、展示自己成就的个体就会效能感不足。二是对他人活动效能的观察。如果儿童处于一个活动总是受到鼓励与帮助的环境中，其自我效能感将会发展得更充分。这启示教师要经常让儿童观察成功的榜样，体验成功。

2. 直接学习与儿童社会行为的获得

直接学习是个体对刺激做出反应并受到强化而完成的学习过程。其学习模式是刺激—反应—强化，离开学习者本身对刺激的反应及其所受到的强化，学习就不能产生。在直接学习中，儿童的某种行为所产生的积极的或消极的结果直接决定着儿童是否重复这些行为，即儿童通过观察自己的某一行为所产生的后果，逐渐形成“何种行为在何种场合下是适宜的”假设。这些假设指导着儿童日后的行为或行动。在通常情况下，儿童根据这些假设做出相应的行为时又会得到肯定或否定的结果。肯定是一种强化，会激发儿童继续从事这类行为；反之，如果行为的结果是否定的，儿童就会设法抑制这类行为的发生或设法逃避这种否定的结果。

班杜拉认为，就儿童社会行为的掌握而言，与模仿相比，直接学习是一种更基本的途径，因为儿童主要是通过体验和行动来学习的。但直接学习依靠尝试错误一点点地掌握复杂的行为，既缓慢又费力，有时还要付出很大的代价。显然，不可能所有的行为都通过亲历来学习，例如，随着年龄的增长，儿童必须学会怎样既坚持自己的权利又服从社会的要求，如果仅仅依靠直接学习，那么可以想象，儿童在最终掌握这些规范之前肯定要受很多的惩罚。因此，儿童的很多行为是通过对现实的或象征性榜样行为的观察与模仿而获得的。通过观察他人行为也可以产生学习，这是班杜拉的一个重要观点。他认为在青少年儿童的学习中，观察学习处于极其重要的地位。因此，班杜拉对观察学习进行了比较系统的研究，积累了较丰富的实证资料；他的社会学习理论是以观察学习为核心而建立的。

3. 观察学习与儿童社会行为的获得

社会学习理论认为儿童是通过对榜样的模仿实现其社会化的，这种模仿建立在对榜样行为进行观察的基础上。

(1) 观察学习是儿童获得社会行为的重要途径

所谓观察学习，也称为替代学习，即学习者通过对他人的行为及其强化性结果的观察而习得新行为的过程。这种学习不需要学习者直接地做出反应，也不需要亲自体验强化，只需要通过观察他人在一定环境中的行为，观察他人所接受的强化就能完成学习。

(2) 观察学习的过程

班杜拉将观察学习的过程分为四个部分：注意过程、保持过程、动作再现过程和动机过程。

注意过程，即儿童对榜样行为的注意。注意的产生是由一系列的变量决定的，其中包括榜样的吸引力、普遍性以及行为发生的环境等。以绘本故事为例，绘本故事中的榜样之所以对儿童有很强的吸引力，其原因就在于绘本故事中生动的榜样形象能够有效地唤起和保持儿童的注意。

保持过程，即引起注意的榜样事件必须被儿童记住，通过想象或言语表象使观察过的行为在记忆中得以重现。

动作再现过程，即儿童在准确重现榜样行为之前所进行的一些试错行为。

动机过程，即当相应刺激出现时，儿童观察过的榜样行为会被引发。

这四个过程是紧密联系不可分割的，见图 4 - 1。[①] 在任何特定的情境中，一个观察者不能重复一个示范原型的行为很可能是出于下列原因：没有注意有关活动、记忆中无动作观念、没有能力去操作或没有足够的动力。

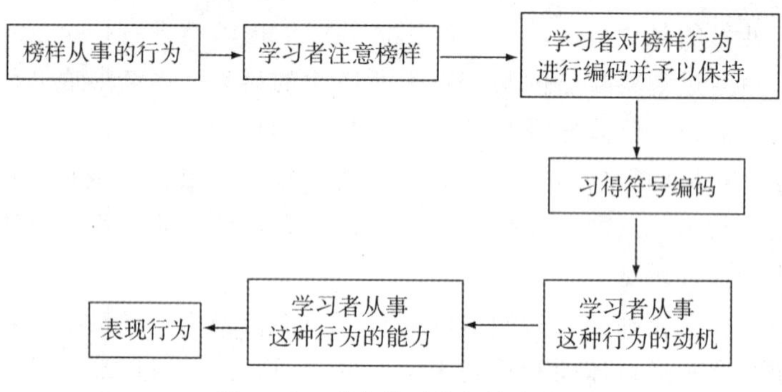

图 4 - 1　观察学习的相继步骤

在观察学习的过程中，儿童的观察模仿可能是反复进行的，因此，它会不断地构成模仿循环。

(3) 影响儿童观察学习的因素

班杜拉认为，观察者的心理特征、榜样的活动特征、观察者与榜样的关系特征会影响儿童的模仿行为。首先，观察者与榜样之间的关系对注意过程的影响很重要。如果榜样与观察者经常在一起，或者二者相似，那么观察者就容易学会榜样的行为。如子女较多地模仿父母，学生较多地模仿教师。其次，观察者的特征，如觉醒水平、价值观念、态度定势、强化的经验也会影响观察学习的注意过程。例如，观察者对榜样行为价值的

① 施良方. 学习论 [M]. 北京：人民教育出版社，2001.

认识直接影响他是否集中注意观察榜样的行为。如果他认为榜样行为非常重要，注意就会集中；反之，注意则容易分散。这显然是心理因素对行为的影响，班杜拉称之为自我调节。最后，榜样的活动特征，如行为的效果和价值、榜样人物具有的魅力、示范行为的复杂性和生动性等，也影响注意过程。教师可以根据这些因素来调整自己的教育策略。这说明，同样的榜样行为，不同的儿童可能呈现出不同的模仿行为，这是由于每个儿童的学习行为存在个体差异导致的。

要注意的是观察学习并不只限于所观察到的具体事物，还可以迁移到同一类或相似的事物上去。例如，儿童看到一个同伴不好好吃饭而受到批评，他在排队方面就不敢捣乱，不认真吃饭与捣乱并不是同一件事，但都属于不守纪律一类，因此发生了迁移。可见，观察学习的过程是复杂的，实际上远远超过了简单的模仿。此外，示范过程除了通过身体演示传递外，还可以通过语言符号的描述来传递。人们从“抽象的示范模式”中学到的思维和行为的一般规则，对行为也有非常重要的意义。

综合以上所述，根据观察学习理论，教师进行社会教育应当重视恰当的行为强化，为儿童提供展示自我能力与成就的机会与舞台，还要为儿童提供值得模仿的环境与榜样。

（三）情境学习理论①

情境学习理论是 20 世纪 90 年代以来当代西方学习理论研究的热点，是继“刺激—反应”学习理论、认知学习理论、人本主义学习理论、建构主义学习理论之后的又一个重要研究取向。

1. 情境学习理论的基本观点

（1）学习是一个社会协商的过程。情境学习理论提出了关于学习的新隐喻：学习是合法地参与实践共同体，学习是一个社会协商的过程。对情境学习而言，知识是基于社会情境的一种活动，是个体与环境交互过程中建构的一种交互状态。

（2）知识具有情境性，个体应该基于情境来习得知识。与言语传授的学习方式相比，情境学习能够让儿童在一种真实而自然的情境中，潜移默化地习得大量的内隐知识，又在现实环境中自然而然地运用这些显性知识和内隐知识。就这样，在情境中习得知识，而知识的运用，又不断见证着学习的发生，儿童的认知也不断地得到生长和发展。同时，儿童的行为是通过与周围环境的直接接触和互动而决定的，是一种基于情境的行动。基于情境的行动，正是情境学习理论的核心特征。

2. 有利于学习发生的情境特点

情境学习中的情境既可以是观念的、想象的、情意的、问题的，又可以是物理的；既可以是虚拟的，又可以是真实的；既可以是基于学校与课堂的功能性的，又可以是基于社会的、自然的、日常生活的。有利于学习发生的情境是一种真实的、社会性的、实践性的、文化性的情境。

（1）真实性情境。对真实性情境的诠释有心理学与人类学两种不同的取向，在心理学取向中，学习是认知的生长和发展，认知的发展需要依赖情境，因而需要创设一个工

---

① 崔允漷，王中男. 学习如何发生：情境学习理论的诠释［J］. 教育科学研究，2012（7）：28-32.

具性情境（实习场）；人类学取向认为，学习是参与社会实践共同体从而获得文化认同的过程，而这种实践共同体就是一种最真实、自然、日常的社会情境。简言之，两者的区别在于，工具性情境是虚拟的真实，而社会情境还是真实的生活情境。

(2) 社会性情境。情境学习将学习与学习发生的社会情境之间的关系作为研究的重点，认为知识是学习者与社会情境之间联系的属性以及互动的产物，而学习就发生于学习者参与社会情境的过程之中。需要指出的是，心理学视域下的情境认知理论关注学习者对知识的获取，情境只是一种创设的背景性工具。而在人类学视域下的情境学习理论看来，重要的不是学习者与知识之间的关系，而是学习者与“人”的关系，这个“人”并非指个人，而是指社会群体。学习就是学习者逐渐地从边缘到充分参与社会群体（实践共同体）的过程，知识的获得只是这个过程中一种自然而然的事情。

(3) 实践性情境。情境学习理论是一种典型的社会实践理论，它强调主动行动者与世界、活动、意义、认知、学习和知识之间相互依赖的关系，强调意义固有的社会协商特性。学习、思考和知识是学习者参与或融入世界的一种方式，这种世界以社会的方式构成，学习者和实践活动的互动是参与社会世界的一种方式。情境学习理论强调社会性和实践性，其社会性体现在学习者与学习共同体的关系性互动中，而其实践性则体现在学习者所参与的以及整个共同体所致力于解决的活动或任务中。

(4) 文化性情境。情境学习理论所指向的社会情境，其本质是一种文化情境。学习者只有获得了这一社会情境的文化认可，才是真正意义上进入了实践共同体之中，学习才可能真正发生。由此，我们可以这样推断：具有文化性的社会情境才能在真正意义上促使学习发生。

总体来说，情境学习之理想情境是同时具有真实性、社会性、实践性与文化性的情境，在这样的情境中，儿童能习得最丰富的社会经验，从而不断增进其社会认知与体验。

二、学前儿童社会学习的特点

讨论儿童的学习，需要思考以下问题：一是儿童为什么要学习，即学习的动机是什么？二是儿童是如何学习的？包括学习的方式与过程。三是儿童学到了什么？他如何呈现自己的所学？即要探讨儿童的学习动机、学习的方式与过程以及学习结果的呈现。我们讨论学前儿童社会学习的特点也主要从这几个方面展开。

（一）学习动机的社会适应性与情感驱动性

动机是用来说明儿童发动和维持某种学习行为以达到一定目标的各种因素。驱动儿童进行社会学习的动机主要有两个：一是社会适应性，二是情感驱动性。

1. 社会适应性

20 世纪 70 年代以来，致力于探讨学习的生物学机能的习性学习理论指出，几乎所有的行为都是适应性的，都是物种成功适应环境的表现，都具有某种功能，能帮助生命机体解决某些问题。同样，学习也是一种适应，当生命机体遇到环境中不确定的、意想不到的和迅速变化的情况时，会产生学习。儿童的社会学习源于他对环境的陌生，成人所拥有的一切能力都是他不具备的，为了适应生活环境，儿童自发地产生了各种学习

行为。

2. 情感驱动性

人本主义心理学家通过研究发现，促进学生学习的关键并不在于教师的教学技巧、专业知识、课程计划等，而在于教师与学生之间特定的心理氛围。这一观点尤其适合解释儿童的学习，儿童常常是因为信任和爱这个世界才有丰富的模仿行为，因此，他们的学习具有明显的情感驱动性。

在社会性的三个方面——社会认知、社会情感、社会行为的发展过程中，社会情感起着驱动作用。一方面，儿童的社会认知还比较肤浅，他们对自我和他人行为是非的判断并不是建立在对社会规范的客观认识和理解的基础上的，而在很大程度上取决于个人需要的满足，因此带有很大的情绪性。当他们的个人需要得到满足时就会产生愉快的情绪，这时对行为是非的判断也受到积极情绪的影响，认为行为是好的，易产生共鸣；认为行为是坏的，甚至产生消极抵制情绪。另一方面，儿童的社会行为也常常直接受到情绪的驱使。在良好的情绪状态和情感氛围下，儿童更愿意按照成人的要求行动。强烈的情感共鸣以及共情还能促使儿童主动产生亲社会行为。而在不良的情绪状态或情感氛围下，儿童则不愿意表现出良好的社会行为，更容易出现攻击、破坏等不良行为。

可见，儿童在社会学习过程中具有很强的情感驱动性。成人要注意通过营造良好的情感氛围来促进儿童社会性的发展。

（二）学习方式的实践体验性与随机模仿性

1. 实践体验性

直接的实践体验是儿童与社会环境互动的重要方式，儿童在参与社会生活的过程中，习得各种规范与文化。正如社会互动论所强调的文化的习得不是出生就存在的，而是儿童在与成人、同伴共同生活、交往、探索、游戏等实践活动过程中发展起来的。社会教育的目标，多数是情感和行为目标，而每一种情感体验的产生和稳固，每一种行为的形成与稳定，都需要儿童的亲身实践。如分享行为的形成就是其中之一。由于自我中心思维的作用，在开始时，儿童对于自己特别喜欢的东西几乎都不会主动分享。因此，教师需要创设让儿童学习分享、体验分享快乐的环境。比如，每周有一天，儿童带自己喜爱的玩具或图书与其他小朋友分享。当儿童不断在练习中体验到快乐的情绪后，分享这一行为便慢慢巩固了。

2. 随机模仿性

与其他领域的学习相比，儿童的社会学习更多采用随机模仿的方式进行。儿童随时都在观察，他们每天都在观察和模仿成人的言行举止和态度，观察周围环境中的一切，而且这种观察常常是在无意中、在成人未意识到的情况下发生的。例如，中班的勇勇在班里有口吃的现象，说的每一句话都是磕磕巴巴的。他和同伴玩时，同伴觉得他说的话很好玩，很有趣。这些同伴就学勇勇说话的方式，有一次告状的时候，他们就学勇勇那样说话："老——老——师，他——他打——打我。"说完之后就哈哈大笑。在那以后，班里的小朋友都开始学他说话。随机模仿这一突出的学习方式，既给教师提供了广阔的社会教育天地，又给教师敲响了警钟。一方面，在儿童的生活中，很多方面都能成为学习的内容。如在和同伴游戏时，可以学习分享和交往的技能；去同伴家串门，可以学习主人热情待客之道和一些交往的规则；外出游玩时，能了解家乡和祖国的名胜古迹，增强爱家乡、爱祖国的情感等。但是，另一方面，儿童也可能在观察中学到不良的行为。如看了一些动画片后开始出现攻击性行为；看到父母不尊重老人的行为，也对老人出言不逊；等等。这是值得教师注意的一个问题。

（三）学习过程与结果的长期反复性

美国心理学家艾里克森认为，儿童人格的发展是一个逐渐形成的过程，贯穿人的一生。他认为，每个阶段都有一个普遍的发展任务。由此可见，儿童社会态度、社会行为的学习是一个漫长的过程。

心理学和教育学研究还发现，作为儿童社会性发展的核心，品德的形成是一个长期的、反复的、不断将外部规范逐步内化的过程。一方面，一种道德规范要转化为儿童的自觉行为，必须经过儿童心理内部的矛盾冲突，才能逐渐成为其自身观念与行为的一部分。另一方面，当环境、条件发生变化时，已形成的良好观念或行为还可能出现反复。例如，幼儿园始终教育儿童要遵守规则，在一贯的要求下他们逐渐学会了控制自己的行为。但是，如果父母或祖父母对儿童没有任何要求，任何事情都顺着儿童，那么先前培养的自控能力就会消失。

根据学习过程与结果的长期反复性的特点，教师需要给儿童提供练习的机会，并给予耐心的支持与指导。

第二节　学前儿童社会教育的原则

学前儿童社会教育的原则是指学前儿童社会教育应当遵循的基本原理与规则。根据学前儿童社会学习的相关理论与特点，有效的社会教育应遵循以下原则。

一、环境支持原则

社会互动理论指出，学习的社会环境对儿童学习的影响至关重要。幼儿园的环境包括物质环境与精神环境两大方面，物质环境主要指可见的物质资源环境，精神环境包括制度文化与精神情感氛围构成的影响环境。

（一）物质环境的教育支持性

不同的环境诱发不同的社会行为，要发挥物质环境的教育性需要注意以下几个问题：

1. 物质环境材料的适宜性

如果一个活动室里材料十分单调或者数量有限，那么儿童之间就容易为争夺工具和资源而发生冲突。在环境的创设上，材料要尽可能丰富，满足不同儿童的不同需要。同时，同种材料的数量要充足，避免儿童因材料不足而出现争夺行为。

2. 物质环境设计上的教育暗示性

例如，教师在美工区放一个废纸篓，就可以起到暗示儿童不乱扔垃圾的作用；某个

活动区的门口贴出几个鞋印或其他表示人数的标志，就可以起到限制活动区人数的作用；放音乐或弹钢琴可以表示活动的转换。

（二）教育的正向引导性

正向引导是一切教育最基本的原则，其核心是在尊重的前提下对儿童提出要求，在肯定的前提下对儿童的行为做出补充和纠正，在维护儿童的自主性和完整性的前提下渗透课程的要求。

儿童正处于个性以及自我意识形成的最初时期，他们的知识经验少，辨别是非的能力差，常常通过观察来学习，对各种影响容易接受或模仿，更多地依赖于外部评价来评价自我，因此，更需要教师从正面加以引导。具体来看，教师可以从以下几个方面来对儿童进行正向引导。

1. 以正向的方式对儿童提出明确和必要的要求

所谓正向的方式，是指教师直接告诉儿童具体做什么和如何去做，而不是告诉他不要去做什么。

明确和必要的要求是指教师所制订和执行的规则，在内容和方式上应当考虑到儿童的实际需要和实际的理解，并且从儿童的角度来批判性地考察现有的班级生活规则，以便修改甚至重新建立某些规则。

2. 以鼓励、表扬为主

教师对儿童的优点与进步要及时给予肯定和表扬，帮助他们明辨是非、增强自信。美国心理学家霍华德·加德纳提出的多元智能理论认为，每个个体的智能各具特点，都有其优势领域。因此，教师要尽可能挖掘每个儿童的独特性，多元化地评价每个儿童。同时，教师还要看到每个儿童的进步，多采用纵向评价，使儿童一直朝着积极的方向努力。但要注意的是，鼓励和表扬不能太频繁。过于频繁的鼓励和表扬会降低激励的能量。

当然，以鼓励、表扬为主，并不意味着不能批评。批评在纠正儿童的行为方面发挥着重要作用。但是，批评要以尊重和肯定为前提，要让儿童意识到，教师的批评不是否定，而是还有一些方面需要纠正。另外要注意的是，批评要分场合，对不同气质类型的儿童要采用不同的批评方式。

3. 树立榜样

班杜拉的社会学习理论指出，儿童是通过观察学习的，因此，榜样示范对儿童来说非常有效。

研究表明，不同的榜样对儿童学习带来的影响是不一样的，榜样是多方面的，包括同伴榜样、成人榜样、象征性榜样等。

（1）同伴榜样。受榜样的相似性效应的影响，越是与儿童主客观条件相似或相近的对象，对儿童的吸引作用越大，越能成为儿童模仿的对象。从这一特性出发，同伴与儿童最为接近，儿童最容易模仿他们良好的社会行为。教师在教育过程中树立同伴榜样能引发儿童的即时模仿，效果显著。

（2）成人榜样。班杜拉的研究表明，榜样的地位或身份会影响儿童的模仿行为。儿童常常认同权威人物，因此，地位高、受人尊敬的成人也易于成为儿童模仿的对象。父母和教师在儿童心目中居于权威地位，他们的言行举止对儿童的影响是潜移默化的，日积月累，其力量不可低估。因此，成人首先要在行为方面为儿童树立好的榜样。

（3）象征性榜样。根据班杜拉的替代强化理论，儿童可以通过观察别人行为的后果来进行模仿学习。文学作品或各种媒体中呈现的故事人物，虽然不如前两类榜样直观，但儿童的想象力丰富，能理解故事中人物的心理与行为后果。这种想象性观察，使得象征性榜样有时会对儿童产生巨大的影响，这种影响尤其表现在儿童对善与恶的内在理解与模仿上。所以，教师要善于选择与运用恰当的象征性榜样进行教育。

（三）教育的情感支持性

教育的情感支持性是指教育的氛围是宽容和接纳的，教师与儿童间是一种双向接纳关系。它意味着在一般情况下，教师与儿童之间的互动应该具备某种程度的协商、灵活变通的特点；意味着教师要善待儿童的错误，要从儿童学习和发展积累经验的角度来看；意味着教师要排除绝对性和单一的价值观、人生观和世界观，对许多问题持多方面的、相对的理解。实现教育的情感支持性需要注意以下几点：

1. 投入积极的情感，营造良好的情感氛围

关爱每一个儿童是教师担负的社会责任，也是儿童健康成长的重要条件。爱是最好的教育。教师的关爱能使儿童得到情感上的满足，产生积极的情绪体验，产生自信心与自豪感。教师的关爱反过来也能赢得儿童的爱，教师的教育要求就能自然地被儿童接受。这种双向接纳关系为儿童营造了良好的情感氛围，有助于儿童社会性的发展。

值得注意的是，教师对儿童投入的情感也不是无限制、无要求的。教师要注意把握好分寸，理智地对待儿童，不能溺爱或偏爱，否则效果会适得其反。

2. 激发儿童正向的社会情感

儿童的社会学习具有强烈的情感驱动性，强烈的情感共鸣以及共情能促使儿童主动产生亲社会行为，并理解这样做的原因和意义。因此，教师要促进儿童社会性的发展，就要重点激发儿童正向的社会情感，以此来带动儿童社会认知和社会行为的发展，“以情促知”“以情导行”。

比如，当别人遇到困难或不适时，教师首先要激发儿童的情感共鸣，引导他们体验他人的情绪，从而使其产生安慰、帮助他人的行为。如果在没有任何情感激发的情况下直接让儿童去帮助别人，则会显得生硬，儿童不明白为什么要这样做，因此正向行为也不容易巩固。

3. 营造积极的语言环境

积极的语言环境对参与其中的儿童和教师都是有益的，儿童能感到温暖、受尊重、被接受，觉得教师是愉快和鼓励的源泉，教师在未来的工作中也会更加自信。因此，积极的语言环境能促进儿童自我意识和自尊的发展。在日常的语言沟通中，教师说话的方式不同，所创设的语言环境的意义也是不同的，在积极的语言环境中，教师对儿童的事情感兴趣可以说“这听起来很有趣，能跟我多说一点吗?”；如果教师继续自己的事情，忽视儿童的兴趣，说“我现在很忙，等一下”，这就是明显的消极语言环境。

二、生活实践性原则

在学前儿童社会性教育中，教师既要对儿童进行社会认识观念和社会规则的教育，使其提高社会认识，又要指导儿童的实践，把提高儿童的社会认识和培养儿童的良好社会行为结合起来，使儿童的社会性得到发展。

《纲要》强调："幼儿与成人、同伴之间的共同生活、交往、探索、游戏等，是其社会学习的重要途径。应为幼儿提供人际间相互交往和共同活动的机会和条件，并加以指导。"一个人只要处在一个社会群体中，他就必须适应、内化和遵守社会规则。而这些任务的实现，要求儿童必须在实际的生活中实践，这样才能把这些规则变为行动，由他律变为自律，尤其是在以后的相应的情景中自觉产生相应的社会行为。这是儿童社会教育的最终目标。因此，应该注意以下几点：

（一）帮助并教给儿童具体的行为方式

首先，教师要向儿童讲清道理，使其明确社会规则的要求与自己的行为紧密相关。同时，教师要让儿童明白规则是对每一个儿童的要求，它不仅仅约束其他儿童的行为，也同样约束儿童自己的行为，并且帮助儿童把社会行为规则与自己的行为建立起联系。只有这样，儿童才会逐渐知道什么是好的和坏的，什么是必须的，什么是被禁止的。

其次，儿童年纪小，社会行为经验缺乏，有时虽然有良好愿望想去做一些对他人或社会有益的实践活动，但没有掌握正确的行为方式，往往不能产生良好效果。所以，教师应该教给儿童具体的行为方式，即教儿童"如何做"，为他们以后在实际生活中的社会行为实践打下良好的基础。

（二）教育儿童自己的问题自己解决

儿童在行为实践中，会遇到各种各样的问题，教师切忌包办处理，应有意识地把这些问题留给儿童自己，让他们在实践活动中，在教师指导下自己解决问题。因此教师要在"共同的生活和活动中，以多种方式引导幼儿认识、体验并理解基本的社会行为规则，学习自律和尊重他人。"

（三）教师要以身作则

学前儿童最相信教师的话，也最善于模仿教师的行为，因此，要求儿童做到的，教师首先要做到。教师以身作则，一方面使儿童从教师的行为中具体形象地感受到教师所讲的社会规则是可信的、有益的，从而积极行动；另一方面使儿童学有榜样，保证社会教育的有效性。例如，朴家仪小朋友在幼儿园不小心被另一个小朋友用椅子碰伤了脸，大哭中另一个小朋友向其道歉，她虽然很疼，但是仍然说了声："没关系。"老师被这一幕感动了，尽管孩子很疼，但两个小朋友能友好地处理，老师和家长很是欣慰。

三、系统一致性原则

所谓一致性原则是指在学前儿童的社会教育过程中，教育者应有目的、有计划地对来自各方面的教育影响加以组织和调节，使其相互配合、协调一致，使儿童按国家培养目标健康发展。

在儿童的社会品质形成过程中，他们受来自社会、家庭教育环境、学前教育机构等多方面的影响。要想促进儿童社会性的良好发展，学前教育机构的教师、其他工作者，还有父母、亲友、同伴等多种影响者必须统一地发挥作用，形成教育合力，给儿童一致的影响，达到一致的目标。这一原则应注意以下几点：

（一）教师要保持教育态度的高度一致

1. 教师的态度前后要一致。如果教师的要求前后不能保持一致，此一时彼一时，会使儿童无所适从。同时，儿童的正确行为得不到强化，消极行为不能抑制，儿童可能会觉得教师的要求可以遵循，也可以不遵循，这样，他们就很难形成良好的社会性行为。

2. 教师的言行要一致。假若教师说的和做的不一致，会产生不良的教育效果。因此，教师在教育幼儿时要言传身教，言行一致，才能促进儿童良好的社会性品质形成。

（二）统一幼儿园、托幼机构内部多方面的教育力量

学前教育机构的领导、教师以及其他一切服务人员要组成一个坚强的集体，按照统一的目标开展社会教育活动，步调一致地确保社会性教育工作顺利进行。学前教育机构在制订整体发展规则，确定目标、工作重心时，应与各班教师对儿童的教育培养上下一致、积极配合，这将有利于儿童社会性的良好发展。

（三）统一社会各方面的教育影响

家庭、学前教育机构和社会在对儿童进行社会教育时，要步调一致，否则会造成儿童思想上的混乱和行为上的矛盾，致使儿童无所适从，不知所措，不能形成良好的品德行为和习惯。因此，家庭与学前教育机构的联系要制度化、经常化，要求家长、学前教育机构、社会通过配合起到统一、促进的作用，共同培养儿童优良的社会品格。

以上几条原则既是相对的，又是紧密联系的，相互渗透、影响。教育者必须从理论上掌握各项教育原则的精神实质，在教育实际工作中，灵活掌握、综合运用，提高社会性教育效果。例如，在玩耍的过程中，奇奇不小心碰了托托一下，接着托托就打了奇奇，两个孩子之间发生了“战争”。老师问原因的时候，托托说：“妈妈说了，别人打我，我就要打他。”老师拉着托托的手耐心地对其进行了教育。由此可见，家庭教育一定要紧密配合学前教育，否则仅凭借老师的力量是不够的。

第三节　学前儿童社会教育的方法

学前儿童社会教育的方法是指教师和儿童在社会互动中为完成教育目标所采用的具体方式和手段。正确方法的选用是保证教育目标达成的重要手段。

根据不同的标准教育方法有不同的分类。在此，我们根据美国教育家戴尔提出的“经验金字塔”理论，来对学前儿童社会教育的方法进行分类。

20 世纪 40 年代美国教育家戴尔把人类的学习经验分为三种类型，即直接（做的）经验、替代（观察的）经验、抽象经验。人类的学习应从具体经验入手，逐步向抽象经验过渡。

戴尔指出，如果学习仅仅停留在具体的直接经验的层次上，就不利于观察能力和思维能力的培养。“经验金字塔”理论强调：第一，“塔”的底层经验是最直接、最具体的，学习者易于理解、好记忆。“塔”的顶层经验是最抽象的，通过顶层经验，学习者易获得概念或原理，便于应用。第二，教学过程应从具体经验入手，逐步过渡到抽象经验，这对于学习者来说是很有效的学习方法。第三，教育不能止于直接经验，不能过于具体化，应当上升到理论，通过发展学习者的思维在他们头脑中形成概念，这与人们强调的创新思维是一致的。第四，位于“塔”的中间部分的是替代经验，它使学习者能冲破时空的限制，弥补直接经验的不足，且易于培养学习者的观察能力和形象思维能力。

在学前儿童社会教育方法的选择中，教师也需要遵循从具体到抽象的原则，为儿童提供不同层次的学习内容与经验，让儿童得到完整发展。根据“经验金字塔”理论，我们把学前儿童社会教育方法分为以下三类。

一、以实践体验为主的方法

这一类方法主要通过让儿童参与实践来进行教学设计，技能与情感学习常用此类方法。它主要包括实践法、行为练习法、移情训练法、角色扮演法。

（一）实践法

实践法是指教师创造一定条件，组织儿童亲自参与某项活动，感知、体验或学习某种社会实践技能的方法。实践法有助于儿童学习社会实践技能，更好地适应社会，能满足儿童参与成人活动的愿望，形成儿童对劳动的正确认识。

实践法的运用需要注意以下问题：

（1）实践内容和要求要适合儿童的发展水平和接受能力。难度过高的内容既会让儿童产生挫败感，又容易产生诸多纪律问题。

（2）实践法重在让儿童参与活动，因此，教师要重视实践过程中儿童参与的态度与积极性，至于结果如何不要强求。

（3）实践过程中教师要教给儿童做事的方法，同时也要注重培养他们的创造性，避免儿童只会简单模仿。

（4）教师要鼓励儿童勇于克服困难，以培养他们的坚持力与意志力。

（二）行为练习法

行为练习法是指组织儿童按照正确的社会行为要求反复进行练习，促使儿童掌握和巩固某种社会行为技能的方法。

行为主义心理学认为儿童的良好行为是在不断地试误与练习过程中建立起来的，所以，对良好行为进行经常性的强化练习，是行为习得的根本途径。

行为练习法有以下三种：一是在实践活动中练习。如在角色游戏中练习礼貌用语，在擦桌子的过程中练习擦桌子的技能。二是在自然的交往环境中练习。如在和同伴交往的过程中练习分享、请求、协商等交往技能。三是在特意创设的情境中练习。

行为练习法的运用需要注意以下问题：

（1）行为练习要在教师有目的、有计划的指导下进行，即教师首先要示范正确的行

为，以供儿童学习与模仿。

(2) 行为练习的方式要多样化，以引起儿童练习的兴趣和愿望，避免简单、枯燥。行为练习并不是一个机械模仿的过程，在自然情景中加以引导是最好的方式。

(3) 由于儿童的社会学习具有反复性的特点，行为练习要反复进行，持之以恒，以使儿童的行为得以巩固。持之以恒的要点就是要尽量形成规律的活动节奏与规范的活动形式。

(三) 移情训练法

移情训练是通过故事、情境表演等形式使儿童理解和分享别人的情绪体验，以使儿童在日后生活中对他人类似的情绪体验产生主动的、习惯的理解和分享。移情是在特定情况下一个人对另一个人情感体验的理解和分享，换言之，就是设身处地地为他人着想，站在他人的情感角度考虑问题。因此生活中应加强儿童的移情训练。

运用移情训练法时应注意以下几点：

1. 提供的情境必须是幼儿熟悉的社会生活或者是幼儿看得懂的情境，这样幼儿才可能理解并产生共鸣，否则，幼儿可能出现误解。

2. 移情训练的基点应是唤起儿童已有的类似体验，使儿童已有的体验与当前情境状态相关联，从而理解与分享。因此，教育者应重视儿童情感体验的特点，充分利用儿童的已有经验，以唤起儿童对情境的理解与情感的共鸣。

3. 移情训练本身不是教育的目的，而是为了儿童以后在社会生活中对他人移情或具有自然而然的对他人的理解与共鸣。因此，应关注儿童的移情表现，使他们不仅仅停留在同情与共鸣上，而是具有良好的行为习惯。

4. 教育者应与儿童一起真正地投入情感中，不能成为旁观者。教育者的情绪对儿童往往具有很强的感染力，教育者加入情境中，会极大地感染儿童，反之儿童会产生疑惑和矛盾，不利于移情的发生。

(四) 角色扮演法

角色扮演是一种使人暂时置身于他人的社会位置，并按这一位置所要求的方式和态度行事，以增进人们对他人的角色及自身原有角色的理解，从而更有效地履行自己角色义务的心理技术。角色扮演法可以使儿童亲身体验他人的角色，从而更好地理解他人的处境，体验他人在各种不同的情境下的内心情感，训练提高儿童的角色承担能力与亲社会行为能力。

角色扮演法具体包括以下几种类型：

1. 情境分析扮演

情境分析扮演是指教师先举出假设的各种典型的事例，让儿童分析在该种情况下怎样做才是合理的，并根据儿童的提议，让大家轮流扮演不同的角色，进行表演。

2. 剧本扮演

剧本扮演是指让儿童通过扮演儿歌、故事的不同角色，体验不同的情感，以产生积极的情感体验，掌握正确的、积极的行为方式。

3. 角色互换表演

角色互换表演是指让儿童在一个表演中尝试扮演两个角色，体验两种不同的情绪。如：先演快乐角色，再演悲伤角色；先演成人，再演孩子；先演正面角色，再演反面角色。

运用角色互换表演法要注意：

（1）创设儿童熟悉、喜欢的角色活动情境，以使儿童具有相应的经验储备和情境理解力。

（2）尊重儿童选择角色、变化角色和创造角色的愿望，教育者只可指导活动，而不应经常分配角色、导演角色。

（3）以正面角色为主，避免经常几个儿童扮演反面角色。

（4）教育者不能只做旁观者，要参与儿童活动。

二、以观察模仿为主的方法

这一类方法主要通过让儿童实际参与活动来影响他们的社会行为，一般来说社会环境、社会规则、人际交往等方面内容的教育多采用这类方法。

（一）参观法

参观法是指教师有目的、有计划、有组织地带领儿童观察某一综合性的社会设施或机构，促使他们加深对这些设施或机构的了解，丰富他们的知识经验，并使他们获得某些社会技能的方法。

参观与观察、游览不同。参观中有观察的成分，但参观的对象一般范围比较大，所感知的内容更丰富、更多样，一般指一个社会设施或机构，如商店、邮局、学校等。参观不同于游览，游览多以休闲为目的，多为无意注意，而参观则是有目的、有计划的。参观可以丰富儿童的感性经验，帮助儿童理解事物之间的联系，学习社会规则、良好的社会行为。

参观法的运用需要注意以下问题：

（1）参观场所要安全、卫生，无危险因素，以保证儿童的健康和安全。一般来说参观地不宜离幼儿园过远。

（2）参观前教师要制订详细而周密的计划，包括联系参观单位，取得他们的支持与合作，精心设计参观路线及提问等。

（3）参观单位的介绍要简练易懂，适合儿童的理解水平。

（4）参观过程要注意安全，教师通过提问有步骤地引导儿童进行观察。

（5）参观结束回到幼儿园后，教师要对参观进行总结，以提升儿童的经验。同时教师可以引导儿童将活动延伸到区域游戏中。

（二）陶冶法

陶冶法是指利用环境条件、生活气氛以及教师自身的言行举止等，潜移默化地影响儿童的社会态度和社会行为的方法。

儿童社会学习的一大特点是随机性和无意性，陶冶法可以在潜移默化中“陶情”“冶

性”，是儿童容易接受的教育方式。因此，通过环境陶冶和熏染的效果比言语的传递要好得多。陶冶法在形成儿童良好的社会情感和态度、社会行为方面具有重要的作用。

“近朱者赤，近墨者黑”道出了环境对人的影响作用。儿童的情感发展很不成熟，需要依赖一定的教育环境和教师的正确引导。儿童好模仿，易受环境影响。如果幼儿园的小朋友大都是团结友爱、和睦相处、爱清洁、守纪律的，那么个别儿童的不和谐也会慢慢与周围环境协调起来。

陶冶法的运用需要注意以下问题：

（1）陶冶法利用的是整个环境条件、生活氛围，因此幼儿园应协同每个成员，步调一致地为儿童创设良好的环境，营造温馨和谐、互相关爱、积极向上的生活氛围，形成良好的幼儿园文化。

（2）教师在创设良好环境时应当有明确的目的，制订计划，使整个幼儿园环境氛围具有整体性。

（3）陶冶法的最大特点是潜移默化，因此，教师要尽可能让环境说话，让行动说话，避免过多的言语说教。

三、以言语互动为主的方法

这一类方法主要通过教师与儿童的言语互动来影响儿童的社会认知，一般来说社会环境、社会文化内容的教育采用此类方法较多。这类方法需要充分结合前两类方法，才能给儿童的社会学习带来深刻的影响。

（一）谈话法

谈话法是指教师有目的、有计划地引导儿童围绕一个生活中的主题，回忆已有生活经验，进行交流的方法。

谈话有助于整理、归纳儿童已有的生活经验、知识经验，能丰富儿童的知识，引发思考，使他们产生相应的情感态度，并发展语言。

谈话法的运用需要注意以下问题：

（1）谈话的主题要来源于儿童的生活，符合他们的生活经验，是他们感兴趣的。这样才能使他们有话想说、有话可说。因此，教师在确定谈话主题前必须先了解儿童的兴趣和经验范围。

（2）谈话是双向交流活动，因此，教师要避免单方面讲述。

（3）谈话结束时应有总结，但总结的方式要避免单一化，教师可以自己总结，也可以让儿童总结。

（二）讲述法

讲述法是指教师通过描述事物的特征，帮助儿童了解某一知识、道理、规则，解答“是什么”“为什么”“怎么样”，解释事物间的联系、关系的方法。当儿童学习某些不便直接感知或无法直接感知的内容时，教师常常采用讲述法。

讲述法有助于开阔儿童的眼界、丰富知识，提高语言理解力。

讲述法的运用需要注意以下问题：

（1）为了使讲述达到更好的效果，教师在讲述时语言要生动、形象，讲述过程中尽可能辅以形象化手段（如实物、图片、幻灯、录像等），以帮助儿童理解所学内容。

（2）为调动儿童学习的兴趣，讲述者可以采用多样化手段，可请儿童来讲，可请家长来讲，也可请某一领域的专家来讲。需要注意的是，如果请专家来讲，教师要事先和专家一起备课，使讲述内容适合儿童的理解水平，符合教育目的。

（三）讨论法

讨论法是指教师指导儿童就某些社会性问题、现象、事物相互启发、交流意见的方法。与谈话法和讲述法相比，讨论法给了儿童更大的空间和自主性。一方面，他们可以对问题自由发表自己的感受和意见，情感能自然地流露；另一方面，由于不同的人会站在不同的角度思考问题，因此，讨论往往能引发儿童的认知冲突，深化他们的认识。

讨论法的运用需要注意以下问题：

（1）讨论的主题应当是儿童熟悉的、可以理解的。

（2）教师要创设平等、宽松的讨论氛围，使儿童畅所欲言，不要轻易否定或怀疑他们的意见。

（3）展开讨论的基础是儿童有比较多的生活经验、有较强的思考能力和语言表达能力，因此，讨论法一般在大班使用。

（四）行为评价法

行为评价法是指教师对儿童的社会行为表现给予肯定或否定的评价，以增强、巩固其好的行为，削弱、消除其不好的行为的方法。恰当的行为评价能引导儿童社会行为的健康发展。

行为评价法分为积极行为评价和消极行为评价两种。积极行为评价主要有表扬、微笑、点头、竖起大拇指、轻轻拍肩、轻轻摸一下头、奖励（小红花、小彩旗，获得某种优先权）等方法。消极行为评价主要有批评、皱眉、摇头、凝视眼睛等。

行为评价法的运用需要注意以下问题：

（1）根据正向引导原则，行为评价法应以表扬为主，对儿童的社会行为进行正向引导。教师使用批评时要以尊重和肯定为前提，避免挫伤儿童的自尊心和自信心。

（2）行为评价要及时、一致。一方面，行为反馈要及时，如果时间过长，评价所起的作用就会减少或消失；另一方面，行为的评价与反馈要一致，不能此时一种态度，彼时又另一种态度，这不利于儿童行为习惯的养成。

（3）评价要具体，避免空泛，以帮助儿童学会自我评价和自我赏识。如说“今天你帮老师发了碗盘，老师真为你高兴!”要比“你真棒!”好得多。前一种表述教师告诉了儿童倡导的行为是什么，为儿童的学习提供了语言的指导。

（4）强化手段不能运用得过于频繁。过于频繁的外部评价可能会剥夺儿童练习做出决定或对行为选择做出自我评价的机会，影响儿童做决定的经验和信心，不利于儿童内部自律的形成。科尔伯格通过研究指出，成人减少使用权力将有助于儿童的道德内化。

（5）评价方式要多样化，要根据不同的场合、不同个性的儿童选用不同的评价方法。

（6）引导儿童进行自我评价和相互评价。教师要鼓励儿童积极参与自评和互评，并注意根据儿童的年龄特点采取简单、形式有趣的评价方式，激起儿童参与评价的兴趣。

学前儿童社会教育的方法多种多样，在具体的教育实践中教师需要根据具体的目标、内容与对象来选择恰当的方法。每一种方法都有其适用的范围，每一种方法的好坏也要看是否能被恰当地运用于恰当的活动之中，这也是我们常说的“教学有法，但教无定法”。方法运用的智慧需要建立在教师对儿童、教育原理的深刻把握之上。

本章小结

本章主要讨论了学前儿童社会学习的相关理论与特点及学前儿童社会教育的原则与方法。学前儿童社会学习的相关理论与特点是确定教育原则与方法的重要前提与基础，本章主要介绍了社会互动理论、观察学习理论、情境学习理论。学前儿童社会学习的基本特点主要有：学习动机的社会适应性与情感驱动性、学习方式的实践体验性与随机模仿性、学习过程与结果的长期反复性。学前儿童社会教育的原则是指导学前儿童社会教育应当遵循的基本原理与规则，主要包括：环境支持原则、生活实践性原则、系统一致性原则。

学前儿童社会教育的方法分为以实践体验为主、以观察模仿为主、以言语互动为主三类方法。这三类方法又分为若干具体的实践方法。教师在教育活动设计与实施过程中需要根据教育目标、内容与儿童的特点进行具体的选择运用。

思考与实践

（一）问题思考

1. 学前儿童常用的教育方法有哪些？请说明角色扮演法的作用。

2. 设计教育问题的情境，如何在教师指导下进行教育设想？

3. 提出一个背离社会原则的教育现象进行分析。

4. 一个幼儿园给每个幼儿 10 块钱，让他们去超市购物，你认为这项活动好不好？为什么？如果由你来组织，你认为应该注意些什么？

（二）实践练习

请结合本章所学知识，联系幼儿园的实际，分析幼儿园如何为儿童的社会学习创设适宜的环境。

延伸阅读

1. 施良方. 学习论［M］. 北京：人民教育出版社，2001.

主要内容：该书系统地介绍了西方较有影响的各学习理论流派，并根据我国国情对各学习理论流派进行了评论。第十三章、十四章、十五章，分别对社会学习理论、人本主义学习理论及习性学习理论进行了介绍，这三个学习理论流派与社会教育关系密切，为社会教育原则与方法的学习提供了参考。

2. 温迪·L. 奥斯特罗夫. 理解 0—12 岁儿童的学习：应用儿童发展科学的教学策略

[M]. 赵琴，译. 北京：中国轻工业出版社，2018.

主要内容： 该书以直观的方式呈现发展科学领域有关儿童学习的研究，按照学习过程，从激发动机、集中注意力、记忆信息、认知与行动四个方面入手，详细论述了影响儿童学习的17个因素，并通过具体教学示例给出了50余种教学策略。这些方法同样能为幼儿园教师引导儿童的社会学习提供策略支持。

第五章　一日生活中的学前儿童社会教育

> 在每个孩子心中最隐秘的一角，都有一根独特的琴弦。拨动它就会发出特有的音响，要使孩子的心同我讲的话发生共鸣，我自身就需要同孩子的心弦对准音调。
>
> ——苏霍姆林斯基

学习目标

1. 理解一日生活各环节中的社会教育因素。
2. 掌握一日生活中社会教育渗透的方式和策略。
3. 能够结合偶发事件分析其蕴含的社会教育因素和教育方法。

内容导航

- 一日生活中的学前儿童社会教育
  - 一日生活各环节中的社会教育
    - 一日生活与儿童社会学习
    - 一日生活各环节蕴含的社会教育因素
    - 一日生活中的社会教育策略
  - 一日生活中的常规教育
    - 常规与儿童社会性发展的关系
    - 制订合理常规的原则
    - 常规教育的策略
  - 偶发事件中的社会教育
    - 偶发事件中社会教育的特点
    - 偶发事件的原因分析
    - 处理偶发事件的教育策略

案例导入

在一次区角活动中，鹏鹏看到鑫鑫在搭积木，就坐在鑫鑫旁边，结果不小心把鑫鑫的积木推翻了，于是鑫鑫打了鹏鹏一下，鹏鹏回打了鑫鑫一下。这下鑫鑫生气了，就用积木戳了鹏鹏的脑袋，鹏鹏立刻“哇哇”大哭起来。这时候老师过来了，她抱住鹏鹏，摸着他的头，说：“你现在一定觉得很痛，对吗?”老师转头对鑫鑫说：“你来帮鹏鹏揉一揉。”鑫鑫这时候开始意识到自己做错了，揉的时候不停地问：“还痛吗?”鹏鹏慢慢地安静下来。于是，两个小伙伴开始一起搭积木。

类似的事件在幼儿园里经常发生，这位教师的教育方法体现了社会教育怎样的特点？教师如何抓住一日生活中的教育契机对儿童进行社会教育？在事件处理的过程中，

教师应考虑到哪些具有教育意义的因素？运用哪些社会教育方法？本章将从幼儿园一日生活中的社会教育角度对这些问题进行探讨。

第一节　一日生活各环节中的社会教育

一日生活各环节蕴含着丰富的社会教育因素，教师要善于分析、把握，建立社会教育的敏感意识，灵活地引导儿童进行社会学习。

一、一日生活与儿童社会学习

幼儿园的社会教育除了在专门的集体教学活动中进行外，在一日生活各个环节中渗透社会教育的各种要求也是重要的教育途径。与专门的集体教学活动相比，一日生活与儿童的社会性发展有着更密切的联系。

（一）形成儿童的秩序感

幼儿园的一日生活往往有着固定的环节，这些固定的环节本身对儿童构建秩序感很有帮助，如果儿童清楚一日活动的固有环节，而且每天都不断地重复着这些环节，他们就会产生秩序感和安全感，因为周围的环境具有预期性。根据蒙台梭利的观点，儿童秩序感形成的关键期是2—5岁，所以，给儿童提供一个可预期的、重复的生活环境对其社会性发展有着重要的价值。

（二）培养儿童的良好行为习惯

良好行为习惯的养成是社会教育的重要目标之一，而儿童的社会性发展过程本身具有长期性和反复性，尤其是行为习惯的养成更是如此。美国心理学家埃里克森认为，社会性的发展是一个长期的、反复的，不断将外部规范内化的过程。这就要求教师持之以恒地对儿童提出适宜要求并且提供相应的练习机会，而一日生活各环节的稳定性与重复性，为培养儿童良好的行为习惯提供了条件。

（三）随机渗透，符合社会学习的特点

儿童的社会学习本身具有无意性和随机性。儿童生活的很多方面都可以成为学习的内容。这就要求教师有一定的教育敏感性，清楚地知道每个固定的一日生活环节适合渗透哪些方面的社会教育内容，用什么方式开展是最适宜和有效的。

二、一日生活各环节蕴含的社会教育因素

幼儿园的一日生活环节如果按照先后顺序，一般由以下环节构成：晨间接待、早锻炼、教学活动、吃点心、游戏活动、餐前活动、午餐、散步（或者其他一些活动）、午睡、起床整理、吃点心、游戏活动或区域活动、离园等。在这些环节中不同程度地存在着社会教育的契机，教师可以将一些教育要求有意识地渗透进每一个环节中，长期下来对培养儿童良好的行为习惯非常有帮助。

（一）一般环节蕴含的社会教育因素

在一日生活的各个环节中都不同程度地蕴含着社会教育的因素，教师应该具备一定的教育敏感性，善于结合不同环节的特点随机地渗透社会教育。下面就结合幼儿园一日生活中一些主要的固定环节，对其中所蕴含的社会教育因素进行简要梳理。

1. 晨间入园接待

晨间入园接待是幼儿园一日生活的开始，该环节对儿童来说既是幼儿园生活的开始，又是与父母分离一天的开始，因此，在该环节教师可主要关注儿童的礼貌教育，借此让儿童学习一些基本的礼貌用语。礼貌用语的常规教育及训练，可以培养儿童懂礼貌、讲文明、守纪律等良好品德及活泼开朗的性格，同时可以锻炼儿童的口头语言表达能力。在这个环节中，儿童一般需要完成“进门五件事”，即问好、物品归置、晨间签到、盥洗与喝水、观察记录。问好使儿童能够与教师、同伴逐渐建立起良好的亲密关系。物品归置则要求儿童学习管理自己的物品，知道书包、外套、水壶等物品的摆放位置与要求。趣味的晨间签到可以助推儿童与同伴之间的交往。盥洗与喝水可以培养儿童轮流、等待、相互帮助等技能。观察记录（主要在动、植物区进行）可以增强儿童相互间的交流，也可以帮助儿童积累相关的同伴合作技巧。

2. 晨间自主锻炼

在每天一个小时的晨间自主锻炼中，儿童的社会学习同样包含了三个方面：首先是对晨间自主锻炼的目标和规则的了解，知道自己需要做什么，可以怎么做。其次，在与同伴、教师的合作中完成运动情境的创设和规则的制订，这个过程需要与同伴协商合作。最后的集合环节则需要处理好与集体的关系，能够知道并内化什么时候必须集合排队。

3. 集体教学活动

集体教学活动是以教师为主导的活动，学习内容也是确定和明确的，因此，从社会教育的角度来看，教师需要更多地关注儿童良好的学习习惯和集体学习规则的渗透。这些要求本身可能不构成具体的活动目标，却应该在每一个教学活动中进行渗透，如让儿童认真倾听他人讲话。此外，集体教学活动经常会用到讨论法，教师可以让儿童勇敢、清晰地表达自己的想法，培养其自信心。

4. 自主区域活动

自主区域活动相较于以往的区域活动而言，更加突出儿童的自主性，这体现在材料的投放、区域的设置及教师的指导方面。但自主并不意味着没有活动规则和要求，所以儿童首先还是需要了解并内化自主区域活动的基本规则和要求。自主区域活动也是儿童发生冲突最为集中的环节，因此教师要帮助儿童学习轮流、等待、分享、合作、协商等社会交往的技巧，促进儿童同伴关系健康发展。

5. 进餐、午睡

进餐和午睡是幼儿园的常规环节，其中蕴含着社会教育的内容。比如进餐前的洗手环节可以培养儿童良好的卫生习惯；进餐准备过程中儿童帮助教师做一些辅助性的工作，可以培养爱劳动的习惯。午睡环节是培养儿童生活自理能力的好机会，自己穿脱衣服、

整理被褥等都是对儿童能力的锻炼。

6. 离园

离园也是一个不可忽视的教育环节。在离园前，教师应认真总结儿童一天的学习、游戏情况，表扬表现好的儿童；还可以提出任务，让儿童回到家中，把自己在幼儿园学到的知识讲给爸爸、妈妈听。如果说入园、晨间活动是儿童在园一天活动的开始，那么离园教育则是儿童在幼儿园一天活动的总结。

（二）过渡时间蕴含的社会教育

过渡时间即儿童从一个活动或地方转换到另一个活动或地方所用的时间。在幼儿园里儿童要面临一系列的转换：午餐、午休、午休后起床、再次到户外以及等待家长来接。儿童在这些活动或地方之间的转换，需要教师的支持。在过渡时间中容易出现以下问题：

1. 一日生活环节中的消极等待现象

在过渡环节存在隐性浪费的时间有晨间来园、午睡后、组织集体活动前后、儿童离园前等。造成隐性浪费时间的原因主要有以下几种：

（1）活动准备不足

◆【案例 5－1】◆

小班体育游戏“小马过河”开始了，教师在活动前讲了游戏规则、玩法，然后带领小朋友们开始游戏。小朋友们小心翼翼地过河（走在绳子做的“桥”上），由于前面的小朋友走得比较不稳，总是从桥上掉下来，后面排队等待的小朋友着急得直跺脚。

在活动开始之前，如果教师准备不充分，如活动材料准备不足或者活动场所不能满足活动要求，就容易导致儿童的等待现象，儿童无事可做就容易违反纪律。

（2）儿童能力不同

◆【案例 5－2】◆

美术活动开始了，老师教小朋友折纸，一些能力强、动作快的小朋友很快就完成了作品。一些动作慢的小朋友还停留在第一步。老师只顾着帮助画得慢的小朋友，完成作品的小朋友则无所事事地开始交谈起来。

在活动中，由于儿童能力的差异，他们完成任务的速度是不同的，因此，容易造成一部分儿童在完成教师布置的任务后无事可做的情况。对这部分儿童而言，剩余的时间就会用其他方式度过，也会在一定程度上影响正常的活动秩序。

（3）突发事件的处理

◆【案例 5－3】◆

科学活动开始了，老师在讲解实验步骤和注意事项时，有个小男孩不但没有认真听，还不停地用手弄实验器皿中的材料。由于动作太大，他把准备操作的材料全部打翻洒在了桌子上，老师只能停下操作去处理桌子上的“残局”。其他小朋友这时开始七嘴八舌地议论起来。

在幼儿园中，大部分的活动都是以集体方式展开的，如果儿童发生了一些意外的情况，教师去处理突发的事件，就有可能影响整体的教育活动进程。

2. 过渡时间需要注意的事项

很多纪律问题都发生在过渡时间，教师可以通过以下策略减少儿童的纪律问题。

（1）不要过度催促儿童

由于能力差异，不同儿童完成任务的速度是不一样的，因此，在过渡时间里教师不要过度催促儿童，过度催促一方面容易让儿童产生紧张感，另一方面也有可能让儿童产生逆反心理，更不利于教育活动的开展。尊重个体差异是顺利转换的一个重要原则，教师可以通过更有弹性的要求和计划来实现。

（2）用游戏的方式使儿童分批转换

在过渡时间里，儿童一起行动容易导致拥挤、推搡，教师可以通过多种方式使儿童分批转换，比如用游戏的方式（见案例 5 - 4）。

◆【案例 5 - 4】◆

集体教学结束后，小朋友们最喜欢一窝蜂地去抢拿点心。为了避免这样的情况，教师通过游戏的方式让儿童听口令拿点心。教师通过念学号或者名字，一次让 3—5 名儿童拿取。儿童通过练习可以判断自己的名字和朋友的名字。

（3）让儿童在等待的时间里有事可做

在幼儿园常规转换的时间里，总是有些儿童快一些，有些儿童慢一些，有些儿童已经做好进入下一个环节的准备，另外一些儿童还处在转换之中。因此，教师需要让这些处于等待状态的儿童有事可做，否则就很容易产生行为上的问题（见案例 5 - 5）。

◆【案例 5 - 5】◆

午休时间结束了，子豪小朋友动作很快穿上了衣服，然后很无聊地坐在床位上等待其他小朋友。老师看到子豪于是就问："你想不想帮帮其他小朋友呢？"子豪没有理会老师。老师说："我知道你是动手能力很强的孩子，你的拉锁和纽扣都弄得很好。他们都想向你学习，你愿不愿意教教他们？"子豪很爽快地答应了老师。

午休起床后，教师逐一检查、整理 30 个儿童的衣着，前后需要 15 分钟左右，尤其在冬季，更加费时间。教师可以让动作快的儿童去帮助那些动作慢的儿童，同伴间相互帮助；也可以让他们去图书区看会儿书，或帮助保育员分下午点心的碗、勺子、毛巾等。总之，教师应布置一些力所能及的任务给儿童，让他们在等待时间有事可做。

三、一日生活中的社会教育策略

在一日生活环节中进行社会教育的渗透，可以采用一些行之有效的策略，这些策略看似简单，其中却蕴含着特定的教育期待和教育目的，对促进儿童的社会性发展具有不同的作用。下面简单介绍几种常用的教育策略。

（一）服务提名策略

服务提名是在一日生活的服务环节中，如分发材料、分发餐具，由教师或儿童提名服务者的一种方法。在幼儿园中，一般通过教师指派值日生的方式来进行。这里讨论的服务提名，与日常的值日安排有所不同，它不只是由教师安排值日生，也可由儿童提名服务者，具体方法如下：

教师首先让儿童坐下来，准备好需要服务的项目（如分配点心）；接着，宣布提名是公开的。教师让儿童提名表现不错（这里的表现与教师近来强调的行为养成重点是相关的）的小朋友为服务者，并讲述提名的理由。教师提醒被提名的儿童接下来的一天需做出某种良好行为。接下来，给被提名的儿童分配任务。

小班儿童由于语言表达与观察能力有限，在服务提名时，可能出现没有儿童提名的情况，这时，可以由教师提名，按要求陈述提名的理由，以让儿童观察学习提名方法。随着儿童能力的提升，他们慢慢就会自己提名了。

开始实践这一策略时会比较费时，但儿童一旦理解了提名的规则与要点，提名就会成为一种很好的社会学习方式。

1. 提名的原则

（1）提名者一定要说明被提名者的良好行为是什么

提名的目的是鼓励儿童去观察他人良好的行为表现，并通过陈述表达自己的意见，这是儿童练习语言表达的一个重要机会。

（2）给予边缘儿童更多的机会

对于班级里不太受欢迎的儿童，只要有一次表现得非常好，就可以获得提名。这样做的目的是鼓励儿童继续坚持良好的品行。

2. 服务提名的功能

服务提名看似简单，却蕴含着深层次的教育目的。首先，这种方式可以诱导儿童去观察他人的良好行为表现，为儿童模仿学习好榜样的行为奠定基础。其次，服务提名也可以让儿童学习辨识他人的“好”，加强同伴间的联系和彼此欣赏。

（二）日常言语评价策略

日常言语评价从本质上说是一种实时评价，即教师在与儿童相处的过程中，对儿童的社会性言语和行为进行针对性的评价。

1. 日常言语评价的作用

社会性评价的主要目的在于表达价值观，传递规则。因此，有效的言语评价的作用主要有以下两个方面：一是有效地传递社会规则。在对儿童进行评价时，教师的言语能清晰地将相应的价值观和社会规则传递给儿童，尤其是让儿童明确什么是对的，什么是错的；什么是该做的，什么是不该做的。二是有效地影响儿童当时的言行。儿童在听到他人对自己的评价时，能够有意识地调整自己的言行，使其符合一般的社会规范。

2. 日常言语评价的内容

日常言语评价的内容主要包括以下几类：

（1）提出规则，明确限制

幼儿园里的社会规则首要关注的是安全性。对儿童的言行提出明确的限制，可以防止安全事故的发生，并培养儿童的独立性。年幼的儿童对可以和不可以的行为的边界认识不清，他们需要在现实生活中不断地尝试，在周围成人一次又一次的介入中，渐渐明白社会的规则，知道与人相处的规则。

（2）做出评判，给予价值引导

在与儿童进行交流，对他们的社会性发展进行评价时，教师通常需要做出明确的是非判断，告诉儿童特定的社会行为是对是错；同时给予儿童价值判断的引导，告诉他们人们接受、推崇的行为是什么样的，制止、批判的行为又是什么样的。

（3）鼓励或给出期望

在交流过程中，教师给予儿童尤其那些行为受到制止或否定的儿童鼓励与期望，能有效帮助他们在今后表现出亲社会的行为，减少甚至不再出现非期望的行为。

3. 日常言语评价的原则

（1）是非明确，语言简练

对儿童社会性言语和行为进行的评价必须是非明确，价值判断清晰。根据儿童的语言发展水平，教师进行是非判断评价最适合的句子应是要求明确的陈述句，如“看书的时候一次拿一本”“在滑梯顶上不能推小朋友”。

教师跟儿童交流社会规则时不宜使用反问句、设问句，否则不仅不能把规则明确地传递给儿童，反而可能给儿童造成混乱。如怎么可以这样做啊？（想表达“不可以这样做”，但儿童可能解读为“可以这样做”。）

（2）积极正向为主，少用负性、否定的评价

在对儿童的社会性行为进行评价时，负性的、否定的评价通常只告诉儿童什么不能做，而积极正向的评价不仅告诉儿童可以怎么做，而且向儿童传递了是非观、价值观。

积极的、正向的评价更容易被儿童接受，同时使他们在愉悦的心境中学习正确的言行。负性的、否定的评价容易引起儿童不愉快的情绪，他们会不自觉地出现反抗心理，这对儿童学习期望行为是不利的。

儿童做出符合教师期望的行为，教师给予积极的评价——表扬，一般能有效地促使儿童今后继续出现这样的行为。重要成人的关注是儿童做出符合期望行为的社会强化物。如何进行表扬，以下两点可以借鉴：

一是采用描述性表扬。教师对儿童正在进行的或已完成的事情的某些方面进行针对性的描述。如：“你刚才帮欣欣找到了她要看的书，做得真好！”描述性表扬不仅让儿童知道自己受到了表扬，更重要的是让儿童明确地知道自己做了什么得到了表扬，强调了儿童的努力。

二是引导儿童关注自己的内在感受。随着儿童自我意识的发展，教师在评价儿童的行为时，需要逐渐从他人标准的导向向自我标准的导向转变，即让儿童逐渐摆脱对他人评价的依赖，让他们认识到自己的行为所产生的结果是对自己的一种鼓励，如：“你们三个人一起分享这些积木，并且合作搭了这么漂亮的房子，感觉不错吧？”这有助于培养儿

童的自信、自尊和对学习的热爱。

此外，教师应给儿童留出反应的时间。从接收他人的语言，到通过自身内在的认知加工进行理解，最终用以调节自己的行为，这个复杂的过程对儿童而言通常需要一段时间。当教师告诉儿童什么不能做，应该怎么做之后，需要给儿童留点反应的时间，适时地等待，直到看到儿童做出一定的反应。等待是教师发展儿童独立性的有效途径。

第二节　一日生活中的常规教育

一日生活常规是指对儿童行为标准化、具体化的要求，常规教育可以理解为教师给一日活动的各个环节有序地制订一系列的行为规范，让儿童执行，从而形成良好的习惯。常规教育是幼儿园社会教育的重要内容之一，从家庭到幼儿园，儿童开始真正的群体生活，这种群体生活中的种种规则为儿童学习规则、适应未来的社会生活提供了良好的前提。但在开展常规教育的过程中，幼儿园的管理者和教师常常把重心放在对儿童常规的补充和完善方面，很少涉及常规本身和教育过程、方法的研究，从而使幼儿园常规教育无论是在思想认识层面，还是在教育方法层面，都存在一些不容忽视的问题，使常规教育陷入困境。

处在一定社会关系和社会组织中的个体必然受到该社会和组织中为绝大多数人所认可的规则的制约。因此，在个体社会化的过程中，尤其在初始阶段，逐步认识、理解和正确掌握这些规则，是非常必要的。因为规则使儿童知道什么能做，什么不能做，使世界变得更加可预测，使儿童能更成功地与同伴互动。

一、常规与儿童社会性发展的关系

（一）常规可以帮助儿童了解教师的期望

幼儿园的常规除去教育管理的功能，对儿童本身的社会性发展也有着重要的意义。稳定的常规能够帮助儿童了解教师的期望，进而也能帮助他们成为愿意合作的集体成员。

（二）常规可以给儿童提供安全感

常规是可预期的，儿童能知道事件的顺序以及他们应该扮演的角色，可以给儿童提供安全感。如一到幼儿园，儿童就可以开始自由地选择游戏；再如，知道应该将外套和物品放在哪里，可以在哪里找到活动需要的材料等。

二、制订合理常规的原则

在对儿童进行常规教育之前，教师首先需要考虑的是常规本身要具有合理性，这样，对儿童提出遵守的要求才符合教育规律，也才能在一定程度上避免常规成为一种反教育的力量。为制订合理的常规，教师必须考虑儿童过去的经验、现在的能力和必要的任务类型。具体常规的制订要遵循以下原则：

（一）常规应该是可以定义的

教师与儿童对常规的意义要有同样的理解。好的常规要详细说明教师所重视和认为满意的具体行为。当教师使用一些开放性的、有多种解释的语言时，儿童常常会感到困惑。例如，教师只是告诉儿童要“行为得体”，但儿童并不明白哪些行为是得体的。表5-1分别列出了模糊的成人要求和可以定义的要求。

表5-1　两种常规要求的差异

模糊的成人要求	可以定义的要求
在心里说就可以了	小声说话
不能这样，要有规矩	不能将脚放到桌子上
要用你自己的话来说	要说“我生气了”，而不是打人

（二）常规应该是积极的

在幼儿园中，教师经常实施“防范式”的常规教育，即教师怕儿童做“错”，将常规视为对儿童行为的限制。教师通常采取的是高控制的手段，不敢放手让儿童自主活动，以求得表面的井然有序，使常规失去对儿童行为指引的作用，儿童缺乏实践的目标感而无所适从，甚至产生挫败感。教师在表述常规的时候应该告诉儿童能够做什么，可以做什么，而不仅仅是不能做什么，积极的常规表达更有利于儿童遵守规则。表5-2展示了两种不同的常规表达方式。

表5-2　两种常规表达的差异

积极的常规表达	消极的常规表达
看完书要把图书送回家	看完书不要乱扔
在活动室里面要慢慢地走	在活动室里面不能跑来跑去
吃饭的时候保持安静	吃饭时不要讲话

（三）常规应该是有弹性的

幼儿园教育在各类活动中非常强调对不同层次的儿童提出不同的要求，但在常规方面却常常是要求一致的。如全体儿童必须按时入睡，统一如厕、喝水等。但是儿童由于家庭环境、个性、年龄大小等方面的不同，他们的行为表现也有很大差异。因此，在制定幼儿园常规时，教师应充分考虑儿童的个体差异，克服一味追求统一标准和行为整齐划一的做法。

（四）常规应该是儿童可以理解的

尽管我们普遍认为规则是客观的、预定的，但从儿童个体的角度来看，规则的意义却是自主建构的。尽管儿童在教师的强制手段下可以服从规则，但这并不能真正让他们形成规则意识和执行能力。因为对于儿童而言，规则不是一个早已知晓的结果，而是一个正在发生的过程，他们需要去体验。所以，儿童作为规则理解与执行的主体，其对规则的体验与意义理解自然不应该被忽视。规则不但有利他的一面，还有利己的一面，规则其实是互惠的，如果教师不将规则当作儿童主体意识的体现而只是一种刻意的外在要求，就会忽视让儿童自主体验规则的公正性与互惠性。因此，教师需要帮助儿童体验规

则对他的意义，主动建构关于规则互惠性的认识。儿童可以通过比较自己遵守某一规则前后的差异，发现规则给自己带来的变化；还可以以一个共同参与者的身份，加入规范性的活动中，感受规则不是单方面的“付出”或者只是对自己的限制，而是互惠的。例如“谦让”的规则，让儿童感受到它使大家都能顺利做事，争执不下会耽误时间，最终给自己和他人带来不便。

◆【案例 5－6】◆

新的学期班级的常规工作开始了，又有新的玩具投放进来。孩子们兴奋不已，都想去新区域。在参与活动的同时，问题和纠纷不可避免地产生了。如在娃娃家为了当妈妈，三个女孩各不相让，装饰品散落一地，玩儿完的玩具也都遗落在了地上。

为了让儿童充分感受规则的重要性，教师请发生争吵的当事人谈谈，他们表示“玩儿得不好，周围的小朋友都在吵闹”“放在桌子上的玩具太多了，也不放回原处”“游戏材料碰掉了，××也不帮忙捡”。

教师及时抓住教育契机和儿童讨论：“你们觉得怎么玩儿合适？什么可以做，什么不可以做？谁要制订游戏规则，怎么遵守规则？”经过讨论，孩子们决定自己定要求，教师对孩子们的决定予以充分的支持和肯定。

三、常规教育的策略

制订出合理的常规后，教师需要将这些规则实施，最终使儿童内化这些规则，体现在其行为中。由于常规的呈现方式是条款式的，实施的过程中容易出现简单化的问题，具体表现为说教多、命令多、严厉多，联系儿童生活实际少，设置情境教育少，耐心说服少，从而导致儿童不能把规则内化到自己的行为之中，不能把规则迁移运用。在日常的教育教学中，教师可以采用一些有效的策略来实施常规教育。

(一) 体验后果，感知常规的重要性

常规本身的目的不仅是用于管理，还是为了让儿童更好地投入幼儿园生活中，但儿童往往只认为这是教师的要求，并不理解这些规则和自己到底有怎样的联系，所以，教师在一日活动中需要把握周围发生的点滴小事，通过随机教育让儿童体验违反规则的后果，使之理解规则对人、对己的重要性，进一步强化儿童的规则意识。

◆【案例 5－7】◆

“主题墙”怎么坏了

主题墙主要呈现孩子们的作品和创作思路以及他们创作过程中的所思所想。主题墙的主题设计主要依靠教师完成。有些淘气的小朋友总会用小手抠墙上的东西，甚至会撕坏部分内容。为了让孩子们意识到自己的行为可能带来的后果，教师并没有及时制止，而是在进行阶段性总结时，让孩子们拿自己的作品进行介绍。当发到手里的作品“伤痕累累”时，有的小朋友气愤地说：“我的画被撕坏了。”“我的还被涂了其他颜色。”教师抓住教育时机说：“你们的作品不是刚上墙的时候好好的吗？现在被弄坏了，心情怎么

样？”大家都表示很心疼和可惜。教师说：“那我们有什么好办法能避免这样的问题呢？”孩子们有的说大家平时坐在主题墙附近的时候不要用手抠，有的说发现破损了及时修补，这样就不会坏得很彻底。大家争相提出自己的想法，在教师的帮助下，孩子们开始制订观赏主题墙的规则。

（二）利用图示，将常规形象化

学前期的儿童以直观思维为主，容易受直观生动的事物影响，因此，通过图示的方式将某些常规展现出来是一种有效的方式。在适当的位置张贴醒目的标志，让标志提醒儿童遵守规则，可以充分发挥环境的作用。对于小班儿童，教师可以设计出图示帮助儿童理解常规；对于中大班的儿童，他们的理解能力和绘画能力都有了一定的提升，教师可以引导儿童自主设计标志，这也体现出常规教育的主体性。

◆【案例 5－8】◆

幼儿园小朋友喝水常常是教师容易忽略的内容，孩子之间存在个体差异，导致他们的喝水时长和喝水量都很难跟踪。教师决定用他们能看懂和能执行的方式再次进行引导。“你们平时喝水都会喝几杯？”有的说两杯，有的说一杯。“你们需要多长时间喝完？”有的小朋友说很快，有的说很慢。“那喝水有什么步骤？”“拿水杯，排队，接水，找到自己位置喝水，放水杯。”“那我们能不能把你们喝的水和规则做出来？”于是，孩子们在教师的提示下开始制作小水滴（代表喝了几杯水），用红黄绿点代表时间（红点代表 5 分钟以上，绿点代表 3—5 分钟，黄点代表 2 分钟以内）。师生用图画的形式把规则制作好贴在水杯架上方，位置非常醒目，成为一种无声的语言时刻提醒孩子们。

（三）通过游戏，帮助儿童习得常规

将规则贯穿于游戏中，以角色的身份要求儿童遵守规则，能寓教于乐、事半功倍，也能体现儿童的自主意识。我国学者杨丽珠、邹晓燕采用教育现场实验，[①] 探索趣味游戏对学前儿童自我控制能力的影响。实验结果表明，趣味游戏能够促进学前儿童自控能力的发展。

◆【案例 5－9】[②] ◆

中二班小朋友在沙水区游戏的时候，教师让孩子们认识沙子的流动性和吸水性。教师操作演示，儿童观察。教师提问：“你观察到了什么？”正当被提问的幼儿要说的时候，有个小朋友迫不及待地把答案说了出来。教师组织儿童讨论：“当你要说的时候总有别人替你把话说了，你什么感受？”孩子们说道：“非常不舒服。”教师进一步引导：“那该怎么办？”“让他自己说，他不会了再邀请别人帮他。”教师：“那我们现在按照制订的规则重新进行游戏。”游戏过程中，有的小朋友没忍住又说了，大家说取消一次他回答的机会。

在游戏中，教师可以通过角色扮演、移情训练、价值澄清、情感体验、榜样示范等

---

① 杨丽珠，邹晓燕. 提高幼儿品德教育的有效性［J］. 学前教育研究，2004（9）：5-8.

② 杨丽珠，邹晓燕. 提高幼儿品德教育的有效性［J］. 学前教育研究，2004（9）：5-8.

方法，帮助儿童在认识和体验行为的过程中，逐步领会公正、合群、协作、耐劳等道德要求和期望，不断调整和选择自身的行为规范，改正缺点和不良习惯。游戏可以帮助儿童在认知和行为之间架起一座桥梁，儿童将认知付诸行动，转化为行为，反复练习，认知就会成为稳定的行为习惯。儿童对游戏的强烈需求和浓厚的兴趣使他们自觉地巩固正确的道德认识，以良好的行为来约束自己，使一些良好的行为经过不断的有意练习而成为行为习惯，形成个性品质。儿童在游戏中学到的正确的行为标准和规范会迁移到实际生活中，有利于其在今后的现实生活中养成讲文明、懂礼貌、守纪律、团结互助等良好的道德行为习惯，并最终内化为良好的社会性品质。

(四) 分年龄段、梯度建立常规

在常规建立的初期，教师可以根据儿童年龄段的不同，采用梯度化的三步法。

1. 小班阶段：情景化常规学习的三步走

基于小班儿童的年龄特点，采用情景化的常规学习有助于儿童对常规的理解和运用。以下三步法，可以帮助儿童了解规则、明确规则、内化规则。

（1）手偶情景剧——了解规则

在小班初期，教师可以采用手偶情景剧的方式，帮助儿童了解一日生活各环节的规则要求。如在开学初想要儿童了解集体活动的要求，就可以利用手偶表演。

（2）儿歌顺口溜——明确规则

在儿童了解某个环节的规则和要求后，教师可以通过儿歌或者顺口溜的方式，和儿童一起念儿歌、学规则。

（3）过程性小结——内化规则

每次活动结束前，教师都应该适时针对儿童的活动情况做出小结。可以请操作到位的儿童示范，再次强化规则。

对于小班儿童而言，常规的建立尤其要注重趣味性和正面强化，要在情境中学习、在游戏中练习，通过不断的正面强化促使儿童逐渐掌握规则，做到内化规则，从而形成稳定的班级常规。

2. 中大班阶段：参与式常规建立的三步走

随着儿童年龄的增长，他们的自主性逐渐增强，在制订班级常规的过程中，教师可以有意识地引导儿童参与班级常规的建立，并逐渐形成参与式班级常规建立的模式。

参与式常规的建立一般分为以下三个步骤：

（1）发现问题，讨论策略

在一日生活各环节中，当儿童持续反复出现某一个问题时，教师组织儿童共同讨论并得出相应的解决策略。

（2）试行策略，共建规则

教师试行讨论得出的解决策略，并请儿童共同追踪、检验策略的可行性，之后再次进行优化，最后形成相对合适的规则和要求。

最终形成的规则要简单明了。

(3) 规则内化，自我管理

在确定班级共建的规则后，教师和儿童需要共同努力，执行并巩固强化规则。巩固和强化班级常规的过程，也是儿童将规则内化的过程，在内化过程中，儿童实现了自我成长。

对于中大班儿童而言，班级常规的共建不仅仅可以提升他们的班级归属感，更为规则内化提供了内在驱动力，促进规则从他律到自律。

第三节　偶发事件中的社会教育

偶发事件，顾名思义就是幼儿园中随机发生的各种意外事件，比较常见的如儿童间的冲突事件、儿童的告状行为、儿童的说谎行为等。幼儿园中，每天都会有大量的偶发事件，这些事件的发生都不在教育活动的计划之内，但是发生之后一般都需要教师马上介入进行处理。从社会教育的角度看，偶发事件的发生一方面能够反映出儿童发展中的各种问题，另一方面也是教师进行社会教育的重要途径。教师需要把握这种途径的社会教育的特点以及自身在事件处理中应该扮演的角色。

一、偶发事件中社会教育的特点

（一）偶然性与即时性

从教师对教育时机的把握来看，这种社会教育是随偶发事件产生的，教育过程中所利用的教育因素，不是事先准备好的，而是偶发的。与结构性较强的教学相比，偶发事件中的教育不是有组织的、连续的、系统的，而是偶发的、零星的、随机化的。从教师教育行为发生的时间来看，偶发事件的教育是教师利用即刻出现的教育因素，即时对儿童进行的教育，而不是时过境迁的、迟滞的、后发的教育，是教师在现场的即兴发挥。教师通过捕捉儿童良好的表现，及时强化他们的正当行为；通过捕捉儿童不当的行为，及时纠正他们在成长过程中出现的问题，使他们获得明确的指导和正确的认知，养成良好的行为习惯。

值得注意的是，教师可能会因为对偶发事件缺乏应对准备而放弃教育机会，也可能会因为偶发事件多为细微的小事而对其熟视无睹，在不经意之中错失教育良机。因此，幼儿园教育必须强化偶发事件中的社会教育，使儿童从教师那里获得对其发展有价值的、适切的帮助。

（二）情境化与对应性

随机教育是教师利用具体情境中的特定教育因素对儿童即时进行的教育。教育因素表现得直观、生动和情境化，不仅有助于产生“触景生情”“为情所动”的现场效果，还具有强化记忆，引发联想和回忆的功效，感染力强、说服力强。更为突出的是，随机教育的情境化特征增强了教育的对应性。随机教育的产生基于教师对具体情境中儿童活动过程的关注和对儿童不同特点、不同发展水平的一对一的观察，因此，这种教育的内容

及方式因人、因事、因时、因地而异。随机教育就是教师利用教育情境，有意识地接收来自儿童的信息，积极地与儿童建立对应关系，在儿童的“启发”下，以不同的方式、态度、行为对应于不同的儿童。这样的教育指向具体，对应性强，不仅有利于对儿童进行个别教育，而且在提高教师对儿童的影响力的敏感程度、应对水平和教育的实际效果等方面都有潜在的作用。

(三) 教育性与迁移性

“教育无小事，事事有教育。”儿童生活中的每一件事情都可以成为教育的内容。偶发事件中的社会教育不是一种就事论事的教育，它的产生是教师升华教育主题，使教育产生由此及彼、由表及里、举一反三的迁移作用的有意行为。随机教育关注儿童活动的每一个环节，让幼儿园日常生活中的细节在儿童的身体发育、认知发展及道德形成中发挥教育的作用。由于偶发事件中的社会教育产生于具体的情境之中，现场感强，容易激发儿童的感情，引发儿童的感悟和联想，教育主题很自然地得以迁移和升华，表现出“顺乎自然而教”的境界，对促进教育内化，避免教育内容及方式牵强、生硬有十分积极的意义。

(四) 广泛性与多样性

就偶发事件中的教育内容和时空关系而言，它不仅发生在教育教学过程中，也可能广泛地发生在日常生活中，它所传达的信息因此具有多样性和广泛性，这就为教师提供了广泛的教育内容和广阔的教育空间，使教师拥有数不尽的教育资源。教师如果抓住有利时机，利用偶发事件中的教育因素，因时而教、因人而教、因地制宜、因势利导，对儿童进行教育的内容和时空就能得到全方位拓展，儿童从教师那里接受的就不仅仅是在集体活动中传授的书本知识。

就偶发事件中教师和儿童的关系和教育形式而言，在教育过程中，教师和儿童的关系形态随活动的变化而变化，相互作用的方式广泛多样。在不同的活动中，甚至是在同类活动中，教师的角色都会不断转换，如以儿童的合作者、游戏伙伴、支持者等角色出现，教师和儿童的关系也就呈现出动态的、多样化的外部形态。

二、偶发事件的原因分析

(一) 对儿童行为原因的分析

只有分析了儿童行为的可能原因，才有可能在后续的教育中采取针对性的方法，减少该儿童发生此类事件的频率。具体来看，分析儿童行为产生的原因可以从影响儿童社会性发展的因素方面来考虑。一般认为影响儿童社会性发展的因素包括生理、情感、技能、社会环境等方面，因此，教师可以从以下几个方面来分析儿童的行为：

(1) 儿童是否有生理上的缺陷或未满足的生理需要？如是否缺乏空间感？是否能长时间保持安静？是否感到疲劳或饥饿？

(2) 儿童是否缺乏情绪方面的一些能力或者有未满足的情感需要？如缺乏恰当的方式表达情绪，不知如何控制情绪，或者友谊、信任、自尊、关注等需要未被满足。

(3) 儿童是否缺乏一些社会性技能？如恰当的言语沟通方式、恰当地介入游戏的方式、恰当地拒绝别人的方式、恰当地表示友好的方式。

（4）儿童的行为是否由一个不当的角色榜样引起？如电视或者所崇拜的成人、所钦佩的同伴。

教师只有准确分析了儿童行为产生的不同原因，才有可能真正找到引导儿童的正确方式。如果是生理方面的原因导致的，那么简单的教育引导并没有太好的效果，教育的重心应放在促进儿童的生理发展方面。如果是技能欠缺导致的，教师可以对儿童进行针对性的技能训练。

（二）环境和课程设计方面的原因

在偶发事件中，除了从儿童本身找原因外，教师还需要考虑环境和课程设计的因素，即儿童的行为是否与环境设计和课程安排有关。现代心理学的研究表明，建筑物、装饰、材料和自然环境的要素是具体的、可见的资源，可以用来促进儿童社会能力的发展。儿童学习和玩耍的环境会直接影响儿童的行为。许多“纪律问题”可以直接追溯到活动室内的装饰和材料的安排和选择上。另外，自我控制则能在一个设计和安排得很好的物质环境中得到发展。① 简言之，环境对个体的行为有诱发的功能，积极的环境能诱发儿童积极的行为，消极的环境能诱发儿童消极的行为。例如，在一次游戏活动中，十几个儿童挤在滑梯的进口，教师就站在旁边，发现有个儿童朝刚要滑下来的一个儿童猛地踹了一脚。教师观察了很久，发现这个儿童非常好动，于是教师就把他叫了下来。

针对此类情况，教师一般的处理方式可能是要求这个儿童在等待的时候要有耐心，不能伤害别人。除此之外，教师还应该注意到，在该环境中，十几个儿童一起玩一个滑梯，每个儿童都需要等待，这种等待有没有超出儿童的心理阈限？如果超出了，那么儿童出现急躁的行为也是很正常的，或者说发生在这个儿童身上的行为也有可能发生在其他儿童身上。要从根本上防止类似行为的发生，教师要在户外活动时对儿童进行适当的分流，或者增加滑梯的投放数量，避免儿童因等待时间过长而产生消极的行为。

具体而言，在偶发事件中，教师除了考虑儿童自身的因素外，还要从课程设计和管理的角度进行反思：（1）这类事件是否经常发生？发生的频率高是否表示课程计划或者环境需要调整？（2）环境是否能满足儿童的需要？如是否有足够的运动量、足够的隐私、足够的空间、足够的材料等。（3）课程计划能否满足儿童的需要？挑战性如何？如果课程设计和管理上存在一定的问题，教师就要从这一方面着手改善，以减少此类事件的发生频率。

三、处理偶发事件的教育策略

幼儿园中每天都会有一些偶发事件，如争抢玩具、破坏规则、告状等。教师可以通过对事件的处理，让事态平息，不干扰正常的教育教学秩序，同时让儿童在此过程中进行有效的社会学习，促进儿童的发展。教师在偶发事件的处理中不是简单地扮演“消防

① 马乔里．克斯特尔尼克，等．儿童社会性发展指南：理论到实践［M］．邹晓燕，等，译．北京：人民教育出版社，2009.

员”的角色，仅仅将事态平息，而是要从长远的角度考虑如何从事件的处理中促进儿童的发展。处理偶发事件的教育策略主要有以下几种。

(一) 关注、接纳儿童的情绪

在偶发事件中，教师容易关注事件的起因和行为的对错问题而忽视事件中儿童的情绪体验。从儿童的心理发展来看，由于其大脑皮质兴奋机制相对抑制机制占有较大优势，所以他们的自我控制能力比较差，情绪容易波动，很难理性地进行调节，对事件的认识也易受情绪波动的影响。因此，教师具体可以从以下两个方面关照儿童的情绪。

1. 关注儿童的情绪状态

教师在事件发生后，首先应该关注儿童的情绪状态，扮演情感关怀者的角色。事实上儿童只有情绪平静下来之后，才可能接受教师所施加的教育影响。

◆【案例 5 - 10】◆

区域活动开始了，琪琪随手拿起桌面上剪好的皱纹纸看了起来。其他小朋友也来到了桌子前，他们分别找到了自己喜欢的皱纹纸，非常开心。今天的活动是用手中的皱纹纸在白纸上用双面胶黏出美丽的花，桌面上已经摆放好了白纸、双面胶、皱纹纸。欣欣和文文分别欣赏着自己拿到的皱纹纸，还自言自语地说着要黏五颜六色的花。琪琪看了一下周围的小朋友，拿着皱纹纸摸头思考，没有动手撕纸。这时候她发现我在观察她，马上叫道：“老师老师，我不会。”我走过去说：“一会儿老师来你的‘花园’赏花。”琪琪立马打起精神头来，她看看别的小朋友在把皱纹纸往双面胶上贴，她也试着做起花来。她是我们班最小的孩子，对老师的依赖心理很强，可是当她听到我要来欣赏她的花园时，异常兴奋，好像接受了一个使命一样，一丝不苟地做起来。不一会，她就在白纸上黏了满满的花。她满意地拿着自己做的花，和周围的小朋友比谁的比较好看。

2. 倾听、接纳儿童的情绪感受

偶发事件中可能存在谁对谁错的问题，教师在处理事件的过程中可以否定儿童的行为，但不能否定儿童的情绪。如果因为事件的对错否定某方的情绪，这更容易激起儿童的逆反心理。教师可以向儿童传递这样的信息：老师理解你的感受，但是老师并不赞同你的行为方式。这种信息的传达让儿童感受到来自教师的关爱，觉得有人能够理解他、爱护他，因事件引发的紧张不安、恐惧害怕等情绪也能够在一定程度上得到缓解。另外，教师对儿童情绪的关怀和接纳也能够使教师与儿童的关系融洽，为后续教师的引导奠定良好的心理基础。

(二) 理解儿童冲突的缘由，引导儿童练习冲突处理

1. 理解儿童冲突的缘由

根据皮亚杰对儿童道德发展阶段的研究，学前儿童的道德发展主要处于前道德阶段。这个阶段的儿童的思维是自我中心的，总是按自己想象的规则行动，不能理解别人的或一般的规则。科尔伯格的研究也表明儿童在道德判断上突出表现为关注行为的结果，不太会结合行为的动机来考虑行为的性质。正因为如此，儿童对同伴行为的动机和目的缺乏判断，更容易产生对对方行为的误解，引发冲突。同时，儿童也会由于情绪干扰，或

不能很好地控制自己的行为而与同伴发生冲突。冲突对于儿童理解自我与他人的边界，学习通过沟通来建立积极的人际关系有着重要的意义。

2. 引导儿童练习冲突处理

冲突是儿童互动中的常态，也是儿童学习解决问题的重要机会，有的冲突是儿童自己就可以解决的，这些冲突并不需要教师的介入。但有些儿童难以自己解决的冲突需要教师给予引导和支持，让儿童在对话中学习相互倾听与理解，寻找解决问题的合理策略。这时教师可以创设对话情境，让儿童通过对话来解决冲突。

（三）指导儿童的行为

对儿童而言，偶发事件的发生虽然有偶然的因素，却可能暴露儿童在发展中的一些问题。教师应该将事件的发生当作一次潜在的教育契机，正如丽莲·凯兹所言，“受过专业训练的教师会运用其专业知识，考虑儿童的发展和各年龄阶段儿童的行为以及家长、学校、社区等各方面人士的期望，再根据个人或园所的教育哲学、学习理论及人或学校的目标，采取适当的技巧及反应来教导幼儿。”[①] 在事件发生后教师需要思考：通过事件的处理，是纠正儿童不正确的认知，如社交认知、正义观念等，还是使儿童习得正确的行为方式，如轮流、协调、沟通的语言技巧等。这样的处理方式才能让儿童以后在类似的情境中知道该怎么做，而不是每次都将教师视作一个帮助者、裁决者。具体做法如下：

1. 帮助儿童从中学习相关的知识、技能

◆【案例 5 - 11】◆

几个小朋友正在建构区搭建城堡，瀚琪走过去直接把城堡推倒了，然后站在那儿一动不动。其他小朋友气冲冲地前来告状，并且还说不想跟他一起玩耍。这时教师走到瀚琪的身边问：“你是不是很想玩搭积木？”他点点头。“那你为什么把积木推倒？”“我想让他们注意到我，然后跟我玩儿。”“你这样做他们同意吗？”他摇摇头。“那你还有什么好办法吗？”“我给他们出主意，让他们注意到我或者问问他们能带我一起玩儿吗？”经过交流，瀚琪尝试着去寻找新朋友，其他小朋友也接受了他。

在该事件的处理过程中，当儿童遇到困难时教师并没有直接去帮助他，而是引导儿童思考在这种情况下怎么才能达到自己的目的，教师实质上是希望儿童学会用正确的方式表达自己的想法。儿童社会性发展的相关研究指出，有些儿童之所以容易与同伴产生冲突，可能是因为意识不到策略的重要性，或者有好的想法却不能用恰当的方式表达。这类儿童经常通过推、抓、妨碍、抱怨、威胁、忽视、批评或霸凌的方式与别人接触。使用这些方法的儿童经常被拒绝，因为他们已经习惯失败的经验，所以这样的儿童倾向于退缩或者产生敌对行为。[②] 教师在处理此类事件的过程中，需要让儿童通过事件学习正

---

① 丽莲·凯兹. 与幼儿教师对话：迈向专业成长之路 [M]. 廖凤瑞，译. 南京：南京师范大学出版社，2004.

② 马乔里. 克斯特尔尼克，等. 儿童社会性发展指南：理论到实践 [M]. 邹晓燕，等，译. 北京：人民教育出版社，2009.

确的知识或者交往技能。

此外，教师在处理偶发事件的过程中，还可以对旁观的儿童进行教育，这样就将个体教育与集体教育结合起来了。

2. 帮助儿童而非代替儿童做出选择

教师作为行为指导者还有一层意义，即在偶发事件的处理中，教师可以帮助儿童做出明智的选择，而不是代替他们做出选择。因为如果教师仅仅是代替儿童做出选择，儿童所习得的只能是具体的行为方式；而帮助儿童做出明智的选择则可以让儿童对问题进行思考，培养其分析问题、协商解决问题的能力。如两个儿童正在抢一个给“娃娃”喂奶的奶瓶，都嚷着“我先拿的”。面对这样的情况，代替儿童做出选择的教师可能会给出一个具体的解决方式，如让一个孩子先玩，让另外一个孩子玩其他的。而帮助儿童做出选择的教师则可能会提出问题，让儿童思考在只有一个奶瓶的情况下，该怎样解决问题。儿童以后遇到类似的情况时，就会知道如何解决问题。当然，儿童自己选择的策略可能并不有效，在这种情况下，教师还是应该允许儿童试错，在必要的时候再给予相应的建议。

3. 让儿童对自己行为的后果负责

在偶发事件的处理过程中，如果儿童的行为对其他人造成了伤害或损坏了公物、破坏了环境，仅仅让儿童认识到错误和学习正确的行为方式是不够的。教师应该让儿童对自己的行为负责，如伤害了同伴就要求其向同伴道歉，破坏了环境就要求其清理等。

◆【案例 5－12】◆

吉吉在幼儿园吃午饭的时候，把饭洒得到处都是，而且非常挑食，把不爱吃的食物都用手捏碎，扔在地上。这时候老师来到她身边，跟吉吉说：“你这样做对吗？为什么要浪费食物呢？我希望你可以把这些扔在桌子和地上的食物收拾干净。”吉吉一脸不情愿。于是，老师把抹布给吉吉，让她收拾干净，吉吉只好用抹布擦拭被洒掉的食物。

本章小结

本章主要讨论了一日生活各环节中的社会教育因素与策略、一日生活中的常规教育以及偶发事件中的社会教育这三个问题。

在幼儿园中，社会教育是无处不在的，幼儿园教师所需要的不仅仅是一些显在的社会教育知识和技能，更重要的是要具备社会教育的敏感性，通过各种方式和途径渗透社会教育的内容。本章从三个方面探讨如何在一日生活中开展社会教育，从而帮助教师树立随机教育的理念，明确在一日生活中实施社会教育的重要性，进而做好相应专业准备。

一日生活各环节都蕴含着丰富的社会教育因素，教师要了解各环节的主要教育内容及可能遇到的主要问题，还要掌握积极有效的教育策略。对于一日生活中的常规教育，教师要注意制订可定义的、积极的、有弹性的、可以理解的常规，并能运用合理的策略引导儿童习得常规。偶发事件中的社会教育有偶然性与即时性、情境化与对应性、教育性与迁移性、广泛性与多样性等特点，引起偶发事件的原因既可从儿童行为原因分析，又可从环境和课程设计方面去探究。

思考与实践

（一）问题思考

1. 幼儿园一日生活各环节的社会教育要点是什么？

2. 制订合理常规的原则是什么？

3. 常规教育的策略有哪些？请结合本章所学知识，联系幼儿园的实际，分析幼儿园常规教育存在的问题。

4. 处理偶发事件的教育策略有哪些？请结合本章所学知识，联系幼儿园的实际，并分析教师在处理偶发事件过程中存在的误区。

（二）实践练习

1. 请结合本章所学知识，联系幼儿园的实际，分析幼儿园常规教育存在的问题。

2. 请结合本章所学知识，联系幼儿园的实际，分析教师在处理偶发事件过程中存在的误区。

延伸阅读

莫源秋，韦凌云，刘揖建. 幼儿常规教育指导手册［M］. 北京：中国轻工业出版社，2013.

主要内容：该书简要地阐述了幼儿常规教育理论，详细地介绍了操作性强的幼儿常规教育方法与技术，还针对常见的幼儿常规问题提出了有效对策，对幼儿园各种活动中的常规教育进行了细致的指导。

第六章　社会领域教学活动设计与实施

> 不能把小孩子的精神世界变成单纯学习知识。如果我们力求使儿童的全部精神力量都专注到功课上去，他的生活就会变得不堪忍受。他不仅应该是一个学生，而且首先应该是一个有多方面兴趣、要求和愿望的人。
>
> ——苏霍姆林斯基

学习目标

1. 了解社会领域主题教学活动的作用与特点。
2. 了解社会领域主题教学活动设计的思路与原理，并能尝试改编与创设主题。
3. 掌握社会领域集体教学活动的设计原理，并能改编与编写活动方案。
4. 掌握社会领域集体教学活动说课、评课的方法，并能撰写说课稿。

内容导航

- 社会领域教学活动设计与实施
  - 社会领域主题教学活动的设计与实施
    - 社会领域主题教学活动的作用与特点
    - 社会领域主题教学活动的设计
    - 社会领域主题教学活动的实施与评价
  - 社会领域集体教学活动的设计与实施
    - 社会领域集体教学活动的设计
    - 社会领域集体教学活动的组织与实施
    - 不同类型社会领域活动设计与实施要点
    - 社会领域集体教学活动的说课与评课

案例导入

小赵老师在设计幼儿园社会领域活动的时候总是觉得无从下手，设计来设计去最后总是从其他领域活动中渗透了一点社会教育，因此在组织与设计社会活动的时候她觉得困难重重。在她困惑的时候，园长指引了她。“社会活动在儿童的日常生活中最为明显，随时随地可以渗透，这是区别于其他领域的一个显著特点，但社会领域活动往往要伴随其他领域出现，在设计和安排活动时要注意平时的捕捉和积累，同时可以从幼儿的认知、情感、交往、意志力、个性等几个方面注意选材。”小赵老师听了后，茅塞顿开。

在上述案例中，小赵老师究竟是如何进行社会领域活动的设计与实施的呢？本章将对社会领域主题教学活动与集体教学活动的设计与实施进行系统介绍。

第一节　社会领域主题教学活动的设计与实施

主题教学是幼儿园的主要课程教学模式，它是儿童在教师的指导下，围绕着某一个话题开展的一系列相关活动，通过对中心话题的讨论以及对话题中蕴含的问题、现象、事件进行探究，使儿童在活动过程中获得新的、整体的、联系的经验，从而实现多方面的发展。幼儿园主题教学中有的主题以社会领域为核心，也有的主题不是以社会领域为主，而是将社会教育渗透其中。本节我们主要讨论以社会领域为核心的主题教学。

一、社会领域主题教学活动的作用与特点

（一）社会领域主题教学活动的作用

社会领域主题教学活动的作用主要表现为对儿童社会学习的内容进行整体、系统的规划。具体作用表现在以下方面：

1. 系统规划社会教育

根据社会教育的系统性原则，教师需要根据儿童的发展需求对社会教育系统地加以规划。其系统性既表现在一个核心话题中学习内容的系统规划，又表现在一学期、一学年或是三学年社会教育内容的系统规划。

2. 拓展与丰富儿童的社会生活经验

儿童的生活范围是有限的，有些社会生活内容已经远离了日常的生活，儿童不容易接触到，需要教师有意识地让儿童对生活有更丰富与全面的了解。比如，儿童知道买衣服穿，但并不了解衣服是怎么做出来的。知道衣服的制作过程有助于儿童理解裁缝的劳动，也有助于激发儿童对衣服制作的兴趣。根据这一需求，教师可设计一个“巧手裁缝”的主题活动，让儿童了解衣服的类型、制作的过程。

3. 促进教师自身的社会性成长与教学水平提高

教学活动需要教师根据儿童的发展特点与需要有意识地规划教学内容与形式，这一过程是教师进行积极教学思考的过程。这一思考过程是教师将教育目标与内容心理化的过程。在实践中，儿童学习的状态与效果，可以帮助教师进一步反思教学规划的合理性与有效性，提升教育教学的专业水准。

（二）社会领域主题教学活动的特点

1. 社会领域目标效果达成的内隐性与长期性

内隐性是指目标是内在的、隐匿性的，它不易观察与测量。社会领域的学习相对于其他领域的学习更具有复杂性与内隐性，如学习礼貌地跟人打招呼，这一看似简单的交往能力，要做到位却需要一系列相关的知识和技巧。首先儿童需要知道跟人打招呼是一种起码的礼貌。但这不意味着儿童就能够与人礼貌地交往，要做到这一点，儿童还需要会判断这个人的身份，需要掌握基本的礼貌用语，并根据情境和对象选择适宜的礼貌

用语。

社会领域主题教学要特别注意它的价值引导性，即要用正确的价值观去引导儿童，教师期望的行为要坚持示范与强调，这样即使不能马上看到效果，也要相信它会在儿童的心中种下好的习惯种子。如一个从来不肯跟人打招呼的小班儿童，每次来园和离园时，教师都很热情地和她打招呼，尽管她的回应不多，但教师坚持示范，直到有一天，她也很热情地向教师问好了。

2. 社会领域教学内容与形式的“寄生性”

社会领域教学活动往往要借助其他领域的内容与方法来进行，如故事、绘本、音乐、绘画都是教师在进行社会领域教学时用到的材料、方法和手段。从这一意义上说，社会领域是一个渗透性与整合性很强的领域。判断一个主题或活动是不是社会领域的活动，不能简单地看它的材料内容与方法手段，而要看它的目标，即它是否以儿童的社会学习与发展为首要目标。

3. 教学过程的经验依赖性与环境依赖性

（1）儿童学习的经验依赖性

儿童学习的经验依赖性是指儿童的社会学习需要充分的经验积累与准备，在进行主题教学时，教师要注意设计相关的活动内容让儿童有积累经验的机会，并在经验的积累过程中促进儿童认知与情感的发展。

（2）社会领域教学的环境依赖性

相对于认知领域的学习，社会领域的学习更多依赖于环境的支持和影响。认知领域的学习主要是知识学习，它对学习者主体自身的依赖性更强；而社会领域旨在塑造儿童的社会能力和人格品质，环境的熏陶是极为重要的，儿童的社会习性往往是在潜移默化的环境影响中习得的，且大多是隐性的、长期的精神性与文化性环境。因此，教师在设计与规划社会领域的教学活动时，文化环境与精神氛围的营造以及家庭教育的配合都是非常重要的。

二、社会领域主题教学活动的设计

社会领域主题教学活动设计的一般过程与其他领域主题有着共通性，但也有独特之处。

（一）主题的确定

社会领域主题的确定可以从以下三个方面来考虑：

1. 根据儿童社会性发展的年龄阶段重点及幼儿园的核心社会生活内容确定主题

不同年龄段的儿童，其社会教育主题的选择因其生活内容与学习重点的差异而有所不同。

初入园的小班儿童面临着因生活环境的重大改变而引起的心理与行为、生活方式与活动方式的不适应，这会激发儿童获取新的生活态度与技能的需求。小班的重点学习内容为入园适应、集体生活的基本行为规则，即在适应中重建自信和快乐以及学会分享与轮流等集体生活所需的技能。根据这一特点，在小班可设立“开心宝宝”“手拉手做朋友”“一起玩玩具”等主题。

中班是“友谊”发展的关键时期。儿童渴望友谊，但由于其交往能力有限，经常产生不愉快的冲突；随着年龄的增长及交往经验的积累，儿童逐渐会萌发对同伴群体荣誉的感知和关注。因此，中班的重点学习内容为适宜的人际交往策略和同伴群体的形成，体验友谊，学习解决同伴交往中的冲突。根据这一特点，在中班可设立“我们的中班”“我们都是好朋友”“不一样的我和你”等主题。

大班儿童在社会学习时能更多地关注周围的人和事，具有完成更复杂任务的愿望和能力，期待着在更有挑战性的活动任务中显示自我和团体的力量。到大班下学期，儿童已产生对小学生活的向往。大班的重点学习内容为初步体验合作的意义，经历简单的共同完成任务的过程，掌握必要的技能（如分工、决定、负责、服从、规则、行动等），并从心理、行为方面做好上小学的基本准备。根据这一特点，可以设计“我长大了”“我是老师的好帮手”“我要上小学了”等主题。

2. 根据社会环境与文化生活内容确定主题

这一类主题主要是帮助儿童了解他所生活的社区环境与文化习俗，以拓展儿童的生活视野。主题从范围来说可以分为以下几种：一是与当地社区生活相关的主题，如超市、医院以及家乡的名胜古迹、地方习俗；二是与节日相关的主题，如春节、中秋节、六一国际儿童节、国庆节等；三是与祖国环境和文化相关的主题，如长城、故宫、国歌、国旗、国徽等。这一类主题在实施时，也要根据儿童的年龄特点选择适宜的内容来加以组织，尤其是一些传统节日主题对于儿童了解民俗文化以及自然季节的变化有积极作用，可以每年结合节日重复组织，或是组织全园性活动，在活动内容与形式上要有些变化，让儿童感受文化的魅力与自然的节奏。

3. 根据儿童品格学习的需要确定主题

不少国家都强调对儿童实施有意识的品格教育，对儿童品格学习的重视是一种国际趋势。关于儿童品格学习的主题，我国有的幼儿园采用教师和父母共同讨论的方式决定，有的参考一些现成的教材进行。不过最主要的来源还是结合专家研究的教师观察。如美国品格整合学习模式的提出者特蕾莎认为适宜学前期学习的品格主要有：尊重、善良、友谊、欣赏差异、忍耐、移情、奉献、合作、基于信念的行动、希望、创造、爱。这些品格是儿童成长为“道德成熟的人”① 的重要基础。12 种品格的教育可以依次进行，也可以根据儿童的需要进行，每一种品格都不是独立存在的，它们都是相互依赖与影响的，一些好品格的获得会影响另一些好品格的形成。

品格主题的选择还要根据儿童发展的需要及最突出的问题来选择。如小班儿童刚进入幼儿园，建立与教师和同伴的良好关系是重点，因此可以选择爱、善良、尊重、友谊

---

① 1988 年，美国课程发展监督协会起草了《学校生活中的道德教育》。在文件中，专家们指出：道德成熟的人应具备的六种品性是尊重人类的尊严、关心他人的福利、使个人兴趣与社会责任相统一、表现出正直、对自己的道德选择不断反省、寻求和平解决冲突的方式。（参见墨菲. 美国“蓝带学校”的品性教育：应对挑战的最佳实践［M］. 周玲，张学文，译. 北京：中国轻工业出版社，2002.）

主题；中班儿童人际交往技能有了基础，并需要进一步发展，可以选择欣赏差异、忍耐、移情、合作主题；大班儿童有了更多的行动力与创造力，可以选择奉献、基于信念的行动、希望、创造等主题。教师也可以根据儿童的具体特点与问题来选择品格主题，如有的儿童特别没有耐心，教师可以通过“耐心”主题的教学培养儿童的耐心。

（二）主题价值分析与目标设计

1. 主题价值分析

主题确定后需要对主题的核心价值进行分析，以确定主题进行的重点与教学核心。主题的价值分析主要依据对儿童核心经验发展需要以及主题核心内涵的把握来确定。

在上面的主题类型中，品格主题的价值与内涵分析要复杂、困难一些。教师可以通过查阅相关的辞书文献、咨询专家、听取家长意见等对品格主题的内涵做出适当的阐释。从教学来看，教师要抓住品格的精神实质及其教育的落脚点，并要将品格内涵做适合于儿童的分析，即将品格内涵从儿童心理学习的角度进行分析。要做好品格分析，教师需要就教学主题内容对儿童进行适当的谈话调查。

2. 主题目标设计

目标是主题教育意图的具体化，它一般根据儿童现有经验、年段目标、模块目标以及儿童发展与学习特点来设计。美国心理学家布鲁姆等人对教育目标分类做了系统研究，认为一个完整的教学目标应当包括认知、情感和动作技能三个领域。我国幼儿园教学活动设计中的目标分类也是以此为依据的，通常表述为认知、情感和行为技能，主题目标设计也需要从这三个维度去思考。

（1）认知领域：主要包括有关信息、知识的回忆和再认以及智力技能和认知策略的形成。认知领域目标是多种多样的，按智力特性的复杂程度可以分为六个不同的层次：知识、理解、应用、分析、综合、评价。

①知识：指记忆、回忆或重复以前呈现过的信息的能力。②理解：用自己的语言来解释或说明所获得的信息的能力。③应用：应用信息、概念、原理或定律等来解决新的问题的能力。④分析：将复杂的知识进行分解，并能找出各个独立部分之间关系的能力。⑤综合：将孤立的知识单元进行综合，形成新的整体或新的模式的能力。⑥评价：在已有知识和已给出的标准的基础上，进行判断和鉴定的能力。

根据学前儿童的认知特点，认知目标拟订应以前三个层次为主。

（2）情感领域：主要包括兴趣、态度、思想、鉴赏能力和价值观等。情感领域目标可分为五个不同的层次：注意、反应、价值判断、组织化、价值内化。

①注意：将注意力集中到某件事或某个活动中，并做好接受的准备。②反应：积极参与活动，并以某种方式做出响应。③价值判断：自发地表现出对活动的兴趣和关注。④组织化：在碰到不止一种价值的情况时，能寻找它们之间的相互关系，并决定接受某种占优势的价值。⑤价值内化：根据价值采取某一行为，始终坚持，并将这些行为转化为个人品质。

情感领域目标与认知领域目标一样，学前儿童不一定能达到组织化与价值内化的水平，因此，目标拟订以前三个层次为主，但教师也要积极加以引导。

（3）行为技能领域：主要包括各方面的行动技能。布鲁姆按照动作协调要求的程度，把行为技能领域目标分为四个不同的层次：模仿、操作、精确、连接。对于社会领域来说，其技能不只是指动作技能，还包括沟通、表达、表现技能，可以在参照这四个层次的基础上对其要求做如下表述：

①模仿：重复已展现过的行为。②操作：独立地完成某些行为操作。③精确：能较好地执行行为任务。④连接：能结合情境具体完成各类行为任务。

当然，把学习领域分成这三个方面也是相对的，事实上，这些不同的学习领域总是交织在一起的。在目标设计时，教师要能对目标进行细化分解，有针对性地进行活动设计。进行主题目标设计时，可以根据表 6 - 1 进行目标分析。

表 6 - 1　主题教学内容及教学目标分析表

教学知识点	教学目标														
	认知领域						情感领域					行为技能领域			
	知识	理解	应用	分析	综合	评价	注意	反应	价值判断	组织化	价值内化	模仿	操作	精确	连接

幼儿园教师可以参照以上框架从社会认知积累、社会情感熏陶、社会行为培养三个方面去设计目标，但要注意目标的针对性、系统性和整合性，并要简明扼要、重点突出。如中班上学期“不一样的我和你”这一主题有三个目标：一是观察、比较自己与他人的不同，初步感知每一个人都有自己独特的地方，为不一样的自己感到自豪。二是尊重同伴之间的差异，学习用欣赏的眼光来看待这种不同。三是愿意大胆展示自己，表达自己的想法，从中体验快乐、建立自信。这三个目标涉及认知、情感、行为技能三个方面，并层层递进，由感知不同，到欣赏差异，再到展示个性，整个主题的目标设计符合儿童经验积累与能力发展的特点，可操作性也很强。

（三）分析可用资源，选择内容与手段

教学目标确定后，教师需要进一步分析可用的资源，选择合适的内容来实现教学目标。

1. 分析可用资源

主题的展开需要用到一系列资源，教师需要从目标出发，根据本园的具体情况寻找可用的教学资源。资源涉及的范围很广，如材料、经费、设备、人员、时间、组织机构等。这些资源从属性看又可以分为人力、物力和财力三个方面。选用资源要遵守以下两个原则：

（1）教育性原则

教师所选用的资源要能服务于教育目标，有的教师设计活动时，为了形式的热闹常常选用一些无关的资源，看起来活动形式很多，但无助于目标的达成。

（2）经济性原则

资源的选择利用，最好遵循“最小投入最大收益”的原则，首先考虑可以利用的现成教具与资源，如果没有，可能就涉及人力与物力的投入了，教师要看能力、时间与经济是否允许。

2. 主题内容选择

内容分析往往是和资源分析结合在一起进行的。内容选择即教师要根据主题目标，考虑用什么内容来实现主题目标，主题内容选择要遵循以下两个原则：

（1）目标指导原则

内容的选择要根据目标的要求来选择，要围绕三个层面的目标思考与选择适宜的内容，即在认知层面思考要使儿童获得什么认识，在情感层面思考要培养儿童哪些态度与价值观，在行为技能层面思考要培养儿童哪些技能。

（2）注意各领域内容的平衡性

主题教学活动持续时间较长，活动内容应当注意领域间的平衡，在一个社会领域主题中应当有不同领域的活动内容，保证儿童的全面学习与发展。

3. 手段的选择

不同的内容需要运用不同的方式。教师在确定了内容后，应该根据内容的特性认真设计活动的手段与方式，并且要注意手段的直观性与参与性原则。

（1）手段的直观性

儿童的思维处于具体形象阶段，因此，教师的教学要尽可能采用直观形象的手段。直观有实物直观、图片直观、视频直观、语言直观等。

（2）手段的参与性

在体验和具体的行动中学习，是儿童学习的一个重要特点，因此，教学活动的手段要尽可能为儿童创造参与体验的机会。如结合“中秋节”开展“我爱我家”的活动，教师可以设计“我爱爸爸妈妈”等活动，让儿童通过具体的活动感受父母的爱，并发自内心地尊敬父母。

（四）主题内容架构与方案撰写

明确了目标、内容与手段后，教师要进一步将选择的内容资源按一定的顺序与结构组织起来，编排成主题活动方案。

1. 主题内容架构的原则

（1）多感官的感受与参与原则

这一原则是指在教学中教师要通过创设多样与丰富的情境或活动让儿童尽可能通过多渠道的感官活动去学习。心理学研究证明，丰富的感官参与能让儿童对事物的感受与理解更为深入和全面；同时，不同的儿童也存在学习优势风格的差异，如有的儿童通过看能够更好地学习，有的儿童通过听能够更好地学习，创设多种感官的参与性活动，能满足不同儿童的需要。因此，教师进行主题架构时应尽可能考虑活动的多样性与丰富性，以提供儿童全身心参与的机会。

（2）围绕主题核心的整合、深化原则

活动的设计要从主题核心出发，整合各领域的内容；同时，注意活动的设计要有利于儿童对主题核心内容的深化与内化。主题教学的特色就在于它是围绕核心话题的整合学习，因此，主题核心是教学的出发点，也是教育的最终目的所在。同时，儿童的社会学习不只是认知或是表面的行为与规范的学习，还有内在的态度与良好习性的养成，因此，社会领域主题的活动设计要注意时间的连续性、空间的渗透性、内容的陶冶性、方式的行动性。

2. 主题内容架构的逻辑

主题内容的架构是指将内容资源按一定方式编排起来，成为一个有结构的活动系列。教学内容的编排一般遵循学习经验由具体到抽象的循环积累逻辑来加以组织。常用到的组织逻辑有以下几种：

（1）任务逻辑

任务逻辑是指围绕一定的学习任务，以儿童参与探索各项活动任务的完成推动儿童的学习，这一组织方式一般适合有明确操作性任务的教学内容。如中班是儿童人际交往发展的重要时期，除了要学习与同伴交往，他们还需要拓展交往范围，并懂得关于交往的更丰富的社会知识。教师根据这一需要可设计主题“去做客”。根据做客的任务，教师可尝试按以下思路进行主题设计：激发儿童去做客的兴趣——发出邀请——确定主人——获取主人信息——确定路线——选择交通方法——制作小礼物——去做客。根据这一线索确定的活动内容如下：看朋友——我的信息卡——我家的地图——制作邀请卡——礼貌的小客人——朋友家真好玩——一起去同学家做客——怎么去同学家——制作小礼物。[①]

（2）问题逻辑

问题逻辑是指由问题引发的主题学习，是围绕着问题的解决生成与展开主题内容的学习。现在人们也常常将以问题驱动的主题活动称为项目活动。这一组织方式基于儿童的兴趣，引导儿童发现问题、思考问题、解决问题。如大班儿童开始学习写字与认字，他们对自己的名字产生了好奇与疑问。教师可利用儿童的这种好奇与疑问，引导儿童对自身姓名及姓名与人的关系进行了解与研究。有的幼儿园在实践中发现，在问题展开中，不同的儿童会有不同的发现，主题也会呈现出不同的发展线索。如有的班级在调查了家

---

① 浙江师范大学杭州幼儿师范学院附属幼儿园. 名师名园：故事在主题中开始［M］. 杭州：浙江教育出版社，2006.

人的名字后，觉得家人的姓名之间有相互联系，在分析归类后生成了制作家谱的活动。其活动内容组织如下：名字的含义——猜猜好朋友——家谱——找名字——名字接龙——名字棋谱——给自己取名字。有的班级的儿童在调查名字后发现了复姓，于是他们开始了关于复姓的研究，其活动内容组织如下：签名大行动——我的名字故事——名字大变脸——名字串烧——家人的名字——老师的名字——姓——我给自己取名字——设计自己的个性名片。

(3) 事件逻辑

事件逻辑是指利用生活中的事件与资源开展主题活动。需要运用较丰富的社会资源的主题活动适宜用这种组织方式展开。

幼儿园的生活内容是丰富多彩的，教师和儿童的生活本身就是重要的教育资源。教师若是加以留意，会发现身边有许多可以用来展开活动以促进儿童社会学习的主题内容。如在幼儿园中，有一位教师出国访学，这就是一个很好地进行多元文化教育的机会。教师根据这一事件生成了“叶老师去德国”的主题。这一主题围绕叶老师去德国这件事，通过联系叶老师，表达对她的思念，了解她所去的国家来展开教育，并设计了以下活动：画画我们的叶老师——联系叶老师——中国和德国的区别——叶老师所在的城市——叶老师来信了——给叶老师写信——给叶老师寄信——打电话给叶老师。

(4) 概念理解逻辑

概念理解逻辑是指围绕主题核心话题的概念分析来展开主题活动。这一组织方式，适用于品格主题活动的组织与实施。主题活动的架构还需要遵循一定的内在逻辑，使儿童的品格学习保持连续性与整体性。品格主题的内在逻辑是根据儿童品格学习的规律与特点来确立的。品格的抽象性与内在性决定了儿童品格学习需要充分考虑品格与儿童生活及经验的联系，儿童的品格学习一般遵循着感受——理解——深化——拓展的顺序，与此相应，一个品格主题活动的学习一般按以下环节进行：引起品格关注并初步感受品格内涵——联系日常生活与知识学习来理解品格——在团体互动（如与社区或是其他班级）与服务实践中表达与传播品格——反思与回顾整个品格学习过程——在相关主题中的延续。

3. 主题活动方案的撰写

主题活动方案的撰写因类型不同而有不同的呈现方式。

(1) 单元主题活动方案的撰写

对于以知识学习或核心概念习得为主的单元主题活动，一般包括主题内涵与意图说明、主题目标、环境创设、活动内容一览、系列活动教案、主题活动评价。

主题内涵与意图说明主要讲清主题选择的来由、意义以及教学的重点；主题目标主要说明主题活动开展后，儿童应当获得或表现的知识和能力；环境创设主要讲清为配合主题活动进行如何创设相关的物质环境与精神环境；活动内容一览是将整个主题活动的名称、主要领域与活动意图用简表方式陈列，列表有助于教师梳理主题的逻辑结构，保持各领域的平衡；系列活动教案，在实施中可以根据儿童的学习情况有所调整；主题活动评价是说明主题活动实施后将用什么方式、从哪个方面进行评价，以评估教学效果，进一步反思与修订主题活动设计。

◆【案例6-1】◆

我长大了

一、主题内涵与意图说明

中班儿童各方面都得到了发展，心理和身体的反抗期更加明显，对自我的探索也更加强烈，理智感等高级情感获得发展。要让儿童正确认识自己，促进儿童个性和社会性获得发展。

二、主题目标

(1) 了解小宝宝出生的秘密。

(2) 学习新的生活技能，增强独立意识。

(3) 通过游戏活动，产生责任心和同情心。

三、环境创设（略）

四、活动内容一览

序号	活动名称	主要领域
1	我来自哪里	科学
2	妈妈辛苦了	社会
3	我的好妈妈	艺术
4	照顾小妹妹	社会
5	亲亲我自己	语言
6	我自己的事情自己做	社会
7	回家的路	健康

五、系列活动教案（略）

六、主题活动评价（略）

(2) 项目活动方案的撰写

对于以问题解决为中心的项目活动，其活动方案往往是在初步规划的基础上，随着项目活动的开展，而不断细化、充实的。项目活动方案一般包括以下几个重点环节：一是确立驱动性问题。驱动性问题往往是儿童有兴趣的、真实的、有探索空间的、开放性的问题。二是分阶段实施项目探究。探究的过程一般包括：建立项目小组、师幼协商制订项目计划、学习实践、制作表征等环节。三是项目分享，项目分享一般放在项目活动取得一定成果或有突破的时候。四是发展评价。即运用过程性或结果性评价对儿童各方面的发展情况进行评估。

三、社会领域主题教学活动的实施与评价

(一) 社会领域主题教学活动的实施

主题活动方案设计好后，就进入了主题教学活动实施的阶段，主题教学活动实施以主题活动设计为基础，但还是受到其他因素的影响。一份好的主题活动方案设计还需要有充分实施的条件以及教师认真的执行，这样儿童才能参与其中，真正有所获得。主题教学活动实施的关键在于教师根据社会领域主题教学活动的特点以及计划，创造各种条件，具体、灵活地执行主题活动方案。

1. 主题教学活动实施的目标导向性与动态生成性

由于主题教学活动是由一系列活动构成的，因此，每一项活动的实施要紧密围绕主题目标进行，注意不同活动之间的联系以及前后活动的递进，以引导儿童由浅入深、由具体到抽象地学习，使内隐的主题教学目标通过长时间的学习得已达成。

主题教学活动实施的动态生成性，是指教师在目标导向的基础上，根据儿童的具体学习情况，灵活调整与生成新的内容，不一定要完全按照事先设计的主题活动计划进行教学。主题活动设计的目的是让教师在实施教学前尽可能对儿童的学习有一个系统的规划与思考，但这种规划不可能穷尽儿童所有的学习可能，因此，教师在具体实施活动方案时，要具有灵活性。

2. 注意创设适宜的环境，营造社会学习的氛围

儿童的社会学习往往是在潜移默化的氛围中进行的，特别需要环境的支持，因此，实施社会领域主题教学活动首先应该思考学习氛围的营造。

首先，教师自身要对儿童的社会性培养有正确的认识，并能身体力行。当然，这并不意味着教师要完全拥有这些行为与品格才能开展教育实践，而是教师在引导儿童的同时，要努力提升自己，这种态度和认识会极大地影响儿童。值得注意的是，家长在生活中也要作为“一种教育的力量参与儿童的社会性培养”。在主题活动开始时，教师需要把主题学习的教学计划告诉家长，请求他们的协助与参与，积极配合教师完成主题教学活动。

其次，教师要注意班级环境氛围的营造。班级环境氛围的营造可以采用主题墙的方式，张贴与主题内容相关的图片与标志，引起儿童的注意，也可在儿童学习过程中将作品贴在主题墙上作为展示。班级氛围要为儿童创造互动与合作的机会，培养他们的交往与合作能力。

3. 主题教学活动实施要遵循儿童社会学习的特点

儿童的社会学习有经验依赖与环境依赖的特点，因此，在主题活动开始之前，教师要注意帮助儿童积累与梳理经验；在主题活动过程中，教师要注意示范；教师还要注意在日常生活中的渗透实践。

(二) 社会领域主题教学活动的评价

主题教学活动一般是根据主题目标的达成度来加以评价的。对于社会领域主题目标的达成度，认知目标可以通过提问或作品分析的方式了解，而情感与行为技能目标一般

是通过教师和家长对儿童的态度与行为表现进行观察来评价的。

1. 评价的原则

幼儿园教学评价的主要目的是改进教师的教学。社会领域主题教学活动的评价要遵循以下原则：

（1）评价的动态性

在主题教学活动中，儿童是逐步发展的。教师可以了解儿童的个体差异，观察每个儿童的进步情况，全面、系统地了解儿童。同时可以随时根据儿童的发展方向，修正教学活动，使设置的课程"以儿童为中心"，有效地增强和延伸儿童的学习经验，以实现"以评促教"，体现"动态评价"的理念。

（2）评价的非标准化

标准化评价是指参照一定标准进行评价，考察儿童在团体中所处的位置，检验其是否异于正常发展的同龄人。这种评价方式不适合用来对儿童的社会性发展与学习进行评价。因为儿童的社会性发展与学习影响因素众多，且儿童的个体差异极大，很难对其进行标准化的评价。因此，社会领域的发展与学习评价大多关注儿童自身的学习与成长状况，比较儿童从主题学习开始到主题活动结束时的认知、情感与行为技能变化。因此，评价主要采用作品与活动情境分析、观察、谈话等方式。如现在幼儿园日渐重视的课程故事与学习故事就是非标准化评价的方式，重点是呈现出儿童学习与变化的历程。

2. 评价的内容与方法

对主题教学活动的评价可以从目标、环境、内容及实施效果四个方面进行，目标、环境与内容在设计的部分已进行了比较充分的阐释，这里只是简要提示评价的要点，而对实施效果部分做较为充分的展开。

（1）主题目标的评价

主要看主题目标是否涵盖了认知、情感、行为技能三个维度，且各维度目标的制订与儿童发展水平、经验是否相匹配。

（2）主题环境创设的评价

主题环境的创设主要看物质环境与精神环境是否为儿童的学习提供了充分的支持。如物质环境部分主要看主题墙是否反映了主题核心内容的进展情况，儿童的作品是否展示；精神环境部分主要看教师与家长是否为儿童的学习进行了积极的配合性示范。

（3）主题内容的评价

主要看主题内容是否与目标相匹配，是否很好地处理了各活动间的逻辑以及各领域内容，让儿童通过不同的方式学习了主题内容。

（4）主题教学活动实施效果的评价

主要包括两个方面：一是儿童的学习收获与变化，二是教师的学习收获与变化。对于儿童的收获与变化，可以通过向家长调查以及教师的日常教学观察来了解。而教师的收获与变化主要通过教师自己的反思分析来获得。

第二节　社会领域集体教学活动的设计与实施

集体教学活动是教师有计划、有目的地组织全班或部分儿童进行的教学活动。这种活动是全体或部分儿童共同参与的，具有学习目标的预设性、学习内容的统一性、学习过程的教师主导性、学习时间与空间的统一性。集体教学活动对于培养儿童的集体意识、组织纪律以及个体自制力有重要意义。集体教学方式能集中和较快地实现教育教学任务，是一种较为高效的活动组织形式，至今仍被广泛采用。但如果集体教学活动设计不科学，则会抑制儿童个性与创造性的发展。因此，教师需要思考如何有效地进行社会领域集体教学活动的设计与实施。

一、社会领域集体教学活动的设计

社会领域集体教学活动是指以社会领域内容为首要目标的集体教学活动。它常常与其他领域内容结合在一起。在社会领域集体教学活动中，教师应该确定正确的、具体的活动目标，选择儿童熟悉的、感兴趣的内容，根据儿童思维具体形象的特点，创设合理的情境，激发儿童参与活动的动机；在儿童原有经验的基础上，引起儿童的共鸣。同时，用游戏性、活动性的方式，使儿童有实践的机会；再在日常生活中建立具体可行的制度，持之以恒，与各领域的内容相互渗透，从而促进儿童社会情感、态度、能力、知识、技能等方面的发展。

（一）活动目标设计

1. 活动目标设计的依据

集体教学活动目标的设计依据主要有以下三个：

（1）《纲要》中的社会领域目标

《纲要》中的社会领域目标，是儿童社会领域活动设计与组织的总的指导，它为社会领域活动提供教育的价值方向，是具体教学活动设计的重要依据。

（2）儿童社会性发展水平与需要

活动的设计与实施是为了促进儿童的发展，因此，儿童的发展水平与需要是制订活动目标的内在依据。如要培养儿童勇敢的品质，是因为现在我国大多数儿童处在过度保护的环境中，不敢面对困难和挑战，因此，教师需要设计专门的活动培养他们的勇敢品质。

（3）主题内容目标

在主题教学中每一个活动都是在一定主题背景中展开的，因此，集体教学活动目标还要与主题目标相呼应。如在“我长大了”主题活动中，每一个活动都会为促进儿童对关爱的认知、体验或实践提供支持，即活动目标一定是与“成长”相关的。

2. 活动目标设计的原则

(1) 适宜性

目标要适合儿童的发展水平与需求，不能过于简单，也不能过于超出儿童的能力水平，最好是处于儿童的“最近发展区”。如对于儿童来说，要让他变得勇敢，适宜的目标就是鼓励儿童做一些生活中不敢尝试与改变的事情。

(2) 具有领域特点

活动目标还要有社会领域特点，社会领域目标的特点就是目标达成的内隐性、滞后性。从这一特点出发，社会领域活动目标更多是引导性的，而不是行为表现性的，不能一味地用能说、能做来表述。

(3) 具有针对性与可操作性

活动目标需要考虑在有限的教学时间内，传达什么信息，解决什么问题。相对于主题目标来说，集体教学活动目标要针对具体内容提出可操作的目标，如听了一个故事以后，儿童要理解什么，会表达什么，应引起儿童什么样的情感体验等。

(4) 具有层次性

活动目标要有主次之分，要在一个教学活动中突出活动的重点与难点。活动重点是指通过教学活动帮助儿童达成的普遍目标。活动难点是指根据儿童的现有经验与水平设置的有一定挑战性的内容，这一内容的完成需要教师较多的支持，难点内容不要求每个儿童都能掌握，多数儿童能够掌握就可以了。

3. 活动目标的表述

(1) 表述的维度

与主题目标的认知、情感、行为技能三个维度相呼应，集体教学活动的目标一般也从这三个维度去表述，但一个集体教学活动会相对集中于其中某两个或一个维度的目标，其他维度的目标只作为从属目标。

(2) 表述的角度

目标表述有两个主要角度：一是儿童，二是教师。从儿童角度表述的常用词有“感知、感受、体验、尝试、喜欢、乐意、了解、熟悉、理解”等；从教师角度表述的常用词有“引导、支持、帮助、鼓励、促进、介绍”等。教师只要能表述清楚活动对象与目标内容，无论从哪个角度表述都可以，重要的是表述明确、清晰。如中班故事《奇怪的一对》的活动目标：

①认真倾听故事，理解“奇怪的一对”是指谁，他们有什么特点？（认知、情感目标，重点目标，目标表述具体、有针对性）

②能说出自己对嘲笑和同心协力的理解。（技能目标，难点目标，目标表述具体、有针对性）

③懂得要尊重别人的不同，学习欣赏差异。（情感目标，这一目标是引导性的）

（二）活动内容设计

1. 活动内容选择的依据

（1）《纲要》中社会领域内容的要求

《纲要》中社会领域内容的要求，是幼儿园开展各项教育教学活动的重要依据，因此，教师需要根据《纲要》精神选择活动内容。

（2）儿童的年龄发展水平、经验与能力

活动内容应根据儿童的年龄发展水平、经验与能力来选择，如小班儿童理解能力比较弱，只能理解情节简单、角色不复杂的故事内容，所以较长的、情节复杂的故事内容就不适合小班儿童。同时，教师要尽可能根据儿童的生活经验选择相应的活动内容。当然这不意味着不可以选择不熟悉的生活内容，如可以向城市的儿童讲述大草原的生活，这可以帮助他们拓展生活视野，发挥想象力，让他们理解不同地方的人的生活。只是这类活动内容需要更充分的材料支持，让儿童逐步积累相应的经验。

（3）主题内容

集体教学活动是在一定主题背景下展开的，因此，其内容选择要围绕主题的核心来进行。如在“关爱”主题教学中，相关的教学内容，不管是哪个领域的，都要与“关爱”这一核心主题相关，这样才有助于主题内容与目标的完成。

2. 活动内容选择的原则

（1）符合儿童的年龄特点

活动内容应是儿童凭自己的经验与能力能够理解的内容。

（2）符合儿童的生活体验与兴趣

活动内容应该贴近儿童的日常生活，满足儿童的现实需要，符合儿童的兴趣，使活动目标建立在他们的原有经验之上。如教师们常常用故事《狼来了》教育孩子们诚实不说谎，但这个故事对于学前阶段的孩子来说并不是特别合适。现在有一些很好的绘本可以利用，如绘本《是我打翻了草莓酱》讲的也是一个如何对待说谎的故事，其梗概如下：小布奇打翻了草莓酱，他把地上的草莓酱都打扫干净，对妈妈谎称是花花狗吃了草莓酱。妈妈于是惩罚花花狗，不让它吃晚饭。这让小布奇内心越想越难过，吃不下，睡不着。最终，小布奇主动承认了错误，得到了妈妈和花花狗的原谅。花花狗吃饱了，小布奇终于放下了心里的大石头，甜甜地睡着了。这个绘本的内容比较贴近儿童的现实生活与体验，也有正确的价值观导向。

3. 活动内容的分析与处理

（1）分析内容的教育性要素

内容的教育性主要指内容所蕴含的教育价值及其与教育目标的相关性。教育活动的内容材料根据抽象程度不同，可以分为直接经验材料、示范观察材料以及言语符号材料。不同材料的教育要素分析方式是不同的。

直接经验材料主要是通过儿童的参与和体验来呈现的，这类材料的教育性要素主要体现为教师要善于从目标出发对儿童的活动进行教育性引导与归纳。

对于示范观察材料的教育价值要素分析，教师需要带着教育目标引导儿童观察与分析材料，这样才能利用材料引起发童的学习。

教师在活动中用到的言语符号材料主要有故事和绘本等，可以从分析故事的主题、情节发展、角色特点、角色体验等方面去挖掘教育要素。

（2）分析内容的主要知识点，确定重点与难点

在明确了基本的教育要素以后，教师将内容分解成需要儿童掌握的知识点，并确定教学的重点与难点，这样活动设计的基本内容就大致形成了。

（三）活动方法、策略设计

集体教学活动方法、策略的选择要与目标相匹配，并能引导儿童积极参与活动，具有可操作性。关于教学的方法在第四章中已有集中介绍，在这里主要介绍两类集体教学常用教学策略的设计。

1. 提问的设计

根据不同的标准，提问可以分为不同的类型。如开放性问题与封闭性问题、概念性问题与体验性问题、事实性问题与价值性问题。根据儿童的思维与学习特点，教师在进行提问设计时要注意以下几点：

（1）多提开放式问题，少提封闭式问题

封闭式问题往往关注事实或相似的想法，且有正确和错误的答案；而开放式问题关注想法和问题的解决，答案往往不止一个，它要求儿童运用想象力，有助于儿童思维灵活性与判断力的培养。因此，在教学中教师要尽可能地多提开放式问题。开放式问题的类型及例问如表 6 - 2 所示。

表 6 - 2　开放式问题的类型及例问

问题类型	例　问
推测事情发展	你认为接下来会发生什么事情？
重新建构已有的经验	当你去小朋友家做客时，发生了哪些有趣的事情？
做比较	你认为这两个小动物有什么相似的地方和不同的地方？
做评价	你更喜欢谁的行为？为什么？
想象	如果我们按照他的想法做，会产生怎样的结果？
做出选择	还有什么其他的方法能解决这个问题？
应用实际的知识	在超市里找不到妈妈了，怎么办？
原因分析	你认为是什么原因导致了小动物这样的结果？

（2）多运用体验性问题，少运用价值性问题

体验性问题能反映儿童的真实想法，它的回答主要借助想象、回忆、移情等。例如，如果你是小刺猬，你会怎么做？

价值性问题能反映儿童的价值（是非）判断，它主要借助判断、揣测等，包括对错问题、善恶问题、意义问题等。例如，你们认为小猴子这样的做法对吗？

对于儿童来说，价值判断能力还有待培养、提高，而体验性问题有助于儿童梳理自

己的经验，可以为其更高、更复杂的思维能力养成打下基础。

提体验性问题的基本策略有以下两种：第一，将儿童的发展置于问题情境中，追问其感受。例如，如果你是小刺猬，你的感受会怎样？小刺猬很难过，想想它为什么会难过？第二，运用基于自身情绪记忆的方法引发儿童的情绪情感体验。例如，你有没有像小刺猬那样被别人嘲笑过，你当时的感受是怎样的？

（3）不轻易否定儿童的回答，多问为什么

为了了解儿童的真实感受和思维方式，并为后面的引导奠定基础，教师不要轻易否定儿童的回答，而要为儿童营造一个包容、宽松的思考与讨论氛围。例如，为什么大家都不愿意和小刺猬玩？你认为小刺猬会不会原谅小猴子，为什么？

（4）提问要具体明确，让儿童知道怎样回答

教师的提问要具体明确，这样儿童才知道如何回答。明确的问题是与教学内容紧密相连的，并有具体指向性。例如，在这个故事中，你喜欢谁，为什么？听完小动物们的话，小刺猬为什么悄悄躲到一边去了？这些小动物分别有什么本领呢？

2. 教学情境的设计

教学情境是指能诱发儿童参与教学活动的环境，这一环境包括物质与精神两个部分。社会领域的知识与经验具有很强的情境性，而且儿童的社会学习也主要是通过观察、模仿、体验来进行学习的，因此，在教学中创设一定的情境引导儿童去观察、模仿与体验也是教师常常用到的一种教学策略。教师可以在教学之初、教学过程中或教学的结束部分创设情境。具体何时运用情境策略，教师可以因目标与内容的需要而定。下面简要介绍教学情境创设的几种常用策略：

（1）运用故事创设情境

这是教师最常用的一种情境创设手法。故事本身有人物、有情节、有图景，以形象思维为主的儿童能较好地借助故事去理解其中所传达的教育信息，同时，故事也能较好地诱发儿童的相关体验与经验。运用故事创设情境要注意以下几个问题。第一，要将教学要素巧妙融入故事中。第二，如果故事只是教学情境创设的手段，而不是要学习的主要内容，则要注意故事的长度不能太长。第三，讲故事时，要注意停顿，给儿童想象的时间。

如对于中班“认识图书”活动，可以插入绘本故事《小熊图书馆》，让儿童在听了故事后了解图书的分类，并可以通过别人的需求来推荐图书，这样能收到更好的教育效果。

《小熊图书馆》

小熊开了一家图书馆，里面有各种各样的书，许多小动物都来借书看。

小象来了，小熊问小象：“你想看什么书呀？”小象说：“我喜欢图画，我想画更多更美的图画。”小熊笑了笑，找了本画册递给了小象。

百灵鸟来了，小熊问百灵鸟：“你想看什么书呀？”

百灵鸟说：“大家都喜欢听我唱歌，我想学些新的歌曲唱给大家听。”小熊笑了笑，找了本音乐书递给了百灵鸟。

小猪来了，小熊问：“小猪，你想看什么书呀？”

小猪说："我想学做饭，我希望自己能做出许多香喷喷的食物。"小熊笑了笑，找了本食谱，递给了小猪。

小马来了，小熊问小马："你想看什么书呀?"小马说："我想去旅行，去看看更远更广阔的世界。"小熊笑了笑，找了本旅游图册递给了小马。

袋鼠妈妈蹦蹦跳跳地来了。小熊问："袋鼠妈妈，您想看什么书呀?"袋鼠妈妈说："宝宝们睡前喜欢听我讲故事，我想读更多有趣的故事给他们听。"小熊笑了笑，找了本故事书递给了袋鼠妈妈。两只小袋鼠从妈妈的袋子里探出脑袋。一起对小熊说："谢谢你，我们以后还会来小熊图书馆借很多很多的书看。"

(2) 运用儿歌与情景剧创设情境

儿歌也是创设教学情境的一种很好的方式，它同故事一样，能对儿童产生潜移默化的、不带外在操控性的影响。例如，对于下面这首儿歌《礼貌歌》，教师可以创设一个相互打招呼的情境，在唱的同时，进行表演。

《礼貌歌》

打招呼，行个礼，问声好，要称呼
遇长辈，要谦恭，遇伙伴，要友好
不插话，不吵闹，不任性，不慌张
打扰了，可以吗，谢谢你，不客气
对不起，没关系，再见吧，请慢走
文明用语要记牢
待人礼节要知道
从小学会懂礼貌
人见人爱乖宝宝
文明用语要记牢
待人礼节要知道
从小学会懂礼貌
人见人爱乖宝宝呀乖宝宝

(3) 运用艺术手段创设教学情境

用艺术手段如图片、音乐等创设教学情境，也是教师常用的策略。选用这些艺术手段要注意手段与目标内容的匹配性。如教师在进行"坚持"主题教学时，要向儿童介绍一些"坚持"的典范榜样，教师可以将这些榜样的照片及他们的行为事迹图片，展示给儿童看，以引起儿童探究与了解的兴趣。音乐手段常常用在氛围的营造与儿童的角色扮演中。

(4) 运用实物创设教学情境

在进行与生活内容相关的集体教学活动时，教师可以利用生活场景的重现来进行教学情境创设。例如，教师在教儿童学习叠衣服的不同方法时，可以展示不同的衣服，并让儿童实际操作。

（5）运用角色扮演的方式进行情境创设

角色扮演是儿童体验角色人物内心的一种很好的方式。这种方式常常用于生活情境的再现。例如，教师在教儿童礼貌用语时，可以让儿童和不同的人打招呼，引导儿童正确运用礼貌用语。

（四）活动过程设计

活动过程一般包括导入、展开、结束三个部分。各环节的设计要注意与目标相匹配，即各环节要有任务目标，各环节间的展开要有逻辑联系，且活动的展开与进行符合儿童的认知与学习规律。

1. 活动导入

导入部分的主要目的是吸引儿童的注意力，激发儿童的学习兴趣。学习心理学研究表明，新奇的或能唤起儿童原有经验的活动能引起儿童的注意与兴趣，因此，教师一般通过让儿童听故事、猜谜语、观看实物、欣赏图片或录像、情境表演等方式，刺激儿童的原有经验，初步引导儿童参与活动的兴趣，调动儿童参与活动的主动性。

2. 活动展开部分

这部分是实现活动目标的主要部分，教师要运用启发性提问、演示等多种方法，调动儿童的学习兴趣和已有经验，引导儿童主动地参与活动，积极地感知、体验、表达和交流。教学要面向全体儿童，兼顾个体差异，努力使每个儿童获得相应的知识经验和技能，完成活动目标。

教师可以将活动分成几个步骤，预估每个步骤大体的时间分配，明确哪个步骤是活动的重点，哪个步骤是活动的难点，相应地采用哪些教学方法来实现活动目标。

3. 活动结束部分

当活动的预期目标基本实现后，教师要适时地组织活动过程，准备结束活动。在活动结束部分，教师可以对儿童的活动表现进行简洁的、积极的评价，也可以引导儿童归纳自己在活动中获得的情感体验、技能、认知，也可以自然地过渡到下一个其他领域的活动。

（五）活动方案的撰写

活动方案通常包括以下内容：活动名称、适用年龄、活动目标、活动准备、活动过程、活动延伸与建议等部分。活动方案应当完整地包括这几个部分，并且格式规范，文字表述清晰、流畅。

1. 活动名称

活动名称，即一次教学活动的名字，它应该反映本次教学活动的核心目标与内容，简洁明了，富有趣味性，并且注明儿童的适用年龄。

例如，“我和弟弟妹妹不一样”（中班），这一活动名称提示了教育的核心内容是通过中班儿童和小班儿童的比较，让儿童体会自己的成长与变化；而另一活动名称“他在哪里呀”（小班），富有趣味性，但对核心内容的提示不是很清晰。

2. 活动目标

活动目标一般要从认知、情感与行为技能三个维度描述，且陈述角度尽量统一。

3. 活动准备

心理学研究表明，教学中如果教师和儿童有充分的准备会取得更好的教学效果。教师的准备包括备课以及相关教育设施与教具的准备，还包括教师引导儿童做好相关的知识经验准备。对新教师来说，活动准备要尽可能地详尽，这样才能应对各种突发事件。

4. 活动过程

活动过程一般包括活动导入、活动展开、活动结束。活动过程的设计应该有逻辑、有层次。在时间安排上，活动导入和活动结束部分一般都各占用整个活动 1/5 的时间，即各占 3～5 分钟，以保证有充分的时间来展开活动的重点、难点内容。

5. 活动延伸与建议

社会教育是一个漫长的过程，具有潜移默化的特点，仅靠一次或几次集体教学活动，是难以达成目标的。教师可以根据活动内容的特点、儿童参与活动的热情和效果等，将活动延伸到一日生活的各个环节或延伸到家庭教育中。

◆【案例 6－2】◆

我的标记朋友

（小班）

[活动目标]

1. 认识自己的标记。

2. 知道爱清洁、讲卫生，会用自己专用的毛巾、茶杯。

3. 逐渐养成良好的卫生习惯。

[活动准备]

1. 每人三张相同的标记图（分别用来贴在杯子架、毛巾架、晨检袋上），全班每个儿童的标记图都不同。

2. 晨检牌人手一张。

3. 小红星若干。

[活动过程]

1. 通过谈话，引出标记图

教师：洗完手后，我们用什么擦手？

教师：这么多毛巾都一样，我们怎样才能知道哪一条是自己的毛巾呢？（引出标记图）

2. 实践操作，儿童选择并粘贴标记

介绍标记图，并让儿童选择一种自己喜欢的标记，教师帮助儿童把标记贴在毛巾架的挂钩处。(分组进行)

教师：小朋友的毛巾都有自己的标记图了，以后擦手就不会用错毛巾了。现在我们喝水的杯子、早晨的晨检牌还没有标记，我们快快给它们贴上自己的标记吧！

3. 游戏“看谁找得快”

让儿童分组找自己的毛巾、杯子、晨检牌的标记，并给找得又对又快的儿童发小

红星。

每人发放一个晨检牌，教师鼓励儿童看清楚、记住自己的标记，再把晨检牌放到自己的标记处。教师这时要特别关注上个环节没得到红星的儿童，帮助他们放对标记，并给予红星奖励，以提高他们的自信心。

4. 教师小结，引导幼儿以后要用自己的专用毛巾、杯子等

教师：小朋友刚才给自己的毛巾、杯子、晨检牌贴了标记，这些标记大家要爱护，不能随便撕下来。这样我们就能分清自己和他人的物品了，用自己的毛巾擦手，用自己的杯子喝水，不会和别人的弄错。这样做，既清洁又卫生。

[活动延伸]

日常生活中教师可根据活动的需要，指导儿童在不同的玩具筐上做不同的标记，帮助儿童进一步分清各种标记的意义，熟悉自己的标记，懂得按标记取放物品。组织胆小、认识能力发展较慢的个别幼儿多玩“我的标记在哪里”的游戏。

二、社会领域集体教学活动的组织与实施

教学活动设计只是一种关于教学的构想，这种构想的落实，要通过具体教学活动的组织与实施来实现。教学活动的组织与实施受到诸多因素的影响，如教师自身的素质、教学的资源与环境状况以及儿童的具体情况。因此，教师需要根据具体情况灵活施教才能收到良好的效果。集体教学活动的组织与实施要注意以下几个点：

（一）教学各环节要求明确，施教灵活，组织有条理、有节奏

在开展集体教学活动时，教师要对各环节的任务十分清晰，并对儿童提出具体、明确的学习要求，组织也要有条理，即活动开展的秩序有其内在的逻辑与顺序，不能杂乱无章。有时会遇上儿童的回应超出预期的情况，教师要根据具体情况及时调整教学内容，以满足儿童的学习需求。调整应遵循在教学目标指导下有益于儿童充分学习的原则。

教学的节奏应当有张有弛，既要有舒缓的放松时间，又要有富有激情的紧张学习时间。例如，导入环节是轻松有趣的，展开部分是丰富而热烈的，结束部分是充实的。

（二）教学过程中注重教师自身的榜样示范与儿童良好学习习惯的培养

在教学过程中，儿童不仅仅通过教师所教授的内容而学习，还通过教师与他们互动而学习。教师自身对待儿童的态度、说话的方式以及教师自身对所教内容的态度与感受，都对儿童有着深刻的影响。因此，在教学中，教师应注意自身的榜样作用，如用温和、清晰的语言进行教学，注意倾听儿童的发言等。

教学也是培养儿童良好行为习惯的一个重要途径。教师要注意儿童良好学习习惯的培养，如倾听的习惯、礼貌表达的习惯，对儿童的不当行为要提出正面的行为指导要求。

（三）为儿童提供较充分的材料与经验支持，鼓励儿童自主探究

教师要善于为儿童的学习提供充分的材料与经验支持，让他们尝试自己去发现价值和真理，学习自主思考、判断。虽然对于儿童来说，这些能力只能是很初级的萌芽状态的表现，但教师应当有培养儿童自主思维能力的意识。

（四）有效的教学活动组织与实施需要大量的观摩与反思

教学活动的组织与实施过程往往最能反映教师教育教学的基本素质和能力，它是教学智慧的现场体现。教学智慧只有在不断实践与反思的过程中才能得到提高。

三、不同类型社会领域活动设计与实施要点

社会领域集体教学活动的类型多种多样，从活动指向目标来看，可以分为认知类、情感类、行为技能类。因为认知发展、情感发展、行为技能发展分别有不同的特点，考虑相关的集体教学活动也应有不同的设计策略。下面我们分别就这三种类型活动的设计与实施要点进行分析。

（一）认知类集体教学活动设计与实施

社会认知是指人对社会性客体及其之间联系，如对人（他人和自我）、人际关系、社会群体、社会规范和社会生活事件的认知，以及对这种认知与人的社会行为之间关系的理解和推断。皮亚杰的儿童认知理论指出，儿童的社会认知是自我积极地从环境中寻找和选择适宜的刺激，在这种刺激的相互作用中不断地构建自己的认知结构，形成和改变自己的知识体系的过程。儿童的社会认知发展除受一般认知成熟的影响以外，还受儿童社会互动经验的影响。因此，教师应结合儿童的生活与身心特点，提供恰当的帮助，促进儿童社会认知的学习。具体说来认知类集体教学活动设计与实施要注意以下问题：

1．有效地结合生活

儿童社会认知的很大一部分内容是对社会规范、原则、道理等陈述性知识的理解和掌握，这些知识对儿童很有用，但对儿童来说比较枯燥和深奥，因此，教师应该有效地利用生活中的相关事件，使儿童能真实地感受和掌握相关的规则和原理。如充分利用各种节日进行“爱家庭”的教育；结合“清洁城市”等社会事件进行相关教育等。

2．注重形象化的过程设计

在活动设计时，教师应注意把比较深奥、抽象认知的内容形象化和简化，使儿童易于理解。如国庆节，如果教师告诉儿童国庆节是中华人民共和国成立的日子，儿童会难以理解；如果教师说 10 月 1 日是“新中国妈妈的生日”，设计一个庆祝新中国妈妈生日的活动，儿童就能接受，因为“生日”是儿童原有认知结构中已有的，在新信息的作用下，儿童能用原有的知识来同化概念，所以容易理解“国庆节”这个抽象的知识。因此，把社会认知的内容形象化、简单化、浅显化是教师在活动设计中应注意的。

3．注重前期经验积累

儿童的认知发展遵循了从具体到抽象的发展过程，新的知识总是在原有认知结构的基础上同化、顺应而来的。因此，教师在平时应注重让儿童积累经验。如想让儿童认识什么是“规则”，教师首先应该让儿童回忆饭前要洗手、等候要排队、用完物品要收拾等具体的行为规范，再总结出“遵守规则”这个概念，使儿童的认知结构更系统和完整。再如，教师要开展“交通规则”“游戏规则”等活动时，则必须使儿童能有效地提取已有的对“规则”的理解，进行认知迁移。

4. 注重在活动或情境中理解

儿童主要是通过与他人的社会交往、相互作用认识社会的。因此，教师应该把要儿童学习的知识放到具体、真实的情境中去，使儿童容易理解、掌握。如认识“交通规则”最好的方法是带儿童到真实的马路上去看一看交通信号灯、人行横道线等。如果没有条件或出于安全考虑，在幼儿园的走道上模拟马路场景，请职业是交警的家长来幼儿园进行讲解也不失为好方法。

（二）情感类集体教学活动设计与实施

情绪情感是维持和促进个体生存、发展的基本心理机能。情绪情感的发生和复杂的社会交往、人际关系有着直接关系。儿童的情绪情感具有以下特点：第一，儿童情绪识别能力弱。情绪识别能力是儿童识别和理解他人情绪的能力，由于儿童认知能力差，因此在交往中容易误解他人的态度和反应。第二，儿童情感表达能力弱，难以用语言准确地表达自己的情感。第三，儿童情绪调控能力弱，较难从一种情绪状态调节和恢复到原有的情绪状态，或较难摆脱消极情绪的影响。由此，情感类集体教学活动设计与实施要注意以下问题：

1. 注重情感体验

情感是儿童社会性发展的动力基础，这种切身的感受是谁也替代不了的。因此，教师应该创设一定的情境、编排相关的游戏等使儿童能体验各种情感的发生。

2. 激发儿童共情

共情是主体将自己在生活实践中的种种体验转移到客体身上的过程。因此，教师应注意通过拟人化手法进行共情训练，促进儿童亲社会情感的发生。如对于自然界的小动物，教师可以通过故事、木偶表演等让儿童了解小动物“受伤了也会痛”，使儿童把自己的感受引申到其他生命上。

3. 支持儿童表达

儿童在交往过程中出现的冲突往往是因为儿童不能将自己的情感体验准确地传递给他人而引起的。因此，教师应注重儿童情感表达的能力训练，让儿童明白情感表达的重要性，教给儿童一些准确的描述性语言，培养儿童乐意表达情感的习惯。

（三）行为技能类集体教学活动设计与实施

行为技能掌握的过程是儿童通过所受的教育在生理和心理两方面获得发展，形成适应社会的人格并掌握社会认可的行为方式的过程。班杜拉的社会学习理论认为，儿童的社会行为大多来源于直接学习和模仿，而强化是最重要的中介。所以行为技能类集体教学活动设计与实施要注意以下几点：

1. 重视直接学习

在直接学习中，儿童的某种行为所产生的积极或消极的结果决定着儿童是否重复这些行为。教师应重视实践环节的设计，提供真实的场景让儿童直接操作和练习。例如，要让儿童了解合作的方法，教师就应该设计一些必须合作才能完成的游戏或任务，如“两人三足”游戏，在规定时间内两个人共同完成一个作品等，让儿童通过直接操作学习合作的方法。

2. 提供正面模仿的榜样

模仿是儿童行为习得的一个重要途径。对儿童来说，模仿是潜移默化的。因此，教师可以通过图片、录像或现实对象给儿童树立模仿的榜样，从而帮助儿童学习正确的行为。应注意的是，教师要提供正面的榜样，因为负面的榜样同样会引起儿童的注意，儿童因为好奇可能也会模仿。

3. 合理运用强化

强化是催化剂，可以有效地促进儿童良好社会性行为的再次发生。因此，教师可以设计一些奖励措施来强化儿童的行为，如一些小贴纸、小彩旗或口头奖励等，当然，成功的体验对儿童来说是最好的强化。

四、社会领域集体教学活动的说课与评课

说课与评课是社会领域集体教学活动设计与实施的重要内容，其目的是促进教师的专业发展，更好地实现教育目标，促进儿童的发展。说课的重点在于说明“为何这样设计活动”，评课的重点在于评价“活动开展得如何”。

（一）社会领域集体教学活动的说课

说课是指教师在精心备课的基础上，讲述某一个教学活动的设计理念与思路，即“为什么这样设计”，然后由听课者与说课者讨论、研究，使活动设计更加完善的教研过程。说课可以帮助教师进一步明晰教学活动设计理由，一般分课前说课与课后说课两种，此处主要讨论课前说课。说课一般包括下列内容：

1. 说目标

说明活动目标的具体内容及其确定依据。活动目标的确定需要说明与《纲要》目标、主题目标、儿童的发展水平、儿童的经验与能力的关联性。

2. 说内容

说明对活动内容的理解以及选择理由；同时要说明活动的重点、难点及其理由。如说明活动内容的来源，它与《纲要》精神、活动目标、儿童的经验与能力之间的关系，该内容的地位和作用。说明根据活动需要，对内容进行了哪些创造性的调整和补充来突出教学重点，并使教学难点落在儿童的“最近发展区”内。

3. 说方法与策略

说明主要的教学方法及其选择理由。例如，说明该活动要通过什么途径有效地运用这些教学方法，要达到什么效果。说明如何引导儿童运用正确的学习方法完成本次活动，用了哪些策略让儿童主动地、积极地参与活动，怎样帮助儿童自觉地、生动地进行思维活动，快乐地获得有益的经验。选择教学方法的基本依据是：（1）活动目标；（2）教学内容；（3）儿童的年龄特征、认知规律和发展水平；（4）教师的教学能力与个性特征；（5）可以利用的环境资源等。

4. 说过程

说明活动各环节的设计及其理由，说明对活动结果的预测及应变策略。例如，某一

活动包括以下环节：活动导入——尝试练习——经验提升——活动总结——活动延伸。关键在于说明“为什么这样教”，各环节的目标是什么，它与活动目标之间的关系是怎样的，各环节之间的关系是怎样的，怎样在教学过程中突出重点、突破难点。说明教师主导教学的全过程，怎样循序渐进，引导儿童积极思维；哪些答疑让个别儿童独立完成，哪些答疑让儿童群策群力来完成；儿童有哪些思维定式，需要采取哪些措施克服。

5. 说结果

说明活动的结果及其改进策略。课后说课应该在课前说课内容的基础上，增加活动自评。说明执教后的体会，说明活动目标、活动重点和难点的落实情况、儿童的参与情况与活动效果，分析教学过程的成功经验与改进思路。

（二）社会领域集体教学活动的评课

1. 评课的含义与内容

评课就是听课者对照活动目标，对教师和儿童在集体教学中的活动及由这些活动所引起的变化进行价值判断。

评课是为了帮助和指导教师不断总结教学经验，提高教育教学水平，促使教师在教学过程中逐渐形成自己独特的教学风格。评课的方式可以是综合评价，也可以是分环节评价。评课内容包括以下几个方面：

（1）评析活动目标

活动目标是教学活动的出发点和归宿，它的正确制订和达成，是衡量教学活动质量的主要尺度。

首先，从活动目标的制订来看，要评析是否对象明确、具体、适宜。对象明确，是指写明了教学对象的年级、人数，从统一的角度（儿童角度或教师角度）叙述目标。具体，是指在认知、情感、行为技能等方面有明确要求，不笼统、不抽象。适宜，是指确定的活动目标，能以社会领域目标为指导，教学重点符合儿童的年龄实际和认识规律，符合儿童的现有水平；教学难点落在儿童的“最近发展区”内，难易适度。

其次，从活动目标的达成情况来看，要评析活动目标是否明确地体现在每一个教学环节中，教学手段是否都紧密地围绕目标，为实现目标服务，是否最终达成了活动目标，并能适当延伸。评课要坚持“以儿童发展为本”，注重儿童的学习状态和情感体验，注重活动过程中儿童主体地位的体现和主体作用的发挥，强调尊重儿童的人格和个性，鼓励发现、探究与质疑，以培养儿童的创新精神和实践能力。

（2）评析内容处理

评析教师是否根据活动目标、儿童的原有经验、认知规律以及心理特点，对教学资源的内容进行了合理的调整、充实与组织，内容是否是儿童必需的、能接受的、有益的，是否具有多元性和层次性；是否科学地安排了教学程序，选择了合理的教学方法，突出了重点，突破了难点，抓住了关键。

（3）评析教学过程

要评析活动的物质准备及儿童的相关经验是否充分；结构是否清晰严谨、循序渐进、自然流畅；时间分配是否合理，是否保证了重点内容的教学时间和儿童参与活动的时间；

活动气氛是否愉快和谐，教学方法是否生动灵活；是否面向全体儿童，尊重个别差异，引导儿童积极主动地观察、体验、表达和操作，教师与儿童的互动是否积极有效。

（4）评析教师素养

评析教态是否自然亲切，举止从容；语言是否准确简练，生动形象，有启发性，是否语调高低适宜，快慢适度，抑扬顿挫，富于变化；教具、多媒体课件制作是否简洁、生动，有利于突出教学重点，突破教学难点；教学方法是否灵活，教师是否应变能力强；是否渗透正确的价值观、儿童观与教育观，为儿童树立真、善、美的榜样等。

2. 评课的注意事项

对于优秀教师的示范课，听课者可以进行课堂实录，课后仔细分析执教的活动设计与实施、儿童参与活动的状况、活动前后的变化与发展。具体有以下几条建议：

（1）听课前，认真了解活动名称、活动目标、设计意图和思路，思考如果是自己执教会怎样理解教材，怎样设计活动，带着问题参与听课。

（2）听课中，组成三人以上的学习小组，小组成员可以有所分工。例如，有人录像，有人重点观察执教教师，有人重点观察儿童，进行多方位、多角度的观察与思考。思考的角度包括：如果我是教师，会这样安排活动内容和过程吗？对儿童的反应，我会如何应对？如果我是儿童，会喜欢这个活动吗？能从中获得发展吗？

（3）听课后，学习小组做好完整的课堂实录，并集体讨论，开展评课。评课不仅要对整个活动做出综合评价，更重要的是对活动的细节进行研究与评价。

本章小结

本章主要对社会领域主题教学活动与集体教学活动的设计与实施进行了介绍。社会领域内容和其他领域内容有着密切的联系，而社会领域教学的经验依赖性与环境依赖性又让它对幼儿园与家庭提供的学习实践机会以及物质和精神环境有着较高的要求。因此，社会领域主题教学活动需要从目标、内容与环境上进行整体设计与实施，才能收到良好的效果。在集体教学活动设计部分，我们重点分析了活动目标、内容、方法策略及过程的设计。同时，还结合幼儿园教师的教研需要介绍了社会领域集体教学活动的说课与评课。

思考与实践

（一）问题思考

1. 活动目标的表述要遵循哪些要求？
2. 活动前的准备需要从哪些方面入手？
3. 社会活动的导入方式有哪些？

（二）实践练习

请从下面给出的目标中选一条设计一个幼儿园社会性教育活动方案。

参考目标：

（1）知道做客时的礼貌，学习使用“您好”“谢谢”“请”“再见”等礼貌用语。（小

班）

（2）学习区别明显的对与错。（小班）

（3）注意同班小朋友的不同表情，关心他们的情绪变化。（中班、大班）

要求：目标明确，方法恰当。

活动程序设计合理、科学，符合儿童的心理特点和认知规律。过程完整，紧扣目标。

延伸阅读

1. 浙江师范大学杭州幼儿师范学院附属幼儿园. 学前儿童品格主题案例［M］. 镇江：江苏大学出版社，2015.

主要内容：该书以善良、关爱、责任、耐心、尊重、创造、友谊、欣赏差异、宽容、合作 10 个学前儿童的品格为主题展开研究，每个主题从主题说明、主题环境创设、主题目标、主题活动一览、主题实施、主题效果与反思维度进行品格教育实践的深度呈现，案例丰富，贴合实际，能为幼儿园教师实践品格教育提供很好的支持与指导。

2. 刘丽. 幼儿园社会教育资源［M］. 北京：人民教育出版社，2017.

主要内容：该书秉承理论与实践相结合的原则，在理论阐释的基础上，提供了丰富的实践资源。该书主要从自我意识、人际交往、规则认知与行为、意志行为与品质、情绪情感、社会环境与文化这几个社会教育内容维度出发，从教育价值与关键经验分析、案例与评析、活动参考三方面提供了丰富的资源。

第七章　游戏与区域活动中的社会学习与指导

> 游戏是儿童认识世界的途径，他们生活在这个世界里，并负有改造它的使命。
>
> ——高尔基

学习目标

1. 明确游戏与区域活动对儿童社会性发展的重要意义。
2. 了解游戏与区域活动中所蕴含的社会教育价值。
3. 掌握游戏与区域活动中社会学习的指导方式及策略。

内容导航

- 游戏与区域活动中的社会学习与指导
  - 游戏中的社会学习与指导
    - 角色游戏中的社会学习与指导
    - 表演游戏中的社会学习与指导
    - 规则游戏中的社会学习与指导
  - 区域活动中的社会学习与指导
    - 区域活动对儿童社会学习的积极影响
    - 区域活动中蕴含的社会学习因素
    - 区域活动中社会学习的指导策略

案例导入

下午，孩子们进入活动区开始做游戏，娜米雅进入娃娃家后拿起电话，给妈妈打起了电话。这时，浩浩看见了上去就抢，嘴里还说："给我打一个，给我打一个。"娜米雅不让。娜米雅说："玩具是我先拿到的，等我打完了你再打好吗？"虽然不抢了，但浩浩仍不甘心地看着娜米雅手中的电话。

类似情形在幼儿园区域活动中时有出现。如果你是本班教师，你将如何分析此情境中蕴含的社会学习因素？两个儿童表现出的哪些社会性特别值得关注？当活动结束后你又将怎样处理上述问题？本章将对游戏与区域活动中的社会教育进行探讨。

《指南》指出，幼儿的社会性主要是在日常生活和游戏中通过观察和模仿潜移默化地发展起来的。可见，游戏对儿童的全面发展具有重大意义，是儿童社会性发展的重要途径。

游戏有着复杂的定义且分类标准多样，本节内容主要采用当前最常见的游戏分类方法，即把游戏分为创造性游戏（角色游戏、表演游戏、建构游戏）与规则游戏。无论在

理论层面还是在实践层面，每类游戏均蕴含社会学习因素。由于篇幅所限，本节我们主要围绕角色游戏、表演游戏、规则游戏中的社会学习展开。

第一节　游戏中的社会学习与指导

一、角色游戏中的社会学习与指导

（一）角色游戏对儿童社会性发展的积极作用

角色游戏是儿童通过模仿、想象而扮演角色，从而创造性地反映现实生活的一种游戏。① 角色游戏的内容往往来自儿童的现实生活，他们在游戏世界中畅游，充分发挥自己的想象力，模仿所扮演角色的典型特征。角色游戏是学前期儿童最主要的游戏活动类型。② 苏联现代游戏理论的主要代表人物艾里康宁指出，儿童的角色游戏不是自发出现的，而是出自社会的需要。在角色游戏中，儿童能够担当成人的角色，重现成人的活动，如此一来，他们内心的愿望得到满足。③ 角色游戏就其内容、来源与本质而言，皆具有社会性，它与儿童的社会学习有着密切的关联。

儿童在角色游戏中通过模仿、想象，践行着对自己、对他人、对世界的认知，觉察与体验着自己的、角色的情绪情感。与此同时，其社会交往技能也得以丰富、完善。

1. 角色游戏对儿童社会性发展的积极作用

对于儿童来说能影响伙伴间关系的关键因素有两个：第一个是外在因素，第二个是性格。三到五岁的儿童能分辨出漂亮与不漂亮，他们一般喜欢和长得漂亮，穿得漂亮的人在一起玩儿。其次性格也是交往中的重要部分，那些喜欢帮助别人的小朋友是比较受欢迎的，然而有的小朋友在人际交往中存在困难，有的小朋友被排斥，有的小朋友容易被忽视。角色游戏促进了儿童角色之间的交流与交往，让儿童学会了表达情感和愿望，同时也能理解别人的角色和态度。在一些角色游戏中，例如教师与学生的游戏中儿童可以自己制订游戏的规则，并且要求共同去遵守，当儿童规定学生的角色必须听从教师的角色时，儿童就要去共同遵守。这就要求儿童之间要多沟通多交流协商。儿童的关注大多是在游戏中生成的，角色游戏对儿童共同合作、共同计划、共同遵守游戏规则，起到良好的作用，使伙伴之间关系更密切。

2. 角色游戏可以促进儿童亲社会行为的发展

角色游戏中，儿童的分享、帮助合作等都属于亲社会行为。在角色游戏中要使一个游戏顺利进行下去，就要有规则，儿童之间也要能合作、能配合。在教师提供的材料不足的情况下，儿童能把自己带来的东西和别人分享就是亲社会行为。

---

① 邱学青. 学前儿童游戏：第 4 版［M］. 南京：江苏教育出版社，2017.

② 刘焱. 儿童游戏通论［M］. 北京：北京师范大学出版社，2004.

③ 杨兴国. 艾里康宁游戏理论述评［J］. 四川职业技术学院学报，2010（2）：82-83.（有改动）

影响亲社会行为的因素有三个：第一个因素是社会生活环境。在日常的角色游戏中教师可以提供一些亲社会行为的影片让儿童观看，并创设一些亲社会主题生活环境，这些都会对儿童的亲社会带来积极影响。第二个因素是儿童日常生活环境。首先是家庭的影响，父母应该起到榜样作用，孩子会去模仿父母的亲社会行为，同时对孩子的教育方式也很重要。其次是同伴间的相互作用。在角色游戏中，教师可以通过玩伴之间的交流合作促进其亲社会行为的发展。最后一个因素是观点采择，即让儿童从他人的角度去考虑问题。

3. 角色游戏可以提高儿童的自我意识

婴幼儿是典型的自我中心主义者，角色游戏有助于其发展自我意识，摆脱自我中心。儿童社会性发展的第一步就是发展自我意识，随着年龄的增长，他们的自我中心意识增强，大多时候是从自己的角度去考虑问题，看待问题。他们用自己的想法意识去解决理解周围的事物，不能换位思考，不能从他人的角度看待问题。然而角色游戏中由于角色的需要，儿童必须去扮演别人，所以才能换位思考，儿童逐渐能够从他人角度看待问题。角色游戏对家庭教育也很重要，当今家庭多是独生子女，由于缺乏姐妹兄弟，他们容易形成自我中心的观点，一切事情都以自我为中心，自私不考虑别人。父母可以和孩子玩角色游戏，互换角色进行日常生活的再现，让孩子当父母，让父母当孩子，这样孩子可以去理解父母的不易，站在父母的角度去看问题，同时父母也可以通过孩子的表现看出自己的不足，既有利于孩子的成长又有利于父母的教育，所以，角色游戏可以提高儿童的自我意识。

4. 角色游戏可以减少儿童的攻击性行为

攻击性行为是指一种以伤害别人，或损害别人物品为目的的行为，这种行为经常发生。儿童发生攻击性行为一般是由于玩具等物品的争夺引起的，多为身体上的攻击。诱发攻击性行为的因素有四种：第一是父母的惩罚，父母的惩罚对于有攻击性行为的孩子来说，不仅不能抑制他们的行为反而会加剧他们的行为。第二是榜样，当孩子看到攻击性行为的画面，会增加攻击性行为的可能。班杜拉曾做过实验：一组孩子观察到成人对充气娃娃拳打脚踢，他们面对充气娃娃时也是那样。第三个因素是强化，当孩子出现攻击性行为时，父母不抑制就会更加严重。第四个是挫折，攻击性行为产生的直接原因就是挫折。

角色游戏中，教师可以让有攻击性行为的孩子和没有攻击性行为的孩子一起玩儿，以没有攻击性行为的孩子为榜样；同时教师可以多鼓励他们玩儿一些过家家等温馨场面的游戏。这样，具有攻击性行为的儿童可以在没有攻击性行为儿童的身上学到一些好的行为。

5. 角色游戏可以让儿童熟悉社会规则和社会行为规范

角色游戏可以反映儿童对他人的知觉，对角色属性、角色关系及与角色相称的行动等的认知。儿童通过“娃娃家”“小医院”“理发店”等角色游戏，再现真实生活场景，体验社会生活，了解这些角色在社会生活中的意义，在不知不觉中接纳并实践这些角色要遵循的社会规则与社会行为规范。例如，“乘公交”游戏中，扮演乘客的儿童要遵守乘

车秩序，排队上车；扮演司机的儿童要遵守交通规则，红灯停、绿灯行、黄灯等一等。儿童借助角色游戏体验多种多样的社会角色，参与成人社会生活，履行角色要求，做出与角色身份相适应的行为，不断演练社会生活经验与社会行为规则。

6. 角色游戏可以发展儿童健康的情绪

首先，角色游戏能带给儿童积极的情绪体验。游戏过程本身是愉快的，令人身心放松的，同时儿童在角色游戏中能够自主选择玩伴、指定游戏主题、自己组织游戏，甚至依靠自己的力量解决遇到的各种问题。在角色游戏中，儿童的内心愿望得到满足，并积极而自由地发挥个人的能量。

其次，角色游戏可以消减儿童焦虑、害怕的情绪。通过角色游戏，儿童在假想情境中能够不受现实条件限制，逐渐适应各种情境，从焦虑、害怕到情绪平稳，从退缩、逃避到勇敢面对。如儿童大都害怕去医院打针，教师可以准备“小医院”游戏，引导儿童慢慢接触“医疗”材料；逐步过渡到使用这些材料玩角色游戏，儿童当医生，教师当病人，儿童的负面情绪在当医生的过程中一点点减少；最终教师退场，过渡到同伴之间自主的“小医院”游戏。

（二）角色游戏中社会学习的指导策略

1. 敏锐观察，灵活介入支持游戏

角色游戏属于创造性游戏，以想象为支柱，儿童自由自在地想象人与人之间的关系。他们在游戏中以人代人、以物代物，以动作、语言来表达自己的思想感情，穿梭于“真实生活”与“假想世界”之间。由于角色游戏的玩法“变化多端”，这就需要教师时刻保持敏锐的观察力，觉察此时儿童在做什么、在想什么，判断儿童可能遇到什么困难，并在整个过程中不断自问“此时此刻所遇问题，儿童能否自己解决？如果需要介入，又该以何种身份、何种方式介入？介入后又当何时退出？”等。

（1）语言提示

当儿童在游戏中出现问题或是遇到问题无法顺利进行的时候，教师的一两句简单的建设性语言就能帮助他们理清思路，从而促进游戏的顺利开展。例如，在娃娃家游戏中，“爸爸”仔仔、“妈妈”彤彤对塑料地板比较感兴趣，只顾自己在地板上打闹。这时教师就以客人的身份介入，理由为探望“宝宝”，目的是把“爸爸”“妈妈”的注意力引到“宝宝”上面。教师问：“宝宝肚子饿了，爸爸妈妈有没有准备什么好吃的给宝宝呀？”仔仔当即就表示马上去买菜，彤彤开始哄“宝宝”。这时儿童就进入了自己的角色，保证了游戏的正常进行。

（2）行为暗示

行为暗示即利用教师的动作、表情、眼神等身体语言及提供材料、布置场地、动作示范等来对儿童游戏行为做出反馈，从而对儿童游戏行为进行良好塑造。这种方式比较直接有效，能够产生较好的效果。在理发店游戏中，负责人旺旺、轩轩没有认真工作，把理发工具胡乱往桌上一摊。老师以合作者的身份介入，作为他们的合作伙伴，一进“店”中，老师就开始“忙”了起来，整理起桌上的瓶瓶罐罐，并说了句：“干干净净的，客人才感到舒服。”这时旺旺和轩轩也跟着整理起来。可见，在上述游戏中，教师只是通

过简单的行为示范就起到了暗示作用，使原本无序的活动步入了正轨，使游戏得以深化和发展。

（3）环境的隐性介入

环境是儿童发展的资源。儿童是通过与环境的相互作用生成并开展活动的。对儿童来说，环境就是一种隐性的“指示牌”，符合儿童经验的，儿童看得懂，就会朝指示的方向前进，然后通过与环境的互动不断丰富自己的原有经验；反之，儿童会根据自己的经验去解释“指示牌”的意思，往往这种解释是一种曲解。在角色游戏中，教师通过观察创设游戏环境，并不断改进游戏环境促使儿童在与环境的互动中得到发展。还可以创设一些环境“警示牌”。例如在“医院”设置一个“保持安静”标示；在小超市设置“请您排队”的标示等。这样教师不用过多的言语与行动就能在潜移默化中使儿童规范自己的游戏行为。

由于角色游戏的玩法“变化多端”，这就需要教师时刻保持敏锐的观察力，觉察此时儿童在做什么、在想什么，判断儿童可能遇到什么困难，并在整个过程中不断自问“此时此刻所遇问题，儿童能否自己解决？如果需要介入，又该以何种身份、何种方式介入？介入后又当何时退出？”等。

◆【案例7-1】◆

搭房子

“今天大家想搭建什么呢？”“房子。”“那现在选择材料开始你们的游戏吧！”刚开始的时候，大海的房子只有一个三角形的房顶和正方形的房体。搭好房子的大海无所事事地等待其他小朋友。这时候沐沐走过来问：“大海，这就是你的家？”“是的。”“这也太简单了吧，你看我的家，院子比你的要宽敞。”

其他小朋友七嘴八舌地说自己的房子有多么漂亮。大海看了一眼，然后若有所思地停了一会，又走到积木旁，拿了一些积木开始拼搭。过了一会，大海说：“我要在我的房子旁边搭建一个车库。”沐沐说：“那我的汽车要开到你的车库里。”

就这样他们又玩儿了一会儿，可是过了几分钟，我发现他们只是把汽车从车库开出来，又开进去。我说：“小汽车除了进车库，还能去哪里？”浩浩说：“还能上马路、高速，还能过大桥、走大坡。”我说：“如果上桥的话，现在你们的路面上缺什么？”“缺一座桥。”小朋友们把积木平铺出一条路，小汽车在上面可以行驶。我又说：“如果要上一个坡怎么办？”孩子们说把积木垒高就可以，这时大海说：“不仅要垒高，要形成一个坡。”就这样，孩子们开始研究怎样能搭建起一个坡，小汽车怎样才能平稳地在上面行驶。

2. 多用间接指导，支持儿童的换位思考与问题解决

在角色游戏中，儿童可能会因分不到想要的角色向教师求助，或因拿不到想要的玩具、材料请教师出面协调。教师应进行判断，如果儿童自己有能力解决，就将问题交还给他们，让他们自己想办法解决。在问题解决的过程中儿童会逐步学会换位思考，增强对不同角色的理解。

（1）对儿童游戏的同伴交往进行引导

教师通过对儿童人际交往情况的观察，可以了解儿童的个性特点、心理特点，从而对儿童进行随机教育。教师要观察儿童自我与角色的关系，观察主要角色与次要角色的关系，角色若发生矛盾，要了解是儿童没掌握分配交涉的方法还是另有其他原因，以便即时帮助解决矛盾。随着游戏情节的不断发展和内容的丰富，教师应仔细观察儿童说话的口吻、处事态度及交往的方法。根据情况，教师可以角色的身份介入游戏中，促进不同角色间的积极交往。

（2）对儿童游戏的生活经验进行补充

在角色游戏中，教师更要观察儿童扮演角色时操作材料的状态，包括面部表情、手部动作、姿态等。从中教师可以了解儿童对游戏材料的兴趣，以及利用游戏材料解决问题的能力，同时也要观察儿童在游戏中以物代物的情况。教师在游戏中应该把握时机予以指导，引导儿童在原有的游戏基础上不断发展，引导儿童仔细观察，逐步形成正确的概念，获得更多的信息。儿童的生活经验增多了，知识面扩展了，儿童的游戏内容和情节才会不断丰富发展。例如：在“医院”主题游戏中，儿童扮演医生给病人开刀，他们常常不假思索，举刀就做手术。显然儿童对做手术的过程缺乏了解，当我发现这个问题时，就提出一些问题，让儿童展开讨论。“医生给病人开刀前要做哪些准备工作，在开刀过程中病人可能会发生什么问题？医生要采取什么措施？”“刀要用酒精棉球消毒。”“开刀时病人会出血，要打止血针，还要输氧气、输血。”“开刀的房间只有医生和护士可以进去，家人只能在门外等。”经过讨论，孩子们知道了医生给病人做手术时的粗浅知识，以后的“医院”游戏中，孩子们自然把这些知识都用了进去。

（3）对儿童游戏的自主选择进行支持

在角色游戏活动中，教师要充分发挥儿童在游戏中的主导作用，不限定角色、游戏主题、游戏规则等，处理好教师为主导，儿童为主体的关系。也就是说教师要实施间接指导，以角色的口吻，或以提供游戏材料的方法启发引导儿童，让儿童自己设计游戏项目，这样儿童就能在得到心理满足的同时发挥主动性和积极性。只有这样儿童的体力、智力、情感、道德、品质才能在轻松愉快的游戏中得到健康发展。如果儿童自己有能力解决，就将问题交还给他们，让他们自己想办法解决。在问题解决的过程中，儿童会逐步学会换位思考，增强对不同角色的理解。

◆【案例 7－2】◆

受欢迎的娃娃家[①]

泽泽抢不到娃娃家爸爸的角色哭了起来，向老师求助：“我想当爸爸，可他们不让我进去。”老师拍了拍他的肩膀说：“泽泽，你观察这个区域缺什么角色？”泽泽说：“缺一个宝宝。”老师说：“那你为什么不先扮演宝宝，再扮演爸爸呢？”泽泽擦擦眼泪点了点

---

① 董旭花，韩冰川，刘霞，等. 幼儿园自主游戏观察与记录：从游戏故事中发现儿童［M］. 北京：中国轻工业出版社，2015.（有改动）

头，朝着娃娃家的方向走了过去。泽泽对娃娃家的小朋友说："我能不能先当孩子，一会儿我们交换，我当爸爸。"妈妈玲玲说："行，你先当孩子。一会儿让你当爸爸。现在，孩子你想吃什么？""我想吃汉堡包。"说完玲玲帮他端来了一个汉堡，他津津有味地吃了起来。

3. 引发回顾讨论，助推游戏深入发展

角色游戏蕴含着丰富的社会学习价值，是儿童认识自己、了解伙伴、进行社会交往的社会学习过程。如果教师能够在角色游戏过后，有意识地引导儿童讨论、评价自己的游戏过程，有意识地引导儿童回顾自己如何选择玩伴、如何面对游戏中遇到的困难等，会扩展与深化本次游戏对儿童社会性发展的价值，有助于儿童在总结归纳原有游戏经验的基础上，开展新的角色游戏。

◆【案例 7－3】◆

有趣的颜色[①]

科学区域活动结束后，教师组织儿童讨论：今天的活动中发生了什么，遇到了哪些问题是自己解决不了的？

梓琪："我想调出一些橙色，但试了几次，跟我想的橙色不太一样。"

教师："小朋友们，调制橙色需要什么颜色？"

儿童："红色和绿色。"

教师："是不是你的比例不对？"

梓琪："明天的区域活动我再试试吧。"

教师："是不是所有的颜色都能调配出来呢？"

萌萌："是的。"

教师："这些颜色最初是从哪里来的呢？"

儿童："从颜料加工厂出来的，然后制作成小罐颜料，我们就可以用了。"

教师："颜料最初都是软软的，膏体这样的吗？"

经过讨论，师幼生成了"颜色从哪里来"的主题活动。

二、表演游戏中的社会学习与指导

（一）表演游戏对儿童社会性发展的积极作用

表演游戏是指儿童按照童话或故事中的情节扮演某一角色，再现文化作品内容的一种游戏形式，它以儿童自主、独立地对作品的理解而展开游戏的情节。[②]

表演游戏与角色游戏都属于假装游戏，在对儿童社会学习的影响上，有诸多相似之处：首先，能够帮助儿童"去自我中心"；其次，能促进移情能力的发展；最后，游戏参与者之间有形式多样、内容丰富的社会互动，能促进社会交往能力的发展。

---

① 改编自内蒙古乌兰察布市蒙古族幼儿园"童学探索"课堂实录内容。

② 邱学青. 学前儿童游戏：第 4 版［M］. 南京：江苏教育出版社，2017.

表演游戏与角色游戏明显的区别在于，表演游戏结构性更强，每次表演之前儿童都需先达成共识，彼此心中有着基本一致的“脚本”，认同“故事”情节的基本走向。表演游戏受到“故事”框架的制约，不能随性而为。角色游戏的规则多是角色本身自带的隐性的要求；表演游戏的规则有相当一部分是显性的，就是事先确认的“故事”情节。相对而言，表演游戏对儿童心智成熟度的要求更高，需要儿童具备较强的规范意识。

具体而言，表演游戏能够促进儿童自我意识、儿童社会认知与同伴交往能力的发展。

1. 有助于儿童自我意识的发展

自我意识是个体自身心理、生理和社会功能状态的知觉和主观评价，指主体对其自身的意识①。促进儿童自我意识的发展是幼儿园教育和管理的重要任务，教师可通过多种途径发展儿童的自我意识，其中包括游戏。表演游戏的内容具备故事性的特点，故事性除了可以吸引儿童的兴趣，还能让儿童“入戏”，为儿童创设积极放松的人际交往情境，可以满足儿童自我表现、自我肯定的需要。儿童将故事中的角色特点投射到自己身上，进行思考和反思。表演游戏要求儿童依据“脚本”来表演，注意自己的出场顺序，没轮到自己上场的时候需要耐心等待，注意与他人的配合，自己的言行要向角色的身份、特点靠拢，各种“制约”融入游戏之中，儿童在轻松愉快的氛围中接受它们，自制力也自然而然地获得发展。同时表演游戏能促进儿童自我评价能力的发展。儿童在表演游戏中不断接受来自材料、同伴、成人的反馈，对故事情节的认识、对自己角色的认识越来越清晰，儿童依据反馈，按照个人理解调整自己的语言、表情、动作，自我评价能力也在这个“反馈—调整”链条中渐渐发展起来。

2. 促进儿童社会认知的发展

社会认知是指人对社会性客体及其之间的关系，如对人、人际关系、社会群体、社会角色、社会规范和社会生活事件的认知，以及对这种认知与人的社会行为之间的关系的理解和推断②。从选择和确定所要表演的作品的那一刻起，表演游戏就已经有了一个规范游戏者的框架。表演游戏需要依靠角色的扮演来进行，角色与角色之间是存在人际关系的，儿童在进行游戏时，需要将自己的言行与故事情节、人物联系起来，故事“脚本”为儿童评价自己和他人的游戏行为提供了比较的标准，从而有助于提升儿童对人际关系的认知。虽然表演游戏的角色来源于童话故事或其他文学作品，但也来源于现实，儿童在表演游戏中可以获得一些对社会角色、社会规范等的认知。在表演游戏中，儿童要认识自己的角色，也要认识他人的角色，还要认识人物之间的关系，从而有助于认识他人外形特征、他人心理特征、角色所处环境等。

3. 有助于儿童同伴交往能力的发展

同伴交往是表演游戏的有机组成部分，它既可以帮助儿童理解故事内容，又是儿童合作表现故事内容的必要步骤，对于表演游戏的开展具有支持作用。譬如，中班儿童在表演游戏中需要协商的内容比较广泛，包括角色、规则、情节、材料、动作、对白等多

---

① 王桂岐. 学前儿童人物画与自我意识发展的相关研究［D］. 上海：华东师范大学，2009.

② 张文新. 儿童社会性发展［M］. 北京：北京师范大学出版社，1999.

方面。大班儿童交往的内容主要集中在规则、动作、对白这三个方面，在角色分配、情节协商、材料分配等方面一般能够达成默契，不需要协商。可见，协商是表演游戏的重要组成部分，随着协商次数的增多，儿童感受到倾听他人意见的重要性，同伴交往策略也变得灵活多样，同伴交往能力在真实或想象场景中获得发展。

（二）表演游戏中社会学习的指导策略

1. 关心信任儿童，观察捕捉儿童身上的闪光点

研究表明，“在有着高度压力的班级中，儿童很难发展出学习兴趣、自我意识和选择能力，他们会错失许多童年的快乐和广泛的学习机会”[①]。教师评价儿童的表演游戏水平不能仅仅停留在“像不像”的层面，首先应关注的是儿童个体的表演与游戏状态。儿童是否投入、是否乐在其中？如果不能投入，原因又是什么？是材料、道具的问题吗？是介入出问题了吗？这些都是教师应思考的问题。教师应着力捕捉儿童表演过程中的闪光点，顺势予以恰当的指导。

2. 丰富儿童的经验，以多样化的材料触发表演

儿童从低层次水平表演游戏进阶为高层次水平表演游戏，需要具备一定的生活经验与表演经验，还需要成人创设有准备的物质环境。这就要求教师平时有意识地引导儿童观察生活、体验生活，注重发挥分享交流环节的作用，帮助儿童构建个体的知识经验，用于丰富、拓展表演游戏情节。在物质环境创设上，教师除了购买成品材料与精心制作道具之外，还应为儿童提供半成品材料、废旧材料等各种辅助材料和工具，以便更好地满足儿童的奇思妙想。

3. 提供支持，协助儿童发起同伴合作表演行为

维果茨基提出“最近发展区”理论，认为儿童有两种发展水平，一种是现有水平，另一种是可能水平，儿童能够在成人或同伴的帮助下从现有水平发展至可能水平。表演游戏提供了大量的“脚手架”，如材料、故事“脚本”、成人、同伴，共同协助儿童由现有水平向可能水平发展。起初儿童的表演游戏主要表现为嬉戏行为、简单的装扮行为，经过教师或同伴的帮助后，儿童的表演游戏将有机会向更高的水平发展。表演游戏的内容会变得更复杂、更丰富，他们协商角色分配，一起商定“脚本”，一起制作道具，关注表演的出场顺序、人物语言与表情等。与此同时，同伴交往与同伴合作也在不知不觉中发生、发展着。

4. 创设环境，激发儿童对表演游戏的兴趣

有的幼儿园在一日生活中，开展表演游戏次数过少，儿童对表演游戏比较陌生，许多儿童没有真正体验过表演游戏。有的儿童园虽然设置了表演游戏区，但由于空间有限，表演游戏区形同虚设，其功能和价值没有得到应有的发挥。有的幼儿园班级表演游戏区的道具非常单一，更换频率低，环境创设没有新意，激发不了儿童进行表演游戏的兴趣。针对以上问题，教师要合理布局区角。首先，有些区角由于材料和活动性质相似，可将

---

① 盖伊·格朗兰德. 发展适宜性游戏：引导幼儿向更高水平发展［M］. 严冷，译. 北京：北京师范大学出版社，2014.

其合并。同时，除了教室里面的空间，教师也可以利用班级的走廊或者幼儿专门的活动室开展表演游戏。其次，教师还要定期进行区角环境创设，根据班上儿童的兴趣和表演游戏的内容更换和投放相应材料，可以将形状、颜色种类多样的道具投放至表演区，包括角色的头饰、衣服等。儿童的思维以具体形象思维为主，形象有趣的道具容易将儿童的注意力吸引到表演游戏区。第三，通过其他活动的延伸激发儿童表演游戏的兴趣。例如，在语言领域活动中，当儿童学习了一个故事后，教师可以将活动延伸至表演游戏区，投放相应的故事绘本，将所学的内容以游戏的形式表现出来，既巩固所学，又体验游戏的快乐。

◆【案例 7 - 4】◆

七色花

学习了故事《七色花》后，教师在"表演区"投放了七色花、太阳、蚂蚁、小鸟等游戏角色。妮妮、静雅和小土豆颇有兴趣，在角色区各自摆弄着这些材料。静雅口中念念有词，说："我们谁扮演七色花呢？我们还缺一些小朋友扮演其他角色。"然后，三人互相看看，其他小朋友正在自己的区域玩儿，没有人准备加入。这时教师带来了《七色花》的图书与音频，并引导三人招募演员。她们把想说的招募词告诉了老师，老师帮忙制作招募牌。过了一会儿，有小朋友看到这个区域很有意思，就前来询问招募的事情。陆续有人加入角色表演之中，看着游戏有了进展，教师就转身去了其他区域。有了教师的点拨，妮妮更加自信了，三人带领其他小朋友投入地进行表演。静雅自觉担当起游戏组织者角色，带着其他小朋友一起商量出场顺序和规则。

三、规则游戏中的社会学习与指导

（一）规则游戏对儿童社会性发展的积极作用

规则游戏是指至少有两人参与的、按照一定的规则进行的一种游戏形式。规则游戏具有"规则性""竞赛性""文化传承性"等特征。[①] 简言之，规则游戏就是多人围绕规则开展的游戏活动，主要内容包括规则的制订与规则的执行。规则游戏能否顺利开展，核心问题在于规则是否满足参与者的兴趣需要，规则是否公平合理且被参与者认可。

皮亚杰认为儿童规则游戏能力的增强是因为儿童"去自我中心"和协调他人观点的能力增强所致。因此，规则游戏能力的增强是儿童认知和社会性发展成就的标志。也正因为如此，规则游戏在儿童的认知和社会性发展中有其独特的价值与意义。[②] 在规则游戏中，儿童一起确立规则，用自己能表达与理解的符号将规则表达出来。这种确立规则的过程是每个儿童都积极参与的过程，儿童的认识与坚持性都特别稳定。

1. 规则游戏有助于增强儿童的规则意识

规则游戏是以规则为中心开展的游戏，它的顺利开展需要儿童具备较强的规则意识。

---

① 刘焱. 儿童游戏通论［M］. 北京：北京师范大学出版社，2004.

② 刘焱. 儿童游戏通论［M］. 北京：北京师范大学出版社，2004.

为了规则游戏的顺利开展，儿童首先需要知道游戏的规则是什么？并愿意遵守规则，然后在玩中反复检验，明确知道怎么做才是遵守规则的。如追人游戏，其规则是开始前追人者和被追者要分开一点距离，听到“开始”才能追，如果儿童没等听到“开始”口令就开始追逐，游戏根本没法进行，这时参与游戏的儿童就会主动互相监督，要求玩的人都要遵守规则。规则游戏使儿童愿意主动地认识规则存在的意义及其必要性，愿意自觉地遵守规则，并督促其他游戏者也遵守规则。

2. 规则游戏指引儿童学会合作与竞争

规则游戏是两个以上的人参与的游戏，彼此之间存在或竞争或合作的关系。比如，在传统游戏“拔河”中，两组间是竞争关系，要一较高下；而组内成员间是合作关系，要齐心协力赢得比赛。又如，在“老鹰捉小鸡”游戏中，老鹰与鸡群之间是对抗关系，母鸡与小鸡之间是合作关系。有竞争就会有输赢，规则游戏使儿童学会正确看待“输赢”。此外，规则游戏蕴含着大量学习合作的契机，儿童可以与同伴一起学习制订规则，学习互相监督、遵守规则。特别是遇到争执时，儿童开始可能会各持己见，可能会求助教师，忽略同伴的感受，仅仅站在自己的立场考虑问题。慢慢地，儿童会发现更好的办法是寻求同伴合作，规则游戏的顺利进行依赖于同伴间达成共识。

3. 规则游戏有利于儿童公平公正意识的发展

游戏规则可以遵守、改变、忽视、加强和发明，这要根据游戏的情节或者根据儿童认为是否有意思、是否公平或者是否能接受来调整。① 游戏的规则并非不可更改，随着游戏水平的提高，儿童自己会发现这一点。例如，一次拔河比赛，A 组总输，一个小朋友停下来观察，发现两边人数虽然一样多，但是 A 组女孩多，B 组男孩多，就指出：“这样的比赛不公平，两边男孩、女孩人数要一样多。”大家一致同意，于是修改了规则，要求不但两边的人数一样多，两边男孩、女孩的人数也要一样多。规则游戏滋养着儿童的公平公正意识，对于儿童未来参与社会生活颇有意义。

（二）规则游戏中社会学习的指导策略

1. 支持儿童主动探知规则与自定规则

对个体来说，遵守规则、懂得轮流、愿意分享、愿意合作才能带来真正的快乐自由，这是规则存在的意义，是人类共有的智慧。鉴于儿童以具体形象性思维为主，教师应当鼓励、支持儿童多尝试，主动探知规则，规则只有经过儿童自己头脑的加工、理解才能更好地执行。有时，儿童想要自己制订规则，也许可行也许不可行，但无论如何这样的尝试都是可贵的，表明他们正在努力学习规则，愿意积极主动地熟悉规则进而遵守规则。

2. 讨论规则的公平合理性，理解规则的“可变性”

儿童规则意识的发展有三个阶段：第一，“动即快乐”阶段，此阶段游戏规则对儿童来说没有构成任何“意义”；第二，规则“神圣不可侵犯”阶段，此阶段儿童一般不肯接受对规则的修改，认为这是错误的行为；第三，“可变的”规则阶段，认识到规则其实是

---

① 马乔里·J. 克斯特尔尼克，等. 儿童社会性发展指南：理论到实践［M］. 邹晓燕，等，译. 北京：人民教育出版社，2009.

“社会同意”的产物。[①] 教师可以选取适当的时机，引导儿童向第三阶段——“可变的”规则阶段迈进。遇到儿童觉得“这样玩不公平”的情况时，教师应与儿童一起讨论“哪里不公平”“游戏怎么玩才好玩”。教师抓住这样的契机引导儿童加以讨论，对儿童规则意识与规则实践行为的发展有着重要意义，能够帮助儿童更深入地理解规则的价值，从而更好地遵守游戏规则。

◆【案例 7 - 5】◆

飞行棋怎么玩

不知什么时候起，幼儿园掀起了一股玩飞行棋的热潮。可是他们对游戏的规则不是很了解，甚至有的小朋友还不会走飞行的路线。为什么他们不懂游戏规则却还这么喜欢这个游戏呢？带着这个问题，我走进了飞行棋的区域。

依依：“哈哈，我的棋子已经起飞了！”

教师：“哇，不会吧，你的飞机怎么一会就飞得这么远了！”

李琳：“你懂吗？这是我们几个小朋友一起商量的玩法。”

泽泽：“对呀，让我来告诉你吧！”

教师：“嗯，这样玩儿真的很开心呀。怪不得大家抢着来玩呢！”

我继续观察，看他们的“飞机”是如何走出“基地”的。这时，轮到依依投骰子了，她投出了个“3”，她把“飞机”飞出了“基地”，李琳发现了马上说：“不行，你的飞机不能飞出来，因为你没有投出 6！”

依依蛮不讲理：“我就是要把飞机飞出来，怎么样？”

“你赖皮！”

“没有！”他们吵了起来。

教师：“依依，你知道投出 6 才能把飞机飞出来吗？”

依依：“知道！”

教师：“那为什么你明明没有投出 6，却也要把飞机飞出来呢？”

依依：“我……”依依低下头不说话了。

教师：“依依，下飞行棋是有规则的，只有遵守了规则，才能比出输赢，输要输得大方，赢要赢得光彩。你说对吗？”

教师：“那你们觉得什么样的规则才是合理公平的？”

小朋友们认为应该按照飞行棋上的提示，投出数字几就走几步。

教师：“好的，这样大家都能知道自己下一步的目标和其他小朋友是不是走得正确了。”

小朋友们确定了新规则后又开始游戏了。

---

① 刘焱．儿童游戏通论［M］．北京：北京师范大学出版社，2004．（有改动）

第二节　区域活动中的社会学习与指导

幼儿园社会教育有着多种多样的教育形式，既包括前面介绍的一日生活中随机性的社会教育和集体教学活动中的社会教育，又包括本节所阐释的具有灵活性和开放性的区域活动中的社会教育。多种教育形式相互补充、有机融合，构成幼儿园立体化的社会教育途径。

一、区域活动对儿童社会学习的积极影响

区域活动是指教师以儿童感兴趣的活动材料和活动类型为依据，将活动室的空间划分为不同的区域，教师根据一定的教育目标，在这些区域里投放丰富多彩的活动材料，让儿童根据自己的兴趣和发展水平自主选择活动区域和活动内容，通过操作材料、与环境和同伴的充分互动而获得个性化的学习与发展。区域的范围是广义的，除了室内空间，也包括室外空间甚至社区环境。①

对于社会教育而言，区域活动自身的特点与社会教育目标是高度契合的。区域活动所提供的宽松环境，能让儿童自由探索、自我发现、自主交往，不但有助于儿童社会经验的获得，而且能锻炼和发展儿童的社会情感、自我控制、大胆表达、共同合作等优秀的个性品质。区域活动是儿童自由、自主和个性化的活动。在教师的专业引导下，真正的区域活动可以较好地尊重儿童的个别差异、提升儿童的社会性技能及解决问题的能力，包括初步的创造意识和创造能力的展示与发展，能最大限度地引发其社会教育价值。区域活动对儿童社会性发展的作用如下：

（一）有助于儿童的个性发展

区域活动中儿童与环境的相互作用，包括与同伴、教师的相互交流、合作以及材料的运用等，是其对自己的社会认知系统不断同化、顺应，达到平衡的过程，能最大限度地促进儿童的个性发展。其中，儿童人格结构中的自信心、自尊心、责任心、同情心、自控、合作、分享、乐于交往等特质均能通过区域活动的展开得到和谐发展。

1. 区域活动能增强儿童的自信心

儿童在区域活动中享有充分的自由，可自主选择活动内容，自己掌握活动进度，选择活动方法，既没有集体教学活动的统一要求，又没有外界的压力和强迫。因此，儿童的情绪是放松的，可以任意反映自己对生活的认识和理解，可以随性创造，表现周围生活中的人、物和场景，从自己的活动成果中感受成功的快乐。同时，区域活动中不断出现的困境与新问题，如材料的不足、场地的局限、合作的分工等，也使得儿童要不断地面对问题，自己去寻找解决的办法。随着问题的逐一解决，儿童的自信心不断增强。

---

① 霍力岩，孙冬梅，等. 幼儿园课程开发与教师专业发展：比较研究的视角［M］. 北京：教育科学出版社，2006.

2. 区域活动能增进儿童的交往

区域活动是若干儿童自由组合而进行的活动，因此，区域的选定、玩法等都需进行交流和协商，其中既包括儿童与儿童的交往，又包括儿童与教师等成人的交往。在这个过程中，儿童能渐渐掌握人与人之间的交往规则和交往技能。此外，儿童常常会因为玩具和材料的分配等问题出现矛盾，为确保区域活动正常进行，儿童必须学会谦让、分享、合作等亲社会行为，避免攻击行为。而这些良好的交往品行一旦形成，会使交往更加顺利，最终使儿童乐于交往。

3. 区域活动能培养儿童的责任感

儿童的责任感是从对具体的人和事产生喜爱开始的，再逐渐发展为对自己说过的话、应该完成的任务负责，最后发展到对集体、对社会负责等。如在角色游戏区，儿童所扮演的角色大都是他们自己所喜爱的，而且要求他们必须遵守角色内在的社会要求，这是儿童责任心的最初养成。同时，角色还能使儿童抑制自己的其他愿望，抵抗其他的诱惑，完成自己所担负的工作，如扮演医生的女孩子虽然看到“超市”的服装柜台挂了很多漂亮的衣服，可是要控制自己的行为，不能擅离职守，必须专心为“病人”服务。

（二）有助于社会规则的认知

在区域活动中存在着各种各样的规则，既包括道德规则，即权利、信任、公平分配资源等，又包括习俗规则，即言谈举止、性别角色、表达等。儿童必须接受并适应各种规则，同时也必须学会掌控自己的行为，使其符合规则的要求，区域活动中环境的精心创设、材料的悉心投放，都有利于儿童发展规则意识并自觉遵从。如铺有地毯的区域，外面画着鞋印，会提醒进入此区域活动的儿童脱掉鞋子，摆放整齐。总之，区域活动中各种内隐和外显的规则，能让儿童在轻松的活动体验中接受它、理解它，并自觉按规则行事。

（三）有助于儿童“去自我中心化”

“去自我中心化”是皮亚杰在社会认知发展研究中提出的重要概念，指个体能站在他人的角度看待问题。随着儿童自我意识的增强，其主体认识开始以“自我”为中心来观察周围的环境和人物。这种“自我中心”，既可以发展成独立、自主、自尊、自信等良好的心性，又可能因为引导不当而形成任性、霸道等不良心性。因此，“去自我中心化”是社会教育重点关注的一个维度。

在区域活动中，儿童需要培养合群意识和协作精神，树立同伴群体利益高于个人利益的观念，学习尊重他人，与同伴形成平等、合作协商的关系。如户外区域活动中的攀爬、玩沙、平衡、钻爬、玩球等，需要儿童之间的配合与协调，时时顾及同伴的利益和安全，学会轮流和耐心等待。区域活动中出现的各种问题能让儿童自然而然地逐步学会站在他人角度看问题，进而形成良好的社会行为。

（四）有助于儿童自主性的发展

自主性是个体对自身行为的意识与调控能力，即个体知道自己要做什么，能积极主动去做自己认为该做的事情或正确的事情，且通过自身的活动获得发展。自主性表现为独立性和主动性。学前阶段是主动性形成的重要阶段。在区域活动中，教师精心设计的

能满足不同儿童发展需求的活动环境，有利于儿童按自己的意愿，独立解决问题，树立自信心并完成任务，体验成功的快乐。

在区域活动中儿童所享有的自由，也是发展其自主性的基础。在自由的前提下，儿童独自与投放的材料互动，自由安排活动内容，独立面对不断出现的新情况、新问题，从而增强自我意识。在活动中，儿童主动和教师、同伴互动，学习如何与同伴、教师交往而获得帮助，自己掌控活动的进程，满足了自我发展的需要。这种自主性能使每个儿童按照自身的发展速度、发展水平从事活动，确保其在自身现有发展水平上不断进步。

二、区域活动中蕴含的社会学习因素

根据与儿童主题活动的关联程度及其相应变化，活动区一般分为常规活动区和动态活动区两大类。这只是相对划分，其中每类活动区都蕴含着丰富的社会学习因素，需要教师明确意识到并在社会教育过程中予以重视。

（一）常规活动区中蕴含的社会学习因素

常规活动区在一定程度上独立于主题活动，与主题活动关系比较松散，也很少受其影响，如角色区、建构区等。由于常规活动区在小、中、大班均有设置，儿童参与的机会较多，因此，其中所蕴含的社会学习因素，教师需要格外关注。

1. 角色区

角色区是儿童身边真实生活场景的浓缩，如娃娃家、超市、医院、餐馆、理发店、银行、剧院等。随着儿童年龄的变化，角色区的创设相对也有一些差别，教师所关注的社会学习因素也会有所变化。

在小班，教师可重点关注儿童的角色意识和角色行为。如在娃娃家游戏中，儿童是否明确意识到自己所扮演的角色，是否以角色要求行动，是否理解角色间的关系及相应的情感；在医院游戏中，儿童是否淡化了看病时的恐惧心理；在超市游戏中，儿童是否能合作进行工作。

在中班，教师可重点关注儿童所扮演的角色之间的关系、相互间行为的协调以及遵守规则的意识。如在“娃娃家”游戏中，观察家庭成员是否共同商量，尝试分工、合作开展游戏；在“医院”游戏中，观察儿童对医务人员分工的理解以及对规则的自觉遵守；在“理发店”游戏中，观察儿童能否根据顾客的需要创造性地用各种材料打扮顾客。

在大班，教师可重点关注儿童的管理意识、评价意识、交往的主动性、对规则的深入理解以及游戏的创造性发展情况。

2. 建构区

建构区满足了儿童创造外界事物的表现欲。在小班，儿童易出现建构材料独占和争抢行为、对他人操作成果的破坏行为、结束后不收拾玩具行为等，因此教师可重点关注小班儿童的交往品质、对建构材料的爱护、对同伴成果的珍惜以及对建构环境的维护。在中班，教师可重点关注儿童社会情感的发展，如对成人劳动成果的理解和珍惜，对劳动人民的热爱。同时，随着儿童建构技能的发展，教师可关注儿童行为的目的性是否也在逐渐增强。在大班，教师可重点关注儿童建构的目的性、成就感以及合作、坚持、自

信等品质。

3. 沙水区

在沙水区，儿童更能显现他们的天性。在小班，教师可重点关注儿童对沙水的喜爱，引发其对大自然的关注和喜爱之情，使其喜欢用自然物表现自己的观察和感受，体验和伙伴一起玩的乐趣，养成做事有始有终的好习惯。在中班，教师可重点关注儿童对集体力量的感受，体会合作的力量，感受自然界的神秘，懂得并遵守沙水活动规则，在活动中进一步养成良好习惯。在大班，教师可重点关注儿童合作的目的性、坚持性，利用工具改造外界的意识以及对自身力量的体会。

（二）动态活动区中蕴含的社会学习因素

相对来说，动态活动区和主题活动关系比较密切，会随主题活动的开展而发生相应的变化，如美工区、阅读区等。动态活动区有时会作为分组教学的一种组织形式，成为集体教学活动的延伸。由于动态活动区的环境、材料有时会有一些变化，所以需要教师用动态的思想加以把握。

1. 阅读区

阅读区在幼儿园小、中、大班均有设置，教师可结合儿童阅读的内容进行相应的社会教育。

在小班，教师可重点关注儿童对图书的兴趣以及爱护图书、整理图书的好习惯，观察儿童尝试和同伴共同的阅读及交流。在中班，教师可重点关注儿童的阅读兴趣和习惯，是否自觉遵守阅读区的规则，喜欢和同伴一起阅读和交流。在大班，教师可重点关注儿童的阅读技能以及对图书内容的理解。

2. 美工区

不同的年龄阶段，教师在美工区关注的重点是不同的。在小班，教师可重点关注儿童对美工表现材料及工具特性的了解，是否能学习运用工具和材料表现自己的认识和感情，发展想象力和创造力，发展精细动作。在中班，教师可重点关注儿童对主要工具的熟练使用，是否能创造性地进行表现，发展想象力和创造力，体验自由表达和创造的快乐。在大班，教师可重点关注儿童是否能根据主题和环境，大胆表现、创造，体验自由表达和创造的快乐。

3. 科学区

科学区是为儿童观察、探索自然奥秘所设立的区域，小、中、大班投放的材料有所不同。科学区也蕴含着重要的社会学习因素。在小班，科学区主要开展以下两大类活动：一类是关于照料植物、喂养动物的自然角活动，此类活动可培养儿童乐于亲近、爱护动植物的情感。另一类是关于认识简单的自然、科学现象的操作区活动，此类活动可激发儿童对身边的科学现象的兴趣，使儿童关注周围的事物，喜欢探究。到了中、大班，教师可重点关注儿童细心观察的好品质，对未知事物的探究热情，实事求是的认知态度，让儿童喜欢探究植物、动物、人类三者之间的相互依存关系，为形成良好的世界观打下坚实的基础。

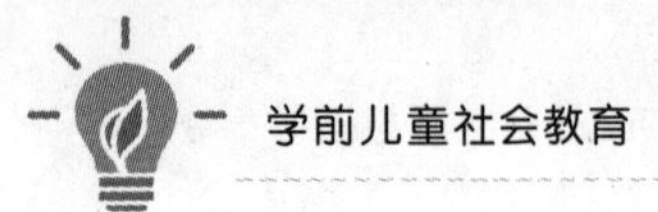

4. 数学区

数学区一般作为集体教学活动的延伸区域使用，所投放的材料也多数和主题活动有关。在小班，教师可重点关注儿童对数、量、形这些事物属性的兴趣以及做事的坚持性。到了中、大班，教师可重点关注儿童对数学相关活动的关注度，是否能积极克服困难，坚持完成学习任务，并按要求检查自己的活动结果。教师可鼓励儿童合作完成任务，学会合作学习，乐意与同伴交流自己的操作过程和结果，积极讨论问题。

此外，还有室外的大型体育器械活动区，如攀爬墙、平衡区、钻爬区等。在这些区域，儿童易发生争抢、不顾及同伴等行为，教师可重点关注儿童团结合作、相互尊重、平等分工、互助、谦让、勇敢、热情等良好的社会品性。

综上所述，小班区域活动蕴含的社会学习因素主要有对活动的主动参与、同伴间的交流技能、活动的常规、愉悦的情感等方面。中班区域活动蕴含的社会学习因素主要有规则意识、对活动的坚持性、独立自主性、创新性、同伴间的交往态度、简单合作以及自我意识和对同伴的评价等方面。大班区域活动蕴含的社会学习因素主要有高级情感，如自我成就感、对活动的坚持性及专注度、活动的创造技能、同伴间长时间的交往合作、活动规则的执行以及对活动中自己和同伴的评价等方面。

三、区域活动中社会学习的指导策略

区域活动中社会教育功能的发挥依赖于教师较高的专业素养和相关专业知识、技能的准备。区域活动的分散性、个别性、活动内容不统一性、流动性以及儿童随机交往等特点，使得区域活动中社会教育的实施具有很大的灵活性和相应的难度。区域活动中社会教育的重点是互动学习交往与规则意识的建立。

（一）创设有利于儿童积极互动的环境

精心设计的环境可以起到暗示的作用，起到引发儿童积极行为的作用。由于环境的作用是潜移默化的，是不断重复的，创设物质环境本身就能为儿童的社会性发展提供支持。教师在引发儿童良好行为的同时，要避免儿童因为环境和材料方面的问题产生行为问题。

1. 通过合理的空间安排促进儿童的积极互动

合理的空间安排能促进儿童的积极互动。在进行空间安排时要注意以下几点：

（1）家具、材料的放置要安全、合理、方便

家具的安排要保证儿童的安全、舒服与独立，空间的所有维度都要使儿童能够和谐地交往，而不是彼此干扰或者引起矛盾。

要为儿童提供大小、高矮合适的家具。材料要摆放在经常使用的地方，使儿童容易拿到，这将能防止儿童在活动室里穿梭。如果必要的话，对大一些的儿童可标明供给量。

（2）注意区域的功能分区与设置便利

用小的组合柜、椅子、地面上的各种物体做分隔物，隔出不同的活动区，这样可以减少相互干扰。安静的区域（如读书区）要远离喧闹区；把移动性大的活动和移动性小的活动分开，使干扰降到最小。在硬面地板上进行容易把环境弄脏的活动，在地毯上进

行容易产生噪声的活动。不要设置过长的小路，因为过长的小路会使儿童四处奔跑。

储藏室或衣柜靠近出口，需要用电的设备靠近电源。把需要用水的活动尽量安排在靠近水源的地方，这些活动包括玩水游戏、美术活动等，把进行这些活动所需要的、相关的设备和物品放在附近。

(3) 根据使用情况灵活调整活动室的空间布局

如果儿童之间的争执在同一个地方多次出现，教师就要考虑重新规划空间，思考儿童能否轻松自信地在空间内活动而不干扰别人，哪个区域最限制儿童，然后重新建构区域。

2. 通过适宜的材料投放促进儿童的积极互动

适宜的材料投放能促进儿童的积极互动，材料投放时要注意以下几点：

(1) 检查设备和材料，以确保它们完整、安全、可用

教师要设置一个放置材料的地方，让儿童知道把材料放到哪里。把儿童要用到的材料储存在耐用的柜子中，而且这个柜子要放在初次使用的地方，这样儿童就能够很轻松地获得这些材料了。保持储存柜的整洁有序，使儿童知道摆放的材料看起来应该是什么样的。教师可以用文字、符号或者图片作为标志区分储存的材料。

(2) 根据任务的需要提供数量与性质适宜的材料

在一个开放的活动室里，当儿童之间经常发生争执时，教师就要检查空间的数量和可利用材料的数量。对于年龄小的儿童，教师要为他们提供相同或者相似的材料。

(3) 为儿童演示正确保护材料的方法

教师应准确地告诉儿童应该做什么，然后让儿童拿出材料模仿。教师观察儿童收拾材料的过程，根据需要进行提示，表扬那些按照标准完成任务的儿童和帮助别人收拾材料的儿童。

(二) 建立适合儿童社会性发展的区域活动规则

规则教育是区域活动中非常重要的内容，从社会性发展的角度来看，教师需要确立促进儿童发展的规则。根据不同年龄阶段儿童的特点，教师应该确定的规则如表 7 - 1 所示。

表 7 - 1　小、中、大班区域活动规则

规则内容	小班	中班	大班
活动选择规则	在教师的引导下，选择自己喜欢的活动，能使用玩具材料进行游戏或操作	能尝试自主选择自己喜欢的活动，掌握玩具材料的基本玩法，并能尝试创新	能尝试自创活动条件、安排空间场地、自选活动内容、自定主题、积极参加各类活动；能根据需要自选材料、综合运用材料、探索材料的各种玩法

续 表

规则内容	小班	中班	大班
活动材料的使用与维护规则	注意卫生安全，知道正确使用玩具的方法，爱护玩具，玩什么取什么，玩儿完后把材料放回原处	注意安全卫生，爱护玩具，小心使用，玩具掉落随时捡起，保持活动区整洁。及时结束游戏，玩具按类收放整齐	注意活动与材料的卫生与安全，爱护玩具材料，小心使用，不丢弃毁坏，及时整理，学习修补。及时结束活动，迅速将材料按要求摆放整齐
活动中的互动规则	能与伙伴友好地玩耍，学会恰当地表达个人愿望，活动中能使用礼貌语言与同伴互动	使用材料先到先得，共享玩具，轮流交换，与伙伴友好共处，协调行为	共同商议主题与玩法；学会自行解决问题，处理矛盾，克服困难

（三）区域活动的管理策略

对区域活动进行适当的管理能保障活动的基本进程，区域活动的管理主要有人数提示、时间提示以及儿童自主讨论制订规则几种策略。

1. 人数提示

由于材料及场地的限制，一个活动区不可能允许太多的儿童同时进入。当儿童游戏的愿望与区域环境有冲突时，教师可采用“进去插卡”“挂牌”或“按脚印图案入区”的方式，让儿童意识到活动区中的人数限制，学会约束自己，与同伴协商，帮助儿童逐渐学习、调整个体行为，提高社会交往能力。

2. 时间提示

在一日活动中，区域活动只是其中一个环节，有开始也有结束。为了既能让儿童清楚地知道活动结束的时间到了，又不直接打断儿童，教师可以采用音乐提示以及独立看钟提示的方法，即在小、中班放音乐提醒儿童活动要结束了；对于大班的儿童则可在活动开始前告诉他们活动结束的时间，让他们学会独立看时间来结束活动。在规则的要求下，儿童能学会控制自己的行为，逐步提高独立性和自我控制能力。

3. 儿童自主讨论制订规则

区域活动相较于集体教学活动更具有自主性，儿童在此过程中自然会产生诸多矛盾、冲突，需要彼此协商来解决问题。因此，在区域活动中教师可以有意地减少控制，通过随机事件引导儿童发挥自主性，进而发展平等协商解决问题的能力。在自主性发挥的基础上形成的规则更容易为儿童所理解和接受。

本章小结

角色游戏因其丰富的变化性，要求教师保持敏锐的观察力，灵活调整介入策略，避免不必要的直接干预，以间接指导为主，并引导儿童游戏后分享经验，深化其对儿童社

会性发展的价值；表演游戏兼具“游戏性”与“表演性”，且“游戏性”先于“表演性”，教师要注意捕捉表演游戏中儿童的“精彩瞬间”，而不以“像不像”作为唯一评价标准，并提供多种多样的材料，促成同伴间的合作表演；在规则游戏中，教师围绕“规则”，让儿童探索规则存在的意义，学习自定规则，关注规则的合理性。

区域活动为儿童成长提供了个性化的空间和环境。教师要明确区域活动中蕴含的社会学习因素以及在区域活动中开展社会教育的突出价值，了解区域活动中社会学习的指导策略。

思考与实践

（一）问题思考

1. 根据不同年龄特点制订适合儿童社会性区域发展的规则。
2. 角色游戏对儿童社会性发展的作用。
3. 教师在表演游戏中如何充当儿童的“脚手架”。
4. 区域活动对儿童个性发展的影响。
5. 请对以下案例中教师的言行进行分析。

孩子们吃完早点后，我正想和他们一起去看看小蝌蚪。走到养殖区只见鱼缸里的水一片浑浊，所有的小蝌蚪都浮在了水面上，喘着大气。阳阳低着头说：“张老师，你说牛奶营养好，小朋友喝了可以快快长高，所以我喂给了小蝌蚪喝，想让小蝌蚪长得快一点。”

我问：“那你们觉得小蝌蚪喜欢喝牛奶吗？”

豆豆说：“小蝌蚪应该和小朋友一样，要多喝牛奶才会长得快。”

然然担心地说：“小蝌蚪一点也不喜欢喝牛奶，你们看，它们好像快要透不过气了。”

“小蝌蚪会不会死呀？张老师，我们还是先去给它们换水吧。”朗朗建议道。我和朗朗一起去给小蝌蚪换了水。当我捧着换了干净水的鱼缸出来的时候，然然高兴地说：“小蝌蚪们又开始在水里游泳了，它们多开心呀！”其他孩子也发现了小蝌蚪的变化，开心地拍起了小手。“对呀，小蝌蚪好像不喜欢待在有牛奶的水里，它们不喜欢喝牛奶。”张老师说：“那小蝌蚪喜欢吃什么呢？”欣欣第一个说：“我知道，小蝌蚪喜欢喝水，你看，我们一换干净的水，它们就快活地在里面游泳。”朗朗一本正经地说：“不对，光喝水会饿死的，小蝌蚪是青蛙的孩子，肯定喜欢吃害虫。”一一担心地说：“那该怎么？我们没有害虫给小蝌蚪吃，它会饿死的。”

“小蝌蚪好可怜。”说着有的孩子眼睛开始泛红。

张老师：“孩子们，只有先了解小蝌蚪，知道它喜欢什么，我们才能更好地照顾它。”

在小朋友和家长的共同努力下，通过查找书籍、网络资料等，我们了解到小蝌蚪喜欢吃什么，喜欢住在哪儿等。在帮小蝌蚪解决好“吃住”问题后，我们把孩子们收集的资料制作成图书投放在图书角。渐渐地，他们对动物的食物链产生了极大的兴趣，因此，我们开展了“有趣的食物链”主题活动。[①]

（二）实践练习

1. 制作一个游戏活动观察表，连续一周观察儿童某一类游戏情况，撰写游戏中的社会学习故事。

2. 结合见习或实习对幼儿园班级区域活动环境进行观察，分析其环境布置与教师指导、规则设计是否合理，写一份观察分析报告。

延伸阅读

1. 朱迪斯·范霍恩，帕特里夏·莫尼根·努罗塔. 以游戏为中心的幼儿园课程：第六版［M］. 史明洁，译. 北京：中国轻工业出版社，2017.

主要内容：该书将游戏理论和实践有机地结合在一起，交替阐述游戏案例、游戏和发展理论、教学策略以及将游戏置于课程中心的指导原则，第 7 章至第 11 章讲述了儿童自发的游戏和教师指导的游戏如何通过教师计划的活动得以平衡，讨论了教师如何应对来自比以前具有更丰富的民族与文化多样性的班级的挑战，结合领域教学促进儿童社会性发展。

2. 秦元东，等. 幼儿园游戏指导方法与实例：游戏自主性的视角［M］. 北京：中国轻工业出版社，2018.

主要内容：该书从游戏自主性的角度，对幼儿园自主性游戏进行了深刻的反思，在厘清核心概念的同时，从游戏时空、游戏材料和教师自身三个方面入手，深入探讨了游戏指导的基本策略和方法。

---

① 管旅华.《3—6 岁儿童学习与发展指南》案例式解读［M］. 上海：华东师范大学出版社，2013.

第八章　家、园、社区互动中的社会学习与指导

> 孩子们的性格和才能，归根结底是受到家庭、父母，特别是母亲的影响最深。孩子长大成人后，社会成了锻炼他们的环境。学校对年轻人的发展也起着重要的作用。但是，在一个人的身上留下不可磨灭的印记的却是家庭。
>
> ——宋庆龄

学习目标

1. 理解家园社区互动对儿童社会学习的影响。
2. 掌握家园社区互动中所蕴含的社会学习要点。
3. 掌握家园社区互动中社会学习的支持与指导策略。

内容导航

- 家、园、社区互动中的社会学习与指导
  - 家园互动中的社会学习与指导
    - 家园互动对儿童社会学习的影响
    - 家园互动中的社会学习要点
    - 家园互动中促进儿童社会学习的指导策略
  - 幼儿园与社区互动中的社会学习与指导
    - 幼儿园与社区互动对儿童社会学习的影响
    - 幼儿园与社区互动中的社会学习要点
    - 利用社区资源促进儿童社会学习的策略

案例导入

涵涵是一个不爱说话的小男孩，在我的记忆里涵涵从来没有和小伙伴交流过。涵涵总是最后一个吃完点心的，当其他小朋友都在走廊玩儿时，他一个人站着。我提议涵涵和大家一起玩儿，涵涵没有回答，慢慢挪动着步子走到门口，他用两只小手捂住了耳朵。当有几个男孩从门口经过时，他又往后退了几步。每次等到大家都坐好了，涵涵才搬起小椅子站在一旁，不知道该坐在哪里。角色游戏时，涵涵站在旁边，不知道该玩什么，直到老师给涵涵“安排”一个角色，他才开始玩起来。

于是我在放学后进行了家访和随访。了解到他生活在单亲家庭中，平时主要由奶奶和妈妈照顾他。妈妈一直对他心怀愧疚，于是在生活中百般呵护，样样顺从。奶奶大包大揽，且很少让他与同伴玩耍。

了解了这些情况后，我努力寻找机会与他交流，想成为他最信赖的朋友。于是每个

早晨我都会去找涵涵聊天，即使涵涵一言不发，我还是热情地问候他。午后的休息时光我也会和他聊聊天，哪怕他默默不语，我还是乐此不疲地坚持着。

影响儿童社会性发展的因素非常广泛，而家庭、社区和幼儿园是离儿童生活、学习最近的、最有影响力的重要场所。幼儿园教师在进行教育时既要注意家庭、幼儿园与社区中的教育影响力，又要对这些资源进行整合，撷取对儿童社会性发展最有价值和影响的内容，并弥补家庭与社区支持的不足，以形成家园社区的教育合力，深入、持久地推进儿童的社会学习。本章将分别阐释家园互动、社区与幼儿园互动对儿童社会学习的影响及指导。

第一节　家园互动中的社会学习与指导

家庭是儿童社会学习的第一场所，从教育影响的连续性与一致性看，家园需要协同合作才能为儿童的社会学习提供更有力的支持。本节将从家园互动对儿童社会学习的影响、互动中的社会学习要点及促进儿童社会学习的指导策略三个方面讨论家园互动中的社会学习与指导。

一、家园互动对儿童社会学习的影响

家园互动包括家庭中的互动、家庭与幼儿园的互动两个层面。它们对儿童的社会学习分别产生不同的影响。

（一）家庭互动对儿童社会学习的影响

家庭是儿童社会学习的重要场所之一。因为家庭是儿童接触的第一个具有社会性的场所。在家庭生活中，儿童潜移默化地接受最初的、最原始的社会化方式与模式的熏陶，家庭成员的互动对儿童社会性发展产生最直接、最深远的影响。

1. 家庭沟通模式

美国学者维吉尼亚·萨提亚在《新家庭如何塑造人》一书中指出，沟通与交流是能影响人的健康的最重要的因素。家庭成员的交流模式是儿童学习人际沟通与交流的第一模仿源。维吉尼亚·萨提亚指出家人之间使用真实的、直接的表达方式进行沟通，是彼此信任和关爱的关键。她通过大量的案例研究发现，在家庭生活中，存在着四种不利于信任关系建立的沟通模式：一是讨好型，为了讨好别人而隐藏自己的真实需求；二是指责型，把一切责任都推诿给别人；三是超理智型，沟通时，与别人缺失情感联结；四是打岔型，沟通时，总是顾左右而言他，不直接面对问题。要给儿童一个好的示范和引导，需要家庭成员间建立一种表里一致的沟通模式，即真实、直接地表达自己内心的感受，只有这样的沟通模式才能更好地帮助儿童建构健康的人格。[①]

---

① 维吉尼亚·萨提亚. 新家庭如何塑造人［M］. 易春丽，叶冬梅，等译. 北京：世界图书出版有限公司，2006.

2. 家庭教养模式

父母的教养模式是指父母在抚养子女的日常活动中表现出来的行为倾向，它是对父母各种教育行为的概括。[①]

教养模式是家庭教育中对儿童影响最直接、最重要的因素。不同文化背景、不同经济水平的家庭在教育儿童的过程中有着不同的要求与期望，又因成长时代与家庭背景的不同而对儿童的管理与教育呈现出不同的方式与方法。美国学者把家庭教养模式分为四类：权威型、专制型、溺爱型、忽视型。研究表明，权威型教养方式与各种积极的发展结果相关。权威型教养模式是一种具有控制性但又比较灵活的教养方式。父母对孩子要求高，同时回应也多，权威型父母会给孩子提出明确的、合理的要求，并且谨慎地向孩子说明遵守规则的理由，会为孩子设立一定的行为目标，对孩子不合理的行为做出适当的限制，并督促孩子努力达到目标，同时，他们并不缺乏应有的温情，能主动地关爱孩子，耐心地倾听孩子的诉说，能接纳孩子的观点，征求孩子的意见。孩子在权威型父母合理民主的教养之下，会慢慢养成自信、独立、合作，积极乐观，善于交流等良好的性格。相反，其他三种教养模式对儿童人格的健康发展或多或少会带来消极的影响。

（二）家园互动对儿童社会学习的影响

家园互动是指幼儿园和家庭积极主动地相互了解、相互配合、相互支持，共同促进儿童身心发展。

我国教育家陈鹤琴先生指出：幼儿教育是一件很复杂的事情，不是家庭一方面可以单独胜任的，也不是幼儿园一方面可以单独胜任的，必须两方面共同合作才能得到充分的功效。家庭与幼儿园是支持儿童社会学习的重要合作伙伴，家园互动、家园共育在正向、积极的层面发挥着重要的作用。

1. 亲师协同有益于整合与拓展社会学习资源

父母对孩子的了解更为全面和深刻，教师要虚心倾听家长对孩子的解读，并据此进行分析，进而整合教育教学工作。家长也要根据教师的建议主动自我反思、调整。教师可认真听取家长对幼儿园管理或者教学活动的建议，以便从不同视角、不同层次分析教育教学效果，把握儿童的发展特点，从而改进或调整教学工作。家长也应主动与教师、幼儿园进行联系，更全面、更客观地了解孩子的优点与缺点，了解他与同伴的差异。家长与教师两者相互配合、相互支持，共同促进儿童的全面发展。在这个过程中，家庭和幼儿园建立起一种平等、积极、合作的强有力的伙伴关系。

家长本身就是幼儿园非常重要的教育资源。不同的家长有着不同的教育背景、职业背景和工作优势，因此在教育孩子方面也有着独特的、个性的教育理念与方法。不同的家长资源往往给教师带来解读儿童的不同视角，同时拓展和延伸了教师的思考路径。比如，在“爱牙日”的活动中，教师可以邀请护士家长来幼儿园讲述保护牙齿的重要性，指导刷牙的方法……这些家长参与的助教活动、亲子活动充分发挥了家长的专业优势，

---

① 刘晶波，等. 幼儿园社会领域教育精要：关键经验与活动指导［M］. 北京：教育科学出版社，2015.

达成了拓展儿童的社会视野、丰富儿童的社会认知、巩固儿童的社会行为、升华儿童的社会情感的目的。

2. 亲师协同有益于建立一致的社会学习支持

在家园互动中，父母与教师的关系或多或少地影响着儿童在幼儿园的心理状态和安全感。当父母和教师之间是信任、合作关系时，儿童会从中获得更多的安全感，会以敞开的心态参与幼儿园的各项活动。如果父母对教师的行为或者幼儿园的活动存在质疑或不满，儿童也将产生一种抵触情绪，不利于其发展。父母与教师只有在教育儿童的问题上换位思考、真诚沟通，才能使儿童在知、情、意、行上达到统一，才能使儿童在园的行为与在家的行为保持一致。

总之，当幼儿园和家庭目标达成一致时，儿童会获取更多的力量，得到长足的发展。幼儿园的社会教育同家庭教育的地位同样重要，并相互影响。

二、家园互动中的社会学习要点

（一）体会父母与教师之间的关爱与互助

家园共育中的一些活动，无论是以幼儿园为主导的家长开放日、亲子运动会、亲子游园活动，还是以家长为主导的亲子俱乐部、亲子社团活动，都离不开家长们的细心筹备，更离不开家长的积极支持以及无条件的付出。这些都源自家长对孩子纯真的爱以及对教师工作的尊重，也潜移默化地影响着儿童社会情感的获得与体验。如一些户外亲子活动，家长从活动策划到具体的活动安排，以及策划过程中的各种协同，都在给儿童树立一种互助、支持的榜样。班杜拉的社会学习理论认为儿童是通过对榜样的模仿实现其社会化的，儿童身处其中，自然会观察与模仿父母与教师的互动。

（二）拓展儿童的交际范围，积累和不同成人互动的经验

在家园互动中，幼儿园或班级会定期、不定期地邀请不同身份的成人进入幼儿园，一起组织教育教学活动，如父母、祖辈、有职业特性的人员等。不同类型的家园互动活动有助于拓展儿童的各类社会知识与经验。

例如，邀请家长参加幼儿园的教学活动。家长能根据自己的职业、特长和爱好，协助教师、组织儿童进行一些操作活动，从而为儿童与成人的交往提供经验和机会。再如，邀请一些家长担任游戏的配角，能激发家长与儿童互动的乐趣。

三、家园互动中促进儿童社会学习的指导策略

（一）调动家长参与幼儿园活动的积极性

家长参与幼儿园活动，能激发孩子的学习兴趣，提高孩子参与活动的积极性，同时有利于丰富幼儿园的活动内容。[①] 同时，家长也是幼儿园重要的教育资源。不同的家长有着不同的职业背景、兴趣爱好，而这恰恰可以丰富幼儿园的文化资源。家长参与幼儿园

① 朱芳红. 影响家园互动质量的因素及其问题分析［J］. 幼儿教育（教育科学版），2007（6）：48-50.

的活动，有助于家长深入了解儿童之间的差异，从而更全面地从纵向和横向了解自己孩子的发展水平，进而有针对性地进行教育。家长参与幼儿园活动，也有助于其了解专业的学前教育知识。

◆【案例8-1】◆

以希的爸爸是一位厨师。孩子们最喜欢好吃的了，但是美食的背后有多少烦琐的制作过程呢？我们看看厨师爸爸的工作日程来了解美食的制作过程吧！厨师爸爸在菜板上熟练的刀工引起了小朋友们的注意。小朋友们发现烹饪美食需要耐心和细心。在厨师爸爸的示范下，大家慢慢学会了如何择菜、切菜。小朋友们把手里的食材整理得有模有样，他们也明白了看似简单的操作更需要细心对待。

（二）建立和谐的亲师关系，为儿童的社会学习提供良好的关系支持

1. 明确双方职责，建构家园共育的互助共同体

一切为了儿童是家园共育的前提和基础，培养完整的儿童也是家园共育的共同目标。这一共同的目标是家园共育的桥梁，也促使家园之间形成最积极、最密切的伙伴关系。教师与家长之间应建立一种和谐、关怀、平等、合作的关系，这种温暖的关系具有团结、凝聚的特质，可以为儿童创造最有利的成长环境和最安全的心理氛围。

一方面，教师作为幼儿园与家长的桥梁，应主动为家长提供进入幼儿园参与班级或整个幼儿园活动的机会，积极鼓励家长参加家长会、家长开放日、亲子俱乐部等活动，使家长深入了解幼儿园的生活、学习、游戏等，同时为幼儿园的发展献计献策。另一方面，家长要主动关注孩子的学习与生活，积极参与幼儿园的教育活动，与教师交流孩子在家里的行为表现。这样教师和家长才能在理解、信任的基础上相互支持，共同促进儿童健康发展。

2. 主动联系与沟通，携手共进、步调一致

不同孩子的家庭背景、家庭结构、家庭文化不同。教师在与家长沟通之前，首先要认同儿童和家庭的独特性，给予其充分的尊重。在家园沟通的原则上教师自身要保持客观、中立的态度，不带有个人的偏见。在尊重和认可的基础上，教师再和家长共同寻找可以改进或者调整的地方来支持儿童的发展。这体现出家园之间在尊重信任基础上的积极合作关系。同时，对于不同的家庭，教师也需要注意沟通重点与策略的差异。

在儿童的成长与教育问题上，教师一方面要及时了解儿童在家的一些行为表现与问题；另一方面，要主动听取家长的意见与建议，了解教学或游戏的效果，从家长的角度收集信息，进而加强或者调整教育教学活动。例如，小班综合活动“保护蛋妹妹”，孩子们都非常感兴趣，从家里小心翼翼地把鸡蛋带到幼儿园，带“蛋妹妹”参加各种游戏。第二天，天天的妈妈反馈，天天在家从来不吃鸡蛋，昨天回来后开始吃鸡蛋了，幼儿园应该多组织类似的活动。

3. 尊重、接纳家长的想法，充分发挥家长的积极性

在与家长沟通的过程中，教师要注意沟通的态度与说话的方式，要有层次性与针对性。

（1）先扬后抑，给予接纳的空间

每个孩子在成长过程中都有自己的喜好与优势，也有自己的短处与不足。例如，某个儿童在绘画活动中遭遇挫折，教师与其父母沟通时，首先要肯定该儿童在其他方面表现出色或者近段时间绘画方面的小小进步，然后指出在涂色等方面还需要加强练习。这样的沟通可以让家长有心理接受的过程，也能感受到教师对孩子观察与引导的用心。

（2）充分准备，换位思考

在与家长沟通的过程中，为了达到较为满意的效果或避免出现一些尴尬的状况，教师要对将要进行沟通的问题或事情进行简单的预设或计划。同时，要提醒自己换位思考，“如果我是那位家长遇到这件事后会有什么感受”，体会家长的情绪与状态。这样的沟通更容易让家长接纳教师的建议。

（3）审时度势，有序递进

在家园配合的工作中，总会遇到极个别家长的工作比较难开展。这时，教师要有耐心，慢慢等待与家长沟通的契机。同时，教师要保持对儿童的关注与引导，帮助儿童改正不良行为，引导家长慢慢转变教育的方法与思想。

◆【案例 8 - 2】◆

梦梦在班里玩玩具的时候总是把玩具扔得到处都是，老师也教梦梦如何整理玩具，但是她并不理会老师的教导。老师向家长反映并了解情况，得知梦梦在家玩玩具，都是家长帮她收拾，她在一旁看，导致梦梦觉得收拾玩具应该是家长的事情，跟自己并没有太大的关系。经过老师的耐心解释和教导，家长开始重视并积极配合老师，培养孩子的良好习惯。

（三）开展各类亲子共育活动，为儿童的社会学习提供丰富的互动体验

1. 亲子节日文化活动

社会教育的内容或主题往往来源于与儿童息息相关的生活、节日等。节日类的教育活动对于丰富幼儿园社会领域活动，促进儿童社会情感的发展有着独特的整合价值。传统节日文化活动的开展有助于儿童了解中国传统的文化、风俗习惯，有助于儿童对传统文化的传承。

亲子节日文化活动是根据节日的特点而开展的亲子活动，通过手口相传、榜样示范、实践演练等方式将社会情感的认知、行为习惯的养成有机融入真实的、情境性的节日活动中，为儿童的社会学习提供丰富的体验环境。常见的节日有春节、元宵节、端午节、中秋节、重阳节等。例如，中秋节有着团圆的寓意，非常适宜开展亲子节日文化活动。

◆【案例 8 - 3】◆

端午节活动

［活动意图］

农历五月初五是中国传统的端午节。端午节，也叫端阳节。关于端午节的起源有很多传说，其中纪念屈原的说法最为流行。在历史上的这一天，人们会通过赛龙舟和包粽

子来纪念一个不朽的灵魂——屈原。

［活动目标］

（一）通过分享、交流，初步了解体验端午节的相关习俗，体验集体共同过端午节的乐趣。

（二）尝试动手制作端午节的相关物品：粽子、香包、五彩绳、彩蛋。

（三）愿意积极参加活动，感受节日的快乐。

［活动准备］

（一）让幼儿收集有关端午节的各种资料。

（二）有关制作的各种材料：

1. 粽子——粽叶、糯米、线等。

2. 香包——各种形状的布片、订书器、棉花、香水、干花。

3. 彩蛋——煮熟的鸡蛋、颜料、水彩笔、蜡笔、油画棒。

4. 五彩绳——各色缎带、绒线。

（三）有关的图片、艾草和菖蒲。

［活动过程］

（一）交流收集的有关端午节的资料。

（二）交流端午节的习俗。

1. 悬钟馗像；2. 挂艾叶、菖蒲；3. 赛龙舟；4. 吃粽子；5. 饮雄黄酒；6. 佩香包；7. 戴五彩绳；8. 竖鸡蛋、画彩蛋。

（三）观看端午节的由来的短片。

（四）亲子活动——制作粽子。

（五）教师、家长、儿童共同品尝粽子，感受端午节的节日气氛。

2. 亲子运动会

亲子运动会是由幼儿园发起和倡导，教师精心准备、创设丰富的亲子游戏情境，鼓励家长与孩子一起参加比赛的活动形式。它不仅有助于家园合作，还可以促进亲子的情感交流。

亲子运动会为儿童提供了许多儿童与儿童之间、儿童与成人之间的交往机会，促进了儿童的社会化发展。例如，在亲子运动会的彩排环节，孩子们一起学习如何喊口号、如何走队形。在喊口号的过程中，孩子们会相互鼓励、加油。在走队形的过程中，孩子们还会主动相互提醒。在这个过程中，儿童逐渐萌发互助、合作、鼓励的意识。

3. 家庭互助小组活动

家庭互助小组是指“以结对友好小组为主要活动形式，通过家长和孩子的共同参与，互相学习育儿经验，共同解决一些教养难题；通过互补互助，加强同伴间、亲子间、家园间以及家庭与家庭间的交流沟通；拓展互助教育的内容与方法，从而提升家长的家教能力，做好托幼衔接教育”①。家庭互助小组以班级、社区和幼儿园为平台，通过不同形

---

① 杨燕. 成立家庭互助小组 提升早教指导有效性［J］. 上海教育，2013（13）：68-69.

式的系列活动促进儿童的发展，强调情感沟通的多向互动。

在活动过程中，家长之间可以交流育儿心得；家长也可以从另外一种角度观察自己的孩子，从而有更多的反思。家庭互助小组的运行，有一定的组织规范，还有职责分工以及活动目标与宗旨。

第二节　幼儿园与社区互动中的社会学习与指导

社区是儿童生活中经常接触到的重要场所，有着丰富的教育资源，对儿童的发展产生重要影响。因此，幼儿园和社区也要相互联系、密切合作。一方面幼儿园要将社区的各种资源引入相关活动中，促进儿童的全面发展；另一方面幼儿园要深入社区，宣传幼儿园的教育理念，服务于社区，同时要鼓励并组织儿童参与社区的实践服务活动，培养儿童的服务意识和利他行为。《纲要》指出，要“充分利用社会资源，引导幼儿实际感受祖国文化的丰富与优秀，感受家乡的变化和发展，激发幼儿爱家乡、爱祖国的情感”。

一、幼儿园与社区互动对儿童社会学习的影响

幼儿园与社区的积极互动对儿童社会学习资源的丰富，以及社会认知与实践体验的发展都有积极影响。

（一）社区物质资源有助于丰富儿童对社会环境的认知

社会学习是一个潜移默化的过程，儿童的社会学习不局限于幼儿园和家庭之中。儿童居住的社区也有着丰富多样的社会知识。

1. 人力资源

人力资源，主要指社区中的居民，包括军人、警察、医生、快递员、教师等。根据教育活动的需要，幼儿园可以邀请他们来介绍自己的工作，或请他们带领儿童参观他们的工作场所，了解各行各业工作人员为社会服务的工作情形，让儿童通过亲身体验，认识社会中的人和事，体验不同职业的责任、价值和对社会的贡献。

2. 文化资源

文化资源，主要指社区内的各种文化与传统，如展览馆、科技馆、少年宫、中小学校、图书馆等文化设施。儿童可以参观这些场所，甚至参与这些场所的活动，从而拓展生活学习的空间。此外，当地社区居民的日常生活、文化历史传统与场所，都能让儿童感受到本土的独特气息与价值，感受到祖国文化的悠久历史与博大精深，使儿童产生对社区文化、本土文化乃至祖国文化的自豪感。

（二）社区文化资源有助于儿童社会规范的习得与内化

社区文化资源是社区所蕴含的传统文化、风俗习惯、价值观等。它是人与人之间交往、交流的精神层面，同时是儿童社会性发展的文化滋养源。比如，儿童在跟随父母去农贸市场买菜时，会无意识地习得卖家与买家的沟通方式，然后在游戏中模仿和扮演相关角色。

（三）深入社区的实践体验活动有助于儿童亲社会行为与公民意识的养成

幼儿园内的社会领域活动往往以故事、儿歌的形式进行引导、开展，容易忽视儿童的情感体验和实践操作。社区多样化的实践体验活动有助于儿童良好个性品质的发展。社区生活条件为儿童提供了发展语言、运动、艺术、空间以及人际交往能力的经验资源。例如，在幼儿园重阳节的活动中，教师可以组织儿童到敬老院看望老爷爷、老奶奶，这样的社会实践活动也能让儿童体验到乐于助人的自豪感与价值感。再如，为了引导儿童养成安静看书的习惯，教师可以带领儿童到图书馆，看一看那的人们是怎样看书学习的。在一个整体安静的氛围中，儿童自然而然地了解了安静看书的规则。

二、幼儿园与社区互动中的社会学习要点

（一）了解与认识主要的社区机构及服务者

社区中各种社会服务机构以及工作人员都是对儿童进行教育的可利用资源。教师应及时去发现、去挖掘、去利用，有目的地选择儿童感兴趣的题材，适时地引领儿童从“课堂中”到“社会情境中”。[①] 儿童的成长离不开外部多样化的环境，了解与认识主要的社区机构及服务者，有助于儿童了解社区机构的社会功能、行为规范、操作流程以及服务者的职业特性与工作职责等。例如，在社区菜场，儿童可以了解购买者与销售者的不同角色、市场管理员的管理职责以及人们的交流方式等。社区中心广场主要是供人们茶余饭后休闲放松的公共场所，在这里儿童可以和不同的同伴尝试进行游戏与交往。

（二）初步了解与认识社区的主要自然环境特征及人文景观

大自然的风云变化、万物生长、四季交替都是儿童探索大自然最重要的资源，社区的自然资源是幼儿园课程最生动的补充。如开展主题活动“我和春天有个约会”，家长带着孩子在社区的自然环境中放风筝、奔跑、捉迷藏，充分调动了儿童的触觉、嗅觉、听觉、视觉等感觉，激发了儿童的创造、探索能力，发展了儿童的观察力。再如，社区公园设有儿童游乐设施以及健身器材，为儿童的户外运动和人际交往提供了机会和平台。社区的亭台楼阁等人文景观也具有丰富的文化意义。

（三）初步了解社区的历史与文化传统

社区的历史与文化传统代表着当地的历史文明与文化积淀，无形中为儿童提供了丰富的精神土壤。社区蕴含的传统文化、民风习俗、道德价值观和乡土文化，社区中人们的生活方式、互动方式、艺术情趣等，都为儿童的社会性发展营造了浓厚的文化氛围，成为影响儿童社会性发展的潜在资源。[②] 而社区中的个体或多或少受到所居住的社区的影响，烙有社区文化的印记。丰富儿童对社区历史文化的认知，有助于儿童形成对社区的归属感与认同感。

---

① 张丽琼. 幼儿园与家庭、社区合作共育的思考与实践［J］. 科教文汇（下旬刊），2009（18）：75.

② 刘晶波，等. 幼儿园社会领域教育精要：关键经验与活动指导［M］. 北京：教育科学出版社，2015.

教师或家长可以组织儿童实地参观社区中的名胜古迹、名人纪念馆、历史博物馆等，以此了解社区的历史发展过程以及优秀的文化传统。

同时，教师或家长可以组织儿童参加一些社区的节日庙会、文化节等大型文化活动，增强其对社区的荣誉感和自豪感，激发其热爱家乡的情感。例如，杭州西溪湿地的龙舟赛、柿子节、花朝节等都蕴含着丰富的当地文化传统与民俗知识。

（四）初步了解社区生活的主要行为规范与公民责任

在社区的日常生活、节日活动中，儿童都可从中了解社区中人们的交往方式、运动方式以及娱乐方式，了解社区中人与人之间的行为规范与行为准则。儿童主要通过体验、观察、参与相关活动，逐渐明晰社区中成人的各种行为方式。社区的成人如果遵守行为规范，儿童就会模仿并践行良好行为，如不随意丢弃垃圾、不大声叫喊、不说脏话、礼貌待人等。同时，儿童在社区的实践活动中渐渐体验到社区行为规范的约束力，从而能产生遵守社会规范的愿望与自制力。

社区的影响是双重的，既有正面积极的，又有负面消极的。幼儿园、家庭在组织儿童进入社区活动与学习时，要有警惕意识，避免一些负面因素的影响。

三、利用社区资源促进儿童社会学习的策略

《纲要》指出："幼儿园应与家庭、社区密切合作，与小学相互衔接，综合利用各种教育资源，共同为幼儿的发展创造良好的条件。""充分利用自然环境和社区的教育资源，扩展幼儿生活和学习的空间。"幼儿园要密切与社区的联系，主动将社区的人力、物力资源引入幼儿园，发挥社区的优势。如在安全演习中，邀请交警叔叔从专业角度讲述如何安全过马路；在"爱牙日"邀请社区医院的医生来幼儿园做讲座，引导儿童正确地刷牙和保护牙齿。同时，幼儿园也要深入社区，承担社区教育的共同责任。如利用节假日开展关爱老人的敬老活动，开展相关的教育咨询服务等。

（一）组织参观社区机构

实地参观可以拓展儿童的视野，加深儿童对社区机构的认识，使其积累社会认知的经验。参观社区机构可以为儿童的成长提供不同层面、不同维度、不同内容的知识架构。例如，参观社区医院能让儿童了解看病的过程以及身体健康的重要性；参观社区图书馆能让儿童了解公共场所人们的行为规范；参观小学能让大班儿童提前了解小学生活并为此做好准备；参观消防队能让儿童体悟消防员叔叔的英勇气概和勇往直前的精神。

◆【案例 8 - 4】◆

（一）参观时间：11 月 6 日

（二）参观地点：定海区消防支队

（三）参观目标

1. 让儿童了解消防队员是从事灭火救灾工作的，知道消防队员训练很辛苦，本领很强。

2. 让儿童知道火灾带来的危害，了解火灾的简单知识。

3. 教育儿童向消防队员学习，培养儿童热爱尊敬消防队员的感情。

（四）参观准备

1. 同消防队联系，明确参观的活动内容及流程。

2. 前期组织过活动，儿童已经明确参观的内容和要求。

3. 安排、确定随队人员。

（五）参观过程

1. 交代参观内容，提出参观要求

（1）交代任务—去消防队参观；

（2）注意文明礼仪，不四散乱跑，对人有礼貌。

2. 组织儿童参观消防队

（1）听消防队员讲解如何拨打119，如何防火，如何自我保护；

（2）听消防队员介绍消防车的各部分结构及其功用；

（3）儿童试穿消防衣和使用消防用具；

（4）和消防员叔叔合影，道别。

3. 离开消防队回园讨论

（1）你在消防队看到了什么？听到了什么？

（2）如果遇到火灾你会怎么做？应该怎样正确拨打119？

（3）消防员叔叔的工作辛苦吗？谁长大了想做消防员？为什么？

（二）邀请社区人员参与幼儿园教学活动

幼儿园根据教学活动的需要，邀请社区中的家长、志愿者、各行业的专业人员进入幼儿园参与教学活动，可以弥补教师专业上和教学资源上的相对不足。例如，社区中的医生护士、理发师、消防员、交警都可以利用自己的特长教给儿童更丰富的社会生活知识。此外，社区人员也可以参与幼儿园的管理，为幼儿园的发展以及大型活动献计献策，提供资源。

（三）鼓励儿童参与社区服务

在社会实践过程中，儿童会带着角色意识去体验和完成一定的任务，逐渐了解到自己与他人的不同关系，体验助人的快乐，体验生活的价值与意义。幼儿园应加强与社区工作人员的联系，及时了解社区的一些大型活动安排，及时向家长公布，以便家长有选择地参与有益于儿童发展的社区服务活动。教师与家长鼓励儿童参与社区服务活动，有助于儿童进一步加强对社区的认知，从而产生参与活动的成就感，增强为他人服务的责任意识。例如，在环境保护宣传活动中，儿童画好一些保护环境、垃圾分类的宣传图片，大胆地向社区的人们介绍宣传。

（四）利用社区资源开展主题活动

对社区资源的充分挖掘与认知有助于幼儿园开展相关主题活动。幼儿园在利用社区资源开展相关主题活动时，需要根据教育目标对相关社区资源进行筛选，将最具代表意义和可操作性的活动内容进行整合，以建构具有地方特色的幼儿园主题活动内容。例如，杭州市人民政府机关幼儿园将当地的丝绸、伞扇博物馆文化整合到幼儿园的博物馆主题活动中，为主题活动的开展提供了最真实的课程资源。博物馆主题活动的开展遵循着一定的步骤：第一步，走进丝绸博物馆、走进伞扇博物馆活动，了解丝绸、伞扇的由来，以及丝绸、伞扇的历史演变，进而了解中国传统的民族文化，增强儿童的民族认同感和归属感。第二步，基于问题的项目活动小组的系列探究活动有序展开。组建项目活动小组，带着问题继续走进博物馆，向场馆工作人员请教。第三步，开展基于经验的各种建构活动，儿童在经验分享、理解、重构的基础上进行直接的操作活动，通过绘画、表演、作品展示、说唱、建构、绣制等多元方式表达对博物馆的理解。

本章小结

家、园、社区的良好互动对儿童的社会学习有着积极影响，其中良好的家园互动对儿童体会父母与教师之间的关爱与互助，习得亲师间的互动模式，拓展交际范围，积累和不同成人互动的经验有着积极意义。家园互动中促进儿童社会学习的指导策略主要有调动家长参与幼儿园活动的积极性；建立和谐的亲师关系，为儿童的社会学习提供良好的关系支持；开展各类亲子共育活动，为儿童的社会学习提供丰富的互动体验。幼儿园与社区的良好互动，有助于支持儿童了解社区生活、文化、环境及与之相关的服务者；幼儿园可以通过组织参观社区机构、邀请社区人员参与幼儿园教学活动、鼓励儿童参与社区服务、利用社区资源开展主题活动等，促进儿童的社会学习。

思考与实践

（一）问题思考

1. 家园共育中教师如何为儿童提供良好的社会性学习支持？
2. 社区活动对儿童社会性发展与学习的积极影响有哪些？
3. 家庭的沟通和教养模式对儿童社会性发展有哪些影响？
4. 材料分析题：

李老师是今年刚入职的新教师，在工作中，遇到与祖辈家长的各种沟通问题时，她总是求助主班教师，希望主班教师去沟通和解决。

如果你是主班教师，你会建议李老师怎样做好祖辈家长的沟通工作？

（二）实践练习

1. 结合节日教育活动进行主题活动方案的撰写。
2. 请对你童年生活的社区资源进行调查，并尝试利用这些资源进行家园互动、幼儿园与社区互动的主题（或项目）活动设计，写出简要的活动方案。

延伸阅读

1. 李生兰，等. 幼儿园与家庭、社区合作共育［M］. 北京：北京师范大学出版社，2016.

主要内容：该书主要介绍幼儿园与家庭、社区合作共育的价值及理论，对国内外幼儿园与家庭、社区合作共育的历史和现状进行了分析介绍，同时提供了幼儿园运用家庭、社区资源开展教育的方法、策略和实际案例。

2. 冈萨雷斯-米娜. 儿童、家庭和社区：家庭中心的早期教育：第 5 版 [M]. 郑福明，冯夏婷，译. 北京：高等教育出版社，2012.

主要内容：该书从多元文化的角度出发，分析了家校合作及社区资源对不同年龄阶段儿童发展的影响。该书以埃里克森的社会心理发展阶段论和布朗芬布伦纳的生态理论为指导，深入探索了从婴幼儿阶段到学龄阶段的儿童在依恋、自主性、主动性、亲社会行为等方面的发展状况，并重点分析了儿童教育工作者与家长在合作过程中容易遇到的问题。